Carla Thiele
Guter Sex ohne Stress

Carla Thiele

Guter Sex ohne Stress

Marion von Schröder

2. Auflage 2012

Marion von Schröder ist ein Verlag
der Ullstein Buchverlage GmbH

ISBN 978-3-547-71169-1

© 2012 Ullstein Buchverlage GmbH, Berlin
Alle Rechte vorbehalten
Gesetzt aus der Sabon
Satz: LVD GmbH, Berlin
Druck und Bindearbeiten: CPI – Clausen & Bosse, Leck
Printed in Germany

Für Enrico

Inhalt

Vorwort

Warum noch ein Buch über Sex? Weil »Guter Sex ohne Stress« nicht auf das »Was« und »Wie« beim Sex abzielt, sondern auf das mit »Wem« und »Warum«.

Auch noch nach Jahren ständig Lust auf den Partner haben, mit einsatzfähigen Geschlechtsorganen übereinander herfallen und schließlich die richtigen Knöpfe für den Superorgasmus drücken: Diese Wunschvorstellung macht vielen Frauen und Männern das Leben schwer. Auch heute geistern immer noch Mythen von »normalem Sex« durch die Köpfe der Menschen. Verunsichert durch die mediale Darstellung aller erdenklichen Spiel(un)arten befürchten viele Paare mit ihrem Sex allenfalls eine »Nullachtfünfzehn-Nummer« abzugeben. Da wird probiert und geackert, was das Zeug hält, um es sich gegenseitig mal so richtig zu besorgen.

Trotz großer Anstrengungen liegen aber viele Paare nach dem Akt enttäuscht nebeneinander und fragen sich: Warum war das jetzt wieder nicht befriedigend?

Heute haben viele Menschen vor lauter normierten »zielführenden Strategien« verlernt, den eigenen Gefühlen zu vertrauen. Dadurch verlieren sie die bewusste Wahrnehmung für die Einzigartigkeit des Partners und den Augenblick – den magischen Moment, der aus schlichtem Verkehr leidenschaftlichen Sex werden lässt.

»Ich möchte guten Sex … – mit dir, genauso wie du bist!«

Wie sich Partner gegenseitig ihre (sexuellen) Wünsche, Hoffnungen und Ängste offenbaren können, um eine entspannte Sexualität ohne Leistungsdruck zu leben, das erfahren Sie in diesem Buch.

Vorspiel

Wie Sie sexuell ticken

»Ich bin das Problem!«, kommt es geradeheraus aus Kathrins Mund, kaum dass sie und ihr Mann Daniel Platz genommen haben. Der Satz steht ein paar Sekunden zusammenhangslos im Raum. Ich bin verblüfft. Vor mir sitzt ein junges Paar in den 30ern. Und obwohl beide nur einen knappen Meter voneinander in ihren Sesseln sitzen, scheint sich doch ein tiefer Graben zwischen ihnen zu erstrecken. Mein Blick wandert zu Daniel. Er nickt zufrieden. Kathrins Kopf senkt sich und sie redet leise weiter. »Ich hab einfach keine Lust mehr auf Sex – das macht mich ganz verrückt. Wenn das so bleibt, geht unsere Beziehung den Bach runter!« Beim letzten Satz schaut sie ihren Mann an. Ihr Blick trifft ins Leere. Daniel hat sich im Sessel zurückgelehnt. »Wissen Sie«, beginnt er zu erzählen, »ich hab den Kanal voll. Seit sechs Monaten keinen Sex! Als wir uns kennenlernten, war Sex echt der Hammer. Wir haben alles ausprobiert. Heute denk ich nur noch, meine Frau ist vertauscht.«

Da geht doch nichts mehr bei den beiden, hätte manch einer damals gedacht. Kathrin und Daniel waren tatsächlich am absoluten Tiefpunkt ihrer Beziehung angelangt. Ihre scheinbar ausweglose Situation gipfelte zu Hause immer häufiger in endlosem Streit. Es fehlte wirklich nicht mehr viel, und sie hätten alles hingeschmissen, sich getrennt.

Leider kommen viele Paare, so wie Kathrin und Daniel, erst an dem berüchtigten »Alles-oder-nichts-Punkt« zu mir in die Praxis. Ob es zu diesem Zeitpunkt bereits zu spät ist, hängt häufig davon ab, ob die Paare eine große tragfähige Liebe verbindet. Wenn sie sich für eine Therapie entscheiden, ist es meist kein leichter Weg. Aber für Kathrin und Daniel hat sich alle Mühe gelohnt. Die beiden sind seit vier Jahren wieder ein harmonisches Paar und heute eine glückliche Familie. Wie sie das gemeinsam geschafft haben, lesen Sie in den folgenden Kapiteln.

Aber nun erst einmal an den Anfang. Kein gemeinsamer Sex seit Monaten oder sogar seit Jahren ist der häufigste Grund, warum mich Paare in meiner Praxis aufsuchen. Dass die Beziehung deshalb zwangsläufig vor dem Aus steht, ist ein allgemeiner Trugschluss. Meist ist der fehlende Sex nur ein Symptom für mehrere Ursachen, zum Beispiel für unausgesprochene Ängste und Erwartungsdruck in der Partnerschaft, für Unsicherheit mit körperlichen Veränderungen oder manchmal schlicht für Unwissen darüber, was dem anderen im Bett eigentlich gefällt. Viel einschneidender als die Sexlosigkeit ist aber, dass viele Paare nicht nur den Sex, sondern jeglichen intimen Kontakt miteinander vermeiden. Bereits an dieser Stelle wird deutlich, dass es um weit mehr geht, als um die Behebung eines sexuellen Symptoms. Es geht um nichts Geringeres, als dass sich Paare wieder gegenseitig körperliche Nähe und Geborgenheit, Akzeptanz und Vertrauen schenken können. Akzeptanz ist ein gutes Stichwort! Partner können sich nur dann gegenseitig akzeptieren, wenn sich jeder Einzelne von ihnen gut kennt und mit sich im Reinen ist, also sich selbst akzeptiert. Nicht selten macht der Eine den Anderen zum Erfüllungsgehilfen des eigenen sexuellen Wohlergehens. Am besten soll der Partner erraten, was einen glücklich macht. Das große »Habenwollen« steht trotzig im Raum. Nur was? Es wäre viel einfacher, das zu bekommen, was man WILL – man müsste nur wissen, WAS man eigentlich will. Mal ehrlich: Wer hat sich schon einmal genau über seine Bedürfnisse nach Intimität und Sexualität Gedanken gemacht und darüber, wie man am besten seine Wünsche und Begehren formuliert?

Bei Kathrin und Daniel scheint alles klar zu sein. Beide wollen lustvollen Sex. Was das für den Einzelnen konkret bedeutet, bleibt aber allenfalls eine vage Vermutung. Die Frage, was Männer und Frauen genau wollen, ist zugleich so einfach und so schwer zu beantworten. Nicht selten denken Menschen das erste Mal in ihrem Leben bei mir in der Praxis konkret darüber nach, wie sie sexuell ticken. Da sprudeln die Gedanken keinesfalls wie ein Wasserfall heraus. Auch unter vier Augen fällt es den meisten verdammt schwer, über ihre sexuellen Vorstellungen zu sprechen. Mythen und Normen, wie ein Mann oder eine Frau sexuell funktionieren sollte, geistern auch heute noch durch die Köpfe. Das geht so weit, dass manche Menschen sich noch nicht einmal vor sich selbst ihre sexuellen Vorlieben eingestehen – aus Scham, nicht normal zu sein. Damit also auf die Frage nach den sexuellen Bedürfnissen kein betretenes Schweigen folgt, halte ich in meiner Praxis sehr viel von Gedankenspielen. Das ist vielleicht auf den ersten Blick etwas ungewohnt, führt uns aber Schritt für Schritt hinein in die persönliche sexuelle Vorstellungswelt.

Gedankenspiele und Fakten

Am liebsten verwende ich das Gedankenspiel, Kapitän eines Schiffs zu sein, das auf einem großen Ozean fährt. Das Meer mit seinen Gewalten sorgt dafür, dass das Schiff sowohl in seichten Gewässern schwimmt als auch in stürmischen Wellen auf und ab schaukelt. Die Strömungen des Wassers stehen sinnbildlich für die unterschiedlichen Funktionen der Sexualität – Lust, Fortpflanzung und emotionaler Austausch –, die die Grundlagen der persönlichen sexuellen Vorstellungswelt bilden. Je nachdem, ob man gerade frisch verliebt ist, sich ein Kind wünscht oder in einer langjährigen stabilen Partnerschaft lebt, treibt das Schiff mal mehr in der einen, mal mehr in der anderen Strömung oder ankert hin und wieder in einem sicheren Hafen.

Das Schiff hat drei verschiedene Decks. Im Rumpf befindet sich das große gemütliche Wohnzimmer, in der mittleren Ebene das Schlafzimmer mit viel frischem Wind um die Nase und oben ist die Aussichtsplattform, von der man weit über das Meer blicken kann. Statt mit einem Schlüssel, öffnet der Kapitän die Türen zu den Decks mit Fragen: »Wer bin ich?« für das Wohnzimmer, »Wie verhalte ich mich sexuell?« für das Schlafzimmer und »Was sind meine sexuellen Phantasien?« für die Aussichtsplattform. Je öfter er die Räume betritt und je genauer er sich umschaut oder seine Gedanken bis weit über den Horizont schweifen lässt, desto mehr lernt der Kapitän über seine sexuelle Vorstellungswelt. Auf seiner großen Fahrt durch das sexuelle Leben sammelt der Kapitän auch noch allerlei Treibgut aus den Wellen und verstaut es sicher im Inneren des Schiffsrumpfs in seinen »Erfahrungs-Vorrats-Tonnen«.

Kathrin und Daniel lade ich jeweils einzeln ein, mit mir auf diese Gedankenreise zu gehen. Die Frage, in welchen Gewässern der Kapitän sein Schiff gerade steuert, beantwortet Daniel bissig: »Keine Ahnung, wo mein Schiff gerade treibt. Auf der Lustwelle ganz bestimmt nicht. Eher liegt es auf dem Trockenen.« Von Kathrin bekomme ich ein ganz ähnliches Gleichnis zu hören:»Ich würde ja so gern wieder in Richtung Lust steuern. Stattdessen habe ich das Gefühl, mein Schiff läuft gar nicht erst aus dem Hafen.«

Viele Paare, die zu mir kommen, haben zu Beginn unserer gemeinsamen Sitzungen das Augenmerk auf einer Funktion der Sexualität – häufig der Lust. Bei genauerem Nachfragen zeigt sich aber bei den meisten recht schnell, dass alle Bereiche der Sexualität ins Ungleichgewicht geraten sind. Bei Kathrin und Daniel belasse ich vorerst ganz bewusst ihre spontanen Aussagen zum lustbetonten Fokus auf die Sexualität und werde erst am Ende der Gedankenreise noch auf die Funktionen Fortpflanzung und emotionaler Austausch zu sprechen kommen.

Aber jetzt beginnt erst einmal der Rundgang über das Schiff. Der Kapitän startet auf dem »Wer bin ich?«-Deck. Ganz gleich, ob man jung oder alt, gesund oder krank ist, sich als Mauerblümchen oder Raubkatze fühlt, irgendwer an den Nerven sägt oder man gerade im siebten Himmel schwebt, nahezu alle Lebensumstände nehmen direkt oder indirekt Einfluss auf die Sexualität. Hartnäckig hält sich die Meinung, wenn es unter der Gürtellinie nicht mehr klappt, dann ist man gehemmt, verklemmt oder vielleicht gar pervers. Dabei haben Wissenschaftler schon längst bewiesen, dass über 50 Prozent der sexuellen Funktionsstörungen eine körperliche Ursache haben. Wenn die Scheide beim Sex häufig trocken bleibt, der Verkehr schmerzt oder der Penis immer nur auf Halbmast steht, dann lohnt es sich für den Kapitän, seine Gesundheit durch den Schiffsarzt genauer unter die Lupe nehmen zu lassen. Klar, es gibt bei nahezu allen sexuellen Problemen auch den berühmt-berüchtigten »Knoten im Kopf«. In den Gedanken der Menschen kreisen permanent Ansprüche, alles passgenau unter einen Hut zu bringen: Karriere, Familie, Beziehung, soziale Kontakte und so weiter. Niemand ist frei von althergebrachten Rollenklischees vom starken Mann oder der perfekten Frau. Der Kapitän stellt sich deshalb vor seinen großen Wohnzimmerspiegel, betrachtet sich ausgiebig und erkennt all seine Stärken und Schwächen, Wünsche und Sehnsüchte in seinem Spiegelbild.

Auch Kathrin und Daniel schauen sich im Spiegel genau an. Kathrin ist 32 Jahre alt und arbeitet als Krankenschwester auf einer Intensivstation. Prinzipiell ist sie kerngesund, aber in den letzten Monaten musste sie ihre Frauenärztin öfter wegen Scheideninfekten aufsuchen. Kathrin strahlt, wenn sie von den gemeinsamen Unternehmungen mit ihrer Familie und ihren Freunden berichtet. Ihren Mann beschreibt sie dennoch als den Mittelpunkt in ihrem Leben. Sie träumt davon, dass sie und Daniel später in einem eigenen Haus wohnen, in dem die Kinder herumtollen können. Kathrin empfindet sich insgesamt eher als zurückhaltenden Menschen. Auch beim Sex wartet sie lieber, dass Daniel die Initiative ergreift. Daniel ist 34 Jahre alt und gibt keine körperlichen Erkrankungen an. Er findet sich ganz in Ordnung, so wie er ist. Ausgenommen der Unternehmungen mit seiner Frau Kathrin, bezeichnet sich Daniel eher als Einzelgänger. Deshalb sei er auch froh darüber, dass er als Tischlermeister sein eigener Chef ist. Allerdings empfindet er es in letzter Zeit als ganz schön anstrengend, in Zeiten knapper Kassen so viel Verantwortung für seine Zukunft und seine drei Angestellten zu tragen. Schließlich wollen er und Kathrin bald ein Eigenheim bauen, damit sie später als Familie ein ordentliches Zuhause haben. Beim

Sex hat Daniel in der Beziehung zu seiner Frau immer die Hosen an. Aber eigentlich fände er es schön, wenn auch mal Kathrin die aktive Rolle übernähme. Er sei ja schon den ganzen Tag in seiner Werkstatt der Bestimmer.

Als Nächstes betritt der Kapitän das »Wie verhalte ich mich sexuell?«-Deck. Es überrascht nicht, dass er beim Blick auf das große Bett an die letzte heiße Liebesnacht »mit allem Drum und Dran« denkt. Was aber genau in dem »Drum und Dran«-Paket steckt, fällt je nach den individuellen Vorlieben ganz unterschiedlich aus. Deshalb macht es für den Kapitän Sinn, nach allen Facetten seiner intimen Bedürfnisse zu stöbern und mit wem er sie auslebt – von der Selbstbefriedigung über Streicheln, Petting und Oralverkehr bis hin zu den Lieblingsstellungen beim Geschlechtsverkehr.

Für Kathrin ist Daniel trotz aller aktuellen Schwierigkeiten der Einzige, mit dem sie Zärtlichkeit und Sex erleben möchte. Am liebsten würde sie wieder mehr mit ihm schmusen. Denn gemeinsame Kuschelstunden, wie am Anfang ihrer Beziehung, kämen seit Daniels Drängen nach Sex viel zu kurz. Sie habe das Gefühl, er würde mittlerweile jede Gelegenheit für Nähe gleich sexuell ausnutzen. Prinzipiell hat sie früher alle sexuellen Spielarten mit ihm genossen – Petting, mit der Hand oder dem Mund machen und auch Geschlechtsverkehr. Heute habe sie das Gefühl, gar nichts mehr zu mögen. Es komme ihr so vor, als ob Sex nur noch Penis Reinstecken bedeuten würde – kein Vergleich zu der Zeit, als sie und Daniel noch phantasievoll experimentiert hätten. Und wie steht es mit der Selbstbefriedigung bei Kathrin? »Da kann ich schöne Orgasmen erleben! Aber ich spar mir das bisschen Lust lieber für Daniel auf. Alles andere wäre doch egoistisch von mir, oder?!«

Daniel erzählt, dass er seine Kathrin nach wie vor begehrt. Er würde ihr gern wieder viel öfter auch körperlich seine Liebe zeigen. Arm in Arm spazieren gehen fände er toll, auch einfach mal so den Kopf kraulen. Klar, rege sich da auch immer mal was in der Hose. Aber es sei doch verständlich, dass er nicht kalt bliebe, wenn er seine Frau spürt. Prinzipiell gefällt ihm alles, was er und Kathrin miteinander an Körperkontakt austauschen. Aber mittlerweile quäle es ihn, wenn die Zärtlichkeiten nicht von regelmäßiger Sexualität begleitet seien. Besonders steht er darauf, wenn es Kathrin ihm mit dem Mund macht und sie anschließend Verkehr haben. Früher befriedigte er sich ein- bis zweimal pro Woche selbst. Mittlerweile mache er es aber fast täglich. »Irgendwie muss ich den Druck ja abbauen!«

Um die geheimsten Sehnsüchte zu betrachten, betritt der Kapitän zum Abschluss seines Schiffsrundgangs die Aussichtsplattform des »Was sind meine sexuellen Phantasien?«-Decks. Beim Blick über das weite Meer sind die Gedanken frei.

Die Phantasie folgt im Gegensatz zu geheimen Wünschen, die man mit seinem Partner wirklich mal in die Tat umsetzen möchte, keinen praktischen Einschränkungen oder allgemeinen Moralvorstellungen. Die Phantasie ist ein ganz persönlicher Kopfkino-Schatz, in dem man nach Lust und Laune schwelgen kann. Manche Menschen phantasieren ständig über Sex, andere fast nie und wieder andere bestreiten, überhaupt sexuelle Phantasien zu haben. Beim genaueren Nachfragen kennt jedoch jeder Mann und jede Frau sexuelle Phantasien. Es muss sich nicht immer eine komplette erotische Kopfkino-Geschichte entspinnen. Einige sehen auch nur Ausschnitte aus einer Sexszene oder spüren etwas Sexuelles – wie einen Orgasmus erleben. Worauf eine Person sexuell wirklich steht, nennen Wissenschaftler die sexuelle Präferenzstruktur des Menschen. Am meisten erfährt man über die erregenden Gedanken jedes Einzelnen durch die Phantasiebilder, die kurz vor dem Orgasmus bei der Selbstbefriedigung spontan auftauchen. Auch heute wissen Sexualforscher noch nicht genau, wie die individuellen sexuellen Vorlieben geprägt werden. Sicher scheint allerdings: Bestimmte Wünsche beginnen sich bereits vor der Pubertät durch komplexe biologische und biographische Prozesse zu entwickeln. Egal, ob jemand später von Frauen oder Männern, Schmusesex oder bizarren Praktiken phantasiert, biochemisch werden die Gedankengänge im jugendlichen Gehirn auf identische Weise festgeschrieben. Entspannende, beruhigende oder erregende Vorstellungen belohnen unsere grauen Zellen mit der Ausschüttung von glücksspendenden Botenstoffen. Deshalb lernt der Mensch schon früh, dass das Denken bestimmter Inhalte zu einem angenehmen Gefühl führt und will es wieder bekommen. Je öfter der Mensch diese Gedanken hat, die ein schönes Gefühl auslösen, umso fester brennen sie sich sozusagen auf der Festplatte ein. Ob und wie sich diese biochemische Gedankenkette im Laufe des Lebens ändern kann, darüber streiten sich die Wissenschaftler. Die meisten gehen davon aus, dass die sexuelle Präferenzstruktur eines Menschen ein so komplexer Prozess mit dazugehöriger fest verankerter Hirnstruktur ist, dass sie sich in ihrem Grundwesen nicht ändern lässt. Das heißt, kein Mensch kann sich seine sexuellen Vorlieben aussuchen oder im Wesentlichen später verändern. Vielmehr ist es wichtig, seine erregenden Vorstellungen zu akzeptieren und damit verantwortungsbewusst zu leben.

Übrigens phantasieren die deutschen Männer am liebsten darüber, Sex mit anderen oder mehreren Partnerinnen zu haben. Frauen stellen sich dagegen häufig entweder romantische Situationen vor oder beim Sex dominiert zu werden. Das bedeutet aber nur sehr bedingt, dass ein Mann oder eine Frau diese Phantasien auch wirklich in die Tat umsetzen möchte. Denn das Tollste am Kopfkino ist ja die Tatsache, dass man sich nicht nur vorstellen kann, was man will. Man kann sich auch gleich noch die passenden Gefühle dazu phantasieren. Da wird der schüchterne Herr mit Potenzangst zum feurigen Liebhaber, der gleich reihenweise die Damen mit seiner Manneskraft befriedigt. Und Frauen überbrücken im Kopf den moralischen Zwiespalt zwischen verlässlichem Mutterschiff und heißer Liebhaberin eben hin und wieder mit dem unterbewussten Trick, sich beim Sex nehmen zu lassen oder manchmal sogar dazu gezwungen zu werden. Besonders bei solchen überzeichneten Phantasien ist es wichtig, den Symbolcharakter dahinter zu sehen. Im Fall von fremddominiertem Sex geht es Frauen nämlich häufig vor allem darum, die Verantwortung für das eigene Tun abzugeben und sich ihrer Lust unbefangen hinzugeben.

In Kathrins Phantasien kommt ihr Mann Daniel vor. Es macht sie an, wenn er enge Kleidung trägt, weil die seinen muskulösen Körper so gut zur Geltung bringt. Sie mag es am liebsten, wenn er sie eng umschlungen liebt und sie sich in seinen Armen komplett fallenlassen kann. Daniel denkt bei der Selbstbefriedigung oft an Kathrin, wie sie sich hemmungslos lieben. Ihm kommt aber auch genauso die Kassiererin aus dem Supermarkt oder die Bäckersfrau von nebenan in den Kopf. Große Brüste wie die seiner Frau findet er toll. Am liebsten stellt er sich vor, wie seine Frau zuerst seinen Penis mit dem Mund verwöhnt und später auf ihm reitet, während er an ihren schönen Brüsten nach Lust und Laune spielen kann.

Nun noch einmal zurück zum Schiff und zu den Strömungen des Wassers: Treiben Kathrin und Daniel wirklich auf der Lust- bzw. Unlust-Welle? Und weshalb ist ihnen die Lust abhandengekommen? Grundsätzlich unterschiedliche Ansichten zu sexuellen Spielarten trennen die beiden offensichtlich nicht. Denn sie sind ganz normal, gemessen am sexuellen Geschmack der meisten Deutschen. Deshalb frage ich jetzt genauer nach, wie es neben der sexuellen Lust mit den Bereichen Fortpflanzung und emotionaler Austausch aussieht.

»Sex und Liebe, sie gehören für mich definitiv zusammen.« Kathrin schwärmt von Daniel, dass er ihr Traummann sei und sie sich im Leben immer an ihn anlehnen könne. »Eigentlich sehne ich mich danach, dass wir uns wieder nahekommen.« Mit dem Wort »nahekommen« gibt Kathrin unbewusst einen kleinen Fingerzeig in Richtung des eigentlichen Konflikts. »Wissen Sie, mein größter Wunsch ist ein gemeinsames Kind. Aber irgendwie klappte es im letzten Jahr nicht. Ich hab jedes Mal geheult, wenn meine Regel kam.« Dann erzählt sie, dass auch Daniel anfangs Feuer und Flamme für das gemeinsame Projekt Familie war. Aber nach einer Weile sei er immer genervter geworden. »›Als ob der Sex nur zum Kindermachen da wäre!‹, schrie er mich eines Tages an.« Diese Situation sei jetzt ungefähr ein Jahr her. Danach hätte Kathrin sich sehr verunsichert gefühlt, ob Daniel eigentlich mit ihr eine Familie gründen wollte, und sich zurückgezogen. »Aber klar, welcher Mann liebt schon eine Frau, die keine Lust auf Sex hat und will mit ihr Kinder?«, fügt sie am Ende resigniert hinzu. Nach dem Gespräch mit Kathrin lässt sich bereits erahnen, dass es sich bei ihr keinesfalls um eine isolierte Luststörung handelt. Vielmehr sind die Schwierigkeiten mit der Beziehung bei unerfülltem Kinderwunsch das Huhn und die fehlende Lust ist das Ei.

Bei dem anschließenden Gespräch mit Daniel erlebe ich gleich noch eine kleine Überraschung zum Thema Familienplanung. »Kinder kommen für mich aktuell auf keinen Fall in Frage. Vielleicht habe ich mich ja für die falsche Frau entschieden? Kathrin ging es doch die letzten zwei Jahre nur noch darum, schwanger zu werden.« Daniel erklärt mir, dass es ihn wirklich fertigmache, dass Kathrin so gar keine Lust mehr auf ihn habe und er sich als Mann ungeliebt und wertlos fühle. Es gäbe da ohnehin noch etwas Unangenehmes, das er noch nicht erzählt habe – noch nicht einmal Kathrin. Und dann berichtet Daniel, dass er als Kind eine Hodenentzündung hatte. Damals sagte man seinen Eltern, dass es später Schwierigkeiten mit der Zeugungsfähigkeit geben könnte. Darüber habe er sich nie den Kopf zerbrochen. »Aber als es bei Kathrin mit dem Kindermachen einfach nicht klappte und sie deswegen ständig weinte, hab ich mich immer mehr unter Druck gefühlt. Ich kam mir vor wie ein kaputter Samenspender.« Obwohl Daniel eine unglaubliche Wut auf die ganze Situation gespürt habe, wollte er seine Fruchtbarkeit unbedingt unter Beweis stellen. »Klar, hab ich Kathrin seitdem ganz schön bedrängt. Aber welcher normale Kerl sagt seiner Frau schon gern, dass er wahrscheinlich keine Kinder zeugen kann? Da sucht die sich doch gleich einen Neuen!«

Daniels Beichte eröffnet eine ganz neue Sichtweise auf die sexuelle Beziehung des Paares. Obwohl alles zuerst nach einem sexuellen Lustproblem aussah, entpuppt sich das Ganze nunmehr als großes emotionales Missverständnis zum Thema Kinder. Nicht nur Kathrin, sondern auch Daniel fühlt sich verunsichert und bezüglich Nähe, Angenommensein und Geborgenheit vom Partner vernachlässigt. Studien Berliner Wissenschaftler belegen, dass nur die Erfüllung eben dieser emotionalen Grundbedürfnisse einen langfristigen positiven Einfluss auf die sexuelle Beziehungszufriedenheit hat. Kathrin und Daniel sind demnach keineswegs ein Einzelfall, sondern ein ganz typisches Paar, bei dem die Sexualität durch Vernachlässigung des emotionalen Austauschs in Schieflage geraten ist.

Zeitreise – ein Blick in die sexuelle Vergangenheit

Das ist ja ein dicker Hund, dass Daniel seiner Kathrin die Sache mit der Hodenentzündung verschwiegen hat! Schließlich begann die sexuelle Beziehung der beiden offensichtlich mit dem unerfüllten Kinderwunsch zu kriseln. Zweifelsfrei verhält sich Daniel nicht ehrlich gegenüber Kathrin. So einen Mann will man doch nicht geschenkt! Oder? Aber um seine Beweggründe besser zu verstehen, ist es Zeit für einen Blick in die »Erfahrungs-Vorrats-Tonnen« aus dem Schiffsrumpf.

Das emotionale Erbe

Nicht bei jedem schlummern dunkle Geheimnisse im tiefen Inneren. Manch einer kann sich gar nicht mehr so recht an früher erinnern oder will die alten Zeiten endlich ruhen lassen. Wozu dann das ganze Aufsehen um die Vergangenheit? Und vor allem, was hat die Biographie mit der aktuellen Sexualität zu tun? Eines ist klar: Guter Sex setzt die Fähigkeit voraus, sich gegenseitig Nähe, Geborgenheit und Akzeptanz schenken zu können. Erst diese tiefen Gefühle ermöglichen es jedem Einzelnen von uns, sich fallenzulassen und sich gegenseitig wortwörtlich so zu nehmen, wie man ist. Wissenschaftliche Studien belegen: Wir Menschen sind seit Urzeiten von Natur aus auf soziale Bindungen programmiert, um uns emotional abzusichern. Akzeptanz, Nähe und Geborgenheit gelten deshalb allgemein anerkannt als sogenannte emotionale Grundbedürfnisse. Der Schlüssel, wie wir uns diese Gefühle gegenseitig ausdrücken und erfüllen können, liegt in der Summe unserer Erlebnisse und Erfahrungen. Heute ist es schon längst kein Geheimnis mehr, dass die intimen Beziehungen von Erwachsenen häufig ein Abbild der Eltern-Kind-Beziehung darstellen. Denn bei Mutter und Vater erfährt der Mensch erstmals körperliche Nähe, die für den Aufbau des sogenannten Urvertrauens unerlässlich ist. Die Eltern prägen in den ersten Lebensjahren durch ihr Verhalten ganz entscheidend die spätere partnerschaftliche Bindungsfähigkeit ihres Sprösslings. Und das geschieht ganz unabhängig davon, ob man in einer »klassischen« oder einer Patchworkfamilie groß wird. Selbst Menschen, die ohne Vater oder Mutter aufwachsen, nehmen Bezug zu ihren ersten Bindungspersonen. Teilweise unterbewusst will man als Erwachsener genauso sein und handeln wie sie oder eben gerade nicht.

Um also etwas über die frühen Beziehungserfahrungen von Kathrin und Daniel herauszufinden, beginne ich die Gedankenzeitreise mit dem Blick auf ihre Herkunftsfamilien. Beide stammen aus derselben Stadt einer ländlich geprägten Region. Daniels Vater betrieb auch schon eine eigene Tischlerei und die Mutter organisierte die Buchhaltung und den fünfköpfigen Haushalt. Der Vater galt als das strenge Familienoberhaupt, den Daniel und seine beiden Schwestern immer die »ordnende Hand« nannten. »Ich musste schon als kleiner Junge in der Werkstatt helfen«, sagt Daniel, »aber niemand konnte es dem Alten jemals recht machen!« Die Mutter kümmerte sich liebevoll um ihn und die Geschwister. »Aber wehe, wir Kinder hatten was ausgefressen. Da stand sie meistens auf Vaters Seite!«

Kathrins Eltern führten zusammen eine kleine Pension im Haus, in dem sie aufwuchs. Obwohl das Alltagsleben eng mit der Arbeit verwoben war, berichtet sie von einer behüteten Kindheit. »Ich konnte meiner Mutter und meinem Vater eigentlich immer mein Herz ausschütten. Und wenn mal etwas schiefging, nahmen sie mich zum Trösten in den Arm.« Montags war der heilige Tag in Kathrins Familie. Da blieb die Gaststätte der Pension nämlich geschlossen und sie unternahmen immer etwas gemeinsam.

Die nächsten Stationen der Zeitreise markieren die Erlebnisse der sexuellen Entwicklung: erster Kuss, Aufklärung, Pubertät und erste sexuelle Erfahrungen. Bereits im Vorschulalter erkunden sowohl Jungs als auch Mädchen spielerisch ihre Genitalien – einzeln oder gegenseitig. Ab der Pubertät entdecken die meisten Teenager ihren Körper dann ganz zielgerichtet. Ob sich Erwachsene später positiv oder negativ an ihre sexuelle Selbsterkundung erinnern, hängt oft von der Bewertung ihrer unmittelbaren Umwelt ab. Wer in einer »Das gehört sich nicht«-Atmosphäre aufwächst, hat schlechte Karten für ein entspanntes Verhältnis zur Sexualität. Und ist der Gedanke erst einmal ins Gehirn eingepflanzt, bekommt man ihn auch als Erwachsener nur mit Mühe wieder los. Ab der Pubertät gilt es auch, sich als Mann oder Frau an seinen Rollenvorbildern zu messen. Auf einmal spüren Jugendliche deutlich, ob jemand auf der Gewinner- oder Verliererseite beim Spiel mit der erwachenden Begierde steht. Da fließen bei so manchem Spätzünder Tränen des Zweifels, ob das mit der Liebe jemals klappen wird. Wohl dem, der dann bei Eltern, Geschwistern oder Freunden ein offenes Ohr findet.

Daniel erzählt, dass er schon als kleiner Junge im Kindergarten am Penis herumspielte. »Das hab ich damals natürlich noch nicht bewusst gemacht«, lacht er, »aber schön war es trotzdem. Nur als mich meine Eltern beim Doktorspielen mit Freunden erwischten, da gab es richtig Stress! Seitdem hatte ich lange Zeit das Gefühl, etwas Unrechtes getan zu haben.« Mit 13 Jahren bekam Daniel im Traum den ersten Samenerguss. Später befriedigte er sich regelmäßig heimlich unter der Dusche. Nacktheit und über Sexualität reden waren in Daniels Familie tabu. Wie das mit dem Sex funktioniert, las er in der *Bravo*. Mit Kumpels darüber reden sei ihm echt zu peinlich gewesen. Schließlich hätte er in seiner Schulzeit sowieso nichts zum Thema beitragen können. »Und als Loser dastehen, das wollte ich nun ganz bestimmt nicht!«

Bei Kathrin ging es daheim in puncto Nacktheit und gegenseitiger Zärtlichkeit ganz offen zu. Allerdings seien die Eltern beim Thema Sex ein bisschen verklemmt gewesen. Als es um die Aufklärung ging, hätte die Mutter ihr ein Buch geschenkt. Aber da wusste sie ohnehin schon alles von ihren

Freundinnen. »Ich war eine absolute Spätzünderin. Alle meine Freundinnen unterhielten sich über BHs, Tampons und den ersten Freund. Mit 16 bekam ich endlich meine Regel und die Brüste wuchsen immer größer. Ganz ehrlich: Ich war vom plötzlichen Frausein fast überfordert und mochte meinen Körper nicht leiden. Selbstbefriedigung hab ich deshalb erst später während meiner ersten Beziehung angefangen. Dann fand ich es aber schön, mich selbst zu verwöhnen.«

Unabhängig davon, welche Erfahrungen man in seiner Kindheit und Jugend sammelt, verarbeitet jeder seine Eindrücke ganz individuell. Es gibt keine allgemeingültige Formel, die lautet: »Wenn in der Biographie dies passiert, folgt im späteren Leben das.« Wie die Spuren auf der Seele des Menschen entstehen, ist ein so komplexer Prozess, dass selbst Wissenschaftler ihn bis heute nicht vollständig entschlüsseln können. Während es immer noch ein Rätsel ist, warum der eine nahezu unverletzbar durchs Leben geht, während ein anderer schon durch scheinbar kleine Enttäuschungen aus der Bahn geworfen wird, steht eine Tatsache fest: Die Beschaffenheit der Psyche ist kein Kurs ohne Umkehr. Auch wenn sich Menschen in ihrem Charakter nicht von Grund herauf ändern, so kann doch jeder als Kapitän seines eigenen Schiffes das Ruder ein Leben lang korrigieren, um ein zufriedeneres Leben zu führen. Noch vor ein paar Jahren bezweifelten Hirnforscher den Sinn von Psychotherapien im Erwachsenenalter. Man ging davon aus, dass sich der Charakter bereits in jungen Jahren in die Nervenzellen »eingeprägt« hat und sich die Strukturen im ausgewachsenen Gehirn nicht mehr verändern. Heute weiß man, dank moderner Untersuchungen in der Magnetröhre, dass es sehr wohl lohnt, wenn Menschen sich mit sich selbst auseinandersetzen. Die Wissenschaftler konnten anhand der

Untersuchungen zeigen, dass sich jeder neue Gedanke und jedes neue Erlebnis im Gehirn einen neuen biochemischen Weg sucht – die stimulierten Nervenzellen strecken ihre Fortsätze aus und verankern sich damit zu einer Funktionseinheit –, ein neues Programm startet und die ausgedienten Nervenbahnen schalten sich aus. Und neu verknüpfte Nervenbahnen bedeuten praktisch nichts anderes als die Chance, nicht nur sein Denken, sondern auch sein Handeln zu verändern.

Sozialer Kitt – die Bindungen

Die biochemische Kommunikation der Hirnnervenzellen hat auch eine ganz praktische Bedeutung bei der Entwicklung der individuellen Bindungsfähigkeit. Ab der Kindheit wird im Gehirn durch die emotionalen Erfahrungen mit den Eltern der Bindungsstil programmiert, den Wissenschaftler im Wesentlichen in drei Typen unterteilen. Rund 60 Prozent der Menschen gehören demnach zu den sogenannten sicheren Bindern, etwa 30 Prozent zu den ängstlich-vermeidenden und der Rest zu den ängstlich-ambivalenten Bindern. Auch wenn niemand zu 100 Prozent in allen Kriterien eines Bindungsstils übereinstimmt, gibt es doch prägnante Eigenschaften, durch die sich jeder einem Bindungstyp zuordnen kann. Sicher gebundene Personen wuchsen in einer feinfühligen Familienatmosphäre auf. Sie konnten jederzeit auf die emotionale Unterstützung ihrer Eltern bauen und brauchten nie zu fürchten, alleingelassen zu werden. Deshalb fällt es sicheren Bindern auch im späteren Leben leichter, anderen Menschen zu vertrauen und an die lebenslange Liebe zu glauben. Sie bevorzugen eine ausgeglichene innige Sexualität mit dem Partner. Ängstlich-vermeidend gebundene Menschen erfuhren in ihrer Kindheit, dass sie sich auf die emotionale Anwesenheit ihrer Eltern nicht verlassen konnten. Das Vertrauen, Liebe und Unterstützung zu bekommen fehlt ihnen. Aus Angst vor Ablehnung lassen sich ängstlich-vermeidende Binder deshalb häufig gar nicht erst auf emotional tiefe Beziehungen ein, zelebrieren ihre Freiheit und pfeifen auf Romantik. In Sachen Sex bleiben sie gefühlsmäßig lieber an der Oberfläche, konzentrieren sich mehr auf den funktionalen Akt und neigen so zur sexuellen Selbstkontrolle. Ängstlich-ambivalent gebundene Personen machten in ihrer Kindheit die Erfahrung, dass die Gefühle und Reaktionen der Eltern ständig ohne ersichtlichen Grund zwischen feinfühlig und abweisend wechselten. Deshalb sind diese Menschen permanent damit beschäftigt, die Stimmung des anderen auszuloten und sich dessen Verhalten anzupassen, um seiner sicher zu sein. Ängstlich-ambivalente Binder beschreiben oft das Gefühl, sie lieben ihre Partner immer mehr, als sie selbst geliebt werden, obwohl sie doch alles Mögliche investieren. Aus der Sicht der Partner haben diese Personen oft ein scheinbar unstillbares Bedürfnis nach Nähe und gelten teilweise als echte »Beziehungs-Kletten«. Auch beim Sex rangiert bei ängstlich-ambivalenten Menschen die emotionale Rückversicherung vor der sexuellen Praktik. Sie laufen eher dann zu sexuellen Experimentierkünstlern auf, wenn sie den Partner durch ihre Liebhaberqualitäten beeindrucken können und ihn somit stärker an sich binden.

Je nachdem, ob sichere oder unsichere Binder eine Beziehung eingehen, kann es zu großen emotionalen Missverständnissen kommen. Der Grundkonflikt bei unsicher gebundenen Personen besteht häufig in der Befürchtung, von ihrem Partner nicht richtig angenommen zu werden. Die Angst vor einer eventuellen Enttäuschung lässt unsichere Binder dann teilweise emotional unverständlich für ihren Partner agieren. Sicher Gebundene haben es im Leben deshalb meistens leichter. Aber auch ängstlich-vermeidende oder ängstlich-ambivalente Binder können sehr befriedigende Beziehungen führen, wenn sie sich ihres Verhaltensmusters bewusst sind und daran arbeiten. Gemeinsam mit dem Partner können sie ihren Bindungsstil nach und nach in Richtung »sicher« umprogrammieren. Unabhängig vom jeweiligen Bindungsstil droht statistisch gesehen Paaren das Scheitern ab dem zweiten und dem vierten Jahr der Beziehung sowie in der Zeit, in der das erste Kind die Pubertät erreicht. Das muss aber nicht sein! Glückliche Paare entwickeln sich gemeinsam weiter und umschiffen leichter auch solche (Sinn-)Krisenzeiten. Das gelingt am besten, wenn man hin und wieder eine Bestandsaufnahme der Beziehung macht. Ist das, was man sich am Anfang erträumt hat, in Erfüllung gegangen – Familie, Haus, ein spannendes Leben, die Welt entdecken und so weiter? Zeigt man dem Partner immer noch seine Achtung und Liebe? Hat man Enttäuschungen oder Verletzungen in der Beziehung mit gegenseitigem Respekt verarbeitet? Durch den regelmäßigen Abgleich der Empfindungen vermitteln sich Paare gegenseitiges Vertrauen und das Gefühl, für den anderen wertvoll zu sein.

Wie ging es nun bei Kathrin und Daniel weiter mit ihren Beziehungserfahrungen und welchem Bindungsstil folgen die beiden? »Früher war ich viel zu unsicher, ob die Mädchen mich gut finden würden, und sprach sie aus Angst vor einer Abfuhr lieber gar nicht erst an.« Deshalb musste seine Freundin Jana auch ihn erobern, damit er sich ihrer sicher sein konnte. Den ersten Sex hatte er mit ihr an seinem 18. Geburtstag. Ganz schön aufgeregt sei er vorher gewesen. »Ich wollte mich ja nicht blamieren. Schließlich wusste Jana von ihrem Exfreund schon, wo es langgeht. Aber zum Glück lief alles glatt. Unser Sex machte mir richtig Spaß!« Eigentlich hätte aus Daniels Sicht die Beziehung immer so weitergehen können. »Nach drei Jahren machte Jana aus heiterem Himmel wegen eines anderen Typen Schluss. Da sah ich ganz schön alt aus!« Danach wäre ihm die Lust auf Beziehung erst mal vergangen, bis er sich eines Tages Hals über Kopf in Christine verliebte. »Alles lief super – auch der Sex. Wir wohnten drei Jahre zusammen. Ich wollte sie sogar heiraten. Und dann sagt sie einfach nein! Ich würde an ihr klammern, war ihre Begründung.« Daniel erzählt, dass er sich als totaler Pechvogel fühlte und die Welt nicht mehr verstand. Als Christine ein paar Wochen später bei einem anderen Mann einzog und diesen kurze Zeit danach heiratete, wollte er am liebsten nie wieder etwas mit Frauen zu tun haben.

In Kathrins Leben gab es außer Daniel nur noch einen anderen Mann. »Simon war meine große Jugendliebe. Ich verknallte mich mit 17 in ihn. Er faszinierte mich, weil er mit seinen 20 Jahren schon so reif wirkte.« Kathrin huscht ein Schmunzeln über das Gesicht. »Waren wir beide vernünftig! Das erste Mal schliefen wir nach einem Jahr miteinander. Wir hatten vorher von der Verhütung über die romantische Stimmung bis hin zur Stellung alles genau geplant. Simon war sehr einfühlsam zu mir. Trotzdem fand ich es, ehrlich gesagt, gar nicht schön. Ich hab vor Enttäuschung sogar ein bisschen geweint und Simon musste mich trösten.« Später hätte sie aber die gemeinsame Sexualität genossen und sich dabei mit ihm immer sehr verbunden gefühlt. »Die ersten vier Jahre war ich total glücklich und Simon zeigte mir die große weite Welt. Aber irgendwie sind wir später aus der Beziehung regelrecht rausgewachsen und trennten uns schließlich friedlich.«

Fasst man die bisherigen Schilderungen der beiden zusammen, ist Daniel ein ängstlich-ambivalenter Binder und Kathrin eine sichere Binderin. Diese Einschätzung bestätigt sich, als sie noch einmal ausführlich über ihre sexuelle Beziehung berichten. »Vor sechs Jahren konnten wir überhaupt nicht voneinander lassen. Es machte mich total an, dass Kathrin immer wieder mit mir schlafen wollte. Ich fühlte mich wie der perfekte Liebhaber für sie. Heute gibt mir meine Frau das Gefühl, als sei ich ein lästiger Lustmolch!«, fängt Daniel zu erzählen an. »Dabei hab ich doch immer versucht, sie auf Händen zu tragen und ihr jeden Wunsch von den Augen abzulesen. Warum glaubt sie denn, rackere ich mich in der Werkstatt so ab? Doch nur, damit wir es als Familie schön haben. Anstatt dass Kathrin mal sieht, wie viel ich für sie tue, heult sie nur noch, weil ich ihr immer noch kein Kind gemacht habe. Und wenn ich sie außerhalb ihrer fruchtbaren Tage mal lieben will, lässt sie mich nicht mehr ran. Früher hat ihr meine Art mal gefallen. Heute kann ich ihr nichts mehr recht machen. Das ist doch nicht normal! Es gibt Tage, da komme ich schon gar nicht mehr gern nach Haus, um mir den Frust zu ersparen.«

Auch Kathrin bestätigt, dass der Sex in den ersten Jahren richtig Spaß gemacht hätte. »Wir waren beide neugierig, wie wir uns gegenseitig verwöhnen können und haben viel ausprobiert. Damals konnte ich mich bei Daniel auch komplett fallenlassen. Es lief richtig prima zwischen uns. Wir wollten unser Leben zusammen verbringen und Kinder haben. Aber dann begann die seltsame Wandlung kurz nach unserer Hochzeit im vorigen Jahr. Ich freute mich auf Nachwuchs und war dann ganz schön enttäuscht, dass es nicht auf Anhieb klappte. Aber anstatt mich zu trösten und mich einfach mal in den Arm zu nehmen, wurde Daniel immer ungehaltener. Er fing an, bei jedem Sex auf das ›volle Programm‹ zu drängen.« Dann erzählt Kathrin, dass sie sich zunehmend unter Leistungsdruck fühlte. »Ich konnte mich gar nicht mehr entspannen und wurde nicht so feucht beim Sex. Das merkte Daniel natürlich auch und machte mir Vorwürfe, dass ich nicht mehr auf ihn stehen würde. Ich gab mir wirklich alle Mühe, seine Zweifel zu entkräften. Manchmal machte ich es sogar ihm zuliebe, obwohl ich gar keine Lust mehr hatte. Aber als er mich dann eines Tages anschrie, Sex bräuchte man doch nicht nur zum Kindermachen, da war für mich der Ofen aus! Seitdem hab ich einen Scheideninfekt nach dem anderen. Daniel hält das natürlich für eine willkommene Ausrede. Aber ehrlich: Ich bin mit meinen Nerven am Ende!«

So wie Kathrin und Daniel fallen den meisten Paaren, die zu mir zur Beratung kommen, nur noch Probleme ein. In den Gehirnen geistern vor allem Worte wie gestört, unnormal oder Versagen herum. Die wenigsten denken in diesem Moment spontan an die schönen Seiten ihres Zusammenseins. Um den Blickwinkel aber wieder für das Positive zu öffnen, frage ich gern nach dem gemeinsamen Kennenlernen. Der kleine Trick: Der Gedanke an die erste Verliebtheit ist nicht nur ein sentimentaler Blick durch die rosarote Brille. Vielen Paaren wird durch diese Frage bewusst, was sie eigentlich aneinander bindet und fasziniert. Nicht selten leuchten dann das erste Mal seit langer Zeit wieder die Augen beim Blick auf den Partner: Ja, genau für diesen Menschen lohnt es sich, gemeinsam durch dick und dünn zu gehen. Und auch Daniels Gesicht verklärt sich, als er vom ersten Verknalltsein mit seiner Frau erzählt. »Kathrin sah in ihrem weißen Sommerkleid wunderschön aus! Sie hatte tolle lange Haare, umwerfende Brüste und einen wahnsinnig weichen Mund. Und das Genialste: Ich hatte nach all der Zeit endlich das Gefühl, die versteht mich!

Meine Frau ist das Beste, was mir je passiert ist und ich würde sie nicht wieder hergeben!« Das war ja wohl eine Liebeserklärung! Und die trifft bei Kathrin auch voll ins Schwarze. Sie nimmt Daniels Hand:»Ich liebe dich. Und mit dem Sex, das kriegen wir gemeinsam wieder hin!«

Die Gegenwart liegt in der Vergangenheit – Verletzungen als Chance

Ob die beiden da mal nicht auf dem »rosaroten Glibber-Kitsch« der Vergangenheit ausrutschen? Denn schließlich hat Daniel die Katze ja noch gar nicht aus dem Sack gelassen, dass er seiner Frau die Sache mit der Hodenentzündung verschwiegen hat. Aber kann Daniel darauf vertrauen, dass ihn Kathrin nach seiner Beichte nicht für einen anderen im Stich lässt? Und akzeptiert Kathrin Daniels schlechte Erfahrungen mit seinen Exfreundinnen als Beweggrund, warum er sie beim Thema Kinder im Unklaren ließ? Der Umgang mit unangenehmen Erinnerungen ist in vielen Beziehungen ein heikles Thema, selbst wenn es keine Geheimnisse voreinander gibt.

Da liegt die Frage nahe: Was macht der Kapitän denn eigentlich mit den Erfahrungs-Vorrats-Tonnen, die er wegen des unerfreulichen Inhalts am liebsten gar nicht öffnen möchte? »Vergiss einfach die alten Geschichten!«, könnte eine mögliche Antwort lauten. Es ist menschlich, dass man unschöne Dinge gern aus seinem Gedächtnis streichen will. Aber der Mensch vergisst nicht einfach so. Er muss sich ganz im Gegenteil aktiv erinnern und verarbeiten, um zu vergessen! Damit man nicht nur schmerzlich in alten Wunden herumstochert, ist es wichtig, aus der Vergangenheit neue Denkanstöße für die Gegenwart mitzunehmen. Interessant sind vor allem

Situationen, die Einfluss auf das Selbstwertgefühl und die Beziehungsfähigkeit genommen haben. Gerade die sogenannten schlechten Erinnerungen können einem ganz wertvolle Erkenntnisse über die eigene Persönlichkeit oder die des Partners liefern. Viele verbinden schlechte Erinnerungen mit Gefühlen wie Wut, Trauer, Enttäuschtsein – gemeinhin »schlechte Gefühle«. Stimmt aber nicht! Denkt man zum Beispiel an eine traurige Situation und spürt dabei Trauer, dann ist das Gefühl genau passend. Das macht diese Empfindung zu einem »guten Gefühl«. Denn mit dem richtigen Gespür für die Situation hat man eines der wichtigsten Werkzeuge an der Hand, Bedürfnisse zu empfinden und umsetzen zu können. Häufig findet man wie bei Daniel Parallelen zwischen unerfüllten Bedürfnissen in der Vergangenheit und der Gegenwart. Deshalb geht es beim Blick auf die aktuelle Partnerschaft und Sexualität gar nicht so sehr um die genaue Aufarbeitung der Vergangenheit. Viel wichtiger ist, dass Paare ihre Empfindungen richtig deuten und ihre Bedürfnisse zeigen können. Je ehrlicher man zu sich selbst und seinem Partner ist, welche Ängste aus der Vergangenheit stammen und was man sich heute wirklich voneinander wünscht, desto entspannter und glücklicher kann man seine Beziehung leben.

Wenn also Kathrin und Daniel an ihrer sexuellen Unzufriedenheit wirklich etwas ändern wollen, dann ist es vor allem für Daniel Zeit, endlich Farbe zu bekennen. Da hilft nur ein ehrliches Gespräch!

Auf Entdeckungsreise gehen

Über Sex reden – ehrlich und offen

Wenn das so leicht wäre! Nirgends wird so viel gelogen und verschwiegen wie beim Thema Sex. Denn der selbstauferlegte Vergleichsdruck der Menschen ist groß angesichts der Sexualisierung in den Medien. Sie reicht von seriösen Informationen, über kuriose »Sexstudien« bis hin zur Pornographie – kein Bedürfnis bleibt unbefriedigt. Es entsteht der Eindruck, auch die letzten Hemmungen seien gefallen. Alle reden überall über Sex. Über die eigenen intimen Wünsche und Ängste sprechen allerdings nur die wenigsten. Und wenn sie dies tun, suchen sie eher Rat bei einem Kumpel oder einer Freundin. In den heimischen vier Wänden fehlen vielen Frauen und Männern die richtigen Worte, um mit dem Partner über ihr Liebesleben zu reden. Dabei wäre ein Gespräch bei den meisten Paaren dringend notwendig. Das Thema Sex steht nämlich ganz oben auf dem Siegertreppchen der häufigsten Partnerschaftsprobleme. Ganz eng gefolgt von der Schwierigkeit, miteinander zu reden – besonders beim Ausdrücken negativer Gefühle und Kritik. Aber es gibt Hoffnung! Das Handwerkzeug für ein gutes Gespräch über Sex kann jede Frau und jeder Mann erwerben!

Und was macht man, wenn wie bei Kathrin und Daniel Sexualität das Reizwort Nummer eins ist und die Beziehung deshalb auf Messers Schneide steht? Das Wichtigste: So schwer es fallen mag – Ruhe bewahren! Egal, ob sich ein Paar in so einer schwierigen Phase ihrer Beziehung bei einem Therapeuten Hilfe sucht oder allein die Lösung des Problems

angeht, (Zeit-)Druck raus ist das A und O. Menschen in sexuellen Krisen sollten sich mindestens ein halbes Jahr Zeit gönnen, um die Sache zu beleuchten und auf den rechten Weg zu
bringen, bevor sie weitere Entscheidungen treffen. Und bis
dahin? Die Friedenspfeife rauchen! Wer es ehrlich mit seinem
Partner meint, gibt 100 Prozent positive Energie zur Verbes-
serung des gemeinsamen Sexlebens. Ganz konkret bedeutet
das: mit Streitigkeiten und gegenseitigen Schuldvorwürfen ist
jetzt Schluss! Und auch wenn es erst einmal paradox klingt:
Sex darf nicht länger das Thema Nummer eins sein! Wenn
Paare in der Sexfrust-Falle stecken, entsteht häufig ein regelrechter Tunnelblick, der die Sicht auf alle anderen wichtigen
Bereiche der Beziehung verstellt. Es fühlt sich dann oft so an,
als ob man von einem scheinbar unlösbaren Problem fast
erdrückt wird. Deshalb heißt die Devise: Augen auf, für die
schönen Seiten der Partnerschaft – sich Komplimente machen,
kleine Aufmerksamkeiten schenken, gemeinsam etwas Neues
entdecken, einen romantischen Abend verbringen – einfach
alles, was das Gefühl der Verbundenheit erzeugt. Dazu gehören auch Gespräche, die Nähe und Vertrauen schaffen.
Dabei geht es nicht so sehr um das »Worüber«, sondern um
das »Wie« der Unterhaltung. Egal, ob man sich über Schwie-
germutters Rührkuchen, den Streit mit der Kollegin oder
eben über die sexuelle Zufriedenheit austauscht, wichtig ist
der persönliche emotionale Bezug zum jeweiligen Thema. Da
versteht man die Begeisterung des Partners für das krümelige
Zeug mit dem süßen Zuckerguss, weil der Kuchen in der kleinen runden Form früher zu jedem Kindergeburtstag gehörte.
Na ja, und die Kollegin mit dem kurzen Rock ... Vielleicht
würde man ja auch hin und wieder versuchen, beim Chef in
einem Minirock zu punkten, statt sich bei der Arbeit abzura-
ckern, wenn man solche Gazellenbeine hätte wie die Kolle-

gin? Und ehrlich gesagt: Seitdem Flaute im Bett ist, fühlt man sich unzufrieden, dick, alt und ungeliebt!

Aber kennt man die Gedanken des Partners nicht ohnehin schon in- und auswendig, wenn man wie Kathrin und Daniel eine gefühlte Ewigkeit zusammen ist? Dieser Glaube erweist sich nicht selten als Beziehungsfalle. Viele Paare zerbrechen sich getrennt voneinander die Köpfe, warum es mit dem gemeinsamen Sexleben einfach nicht mehr so recht klappen will. Und bei so vielem Denken, was der andere sich wohl denkt und erwartet, entstehen am Ende die wildesten Theorien und komischsten Aktionen. Dabei muss nicht immer ein prinzipieller Konflikt wie der unerfüllte Kinderwunsch von Kathrin und Daniel dahinterstecken. Häufig haben sowohl Frauen als auch Männer sehr wohl Lust auf Sex – nur eben nicht so! Viele Menschen scheuen sich, ihre Vorstellungen dem Partner anzuvertrauen. Aber keiner kann Gedanken lesen und so kann selbst beim besten Vorsatz nicht jeder Wunsch erfüllt werden. Um herauszufinden, worum es dem Partner bei einem Gespräch eigentlich geht, hilft es, sich folgende Fragen zu beantworten: Was ist der Inhalt des Gesprächs? Was offenbart der andere (unfreiwillig) mit dem Gespräch über sich? Was will der Partner mit dem Gespräch (bei mir) erreichen? Wie fühle ich mich vom anderen durch die Art des Gesprächs behandelt? Auf diese Weise kann man eine ganze Menge zwischen den Zeilen einer Unterhaltung oder eines Streits lesen.

Der Sachinhalt macht den kleinsten Anteil gelungener Beziehungskommunikation aus. Während es im Berufsleben viel um »schlagende Argumente« geht, bringt einen die Faktenlage bei Diskussionen in der Partnerschaft nur selten weiter. Jeder kennt die Situation, faktisch eindeutig recht zu haben und trotzdem läuft der Partner zu wahrer Kampfeslust auf. In Wirklichkeit hat man aus seiner Sicht schon deshalb unrecht, weil man mit ihm streitet, seine Meinung nicht anhört oder seine Position nicht respektiert. Auch Kathrin und Daniel kratzen beim Beschäftigen mit der Sachebene allenfalls an der Oberfläche des Problems. Obwohl Sätze wie »Keine Lust – das macht mich ganz verrück!« und »Ich hab den Kanal voll. Seit sechs Monaten keinen Sex! Meine Frau ist vertauscht.« zur pragmatischen Betrachtung und Lösung verführen, würden die beiden mit einem reinen »Aktionismusplan« zur Entfachung der Lust sicherlich auf das falsche Pferd setzen. Denn die Gefühle der Wut und der Enttäuschung über sich selbst und die Beziehung, die sie in ihrer Beschreibung offenbaren, wären damit noch längst nicht aus der Welt. Obwohl Daniel eher im »Macho-Gewand« und Kathrin als »Problem-Verursacherin« daherkommen, fühlen sich beide im Grunde gleich hilflos mit der fehlenden Sexualität. In den Aussagen »das macht mich ganz verrückt ...« und »... meine Frau ist vertauscht« steckt außerdem eigentlich der Appell an den Partner: Schau hin! Ich habe Angst! Ich weiß nicht weiter! Menschen kommunizieren ihre tiefen Bedürfnisse ganz unterschiedlich. Aber egal, ob der eine seine Gefühle auf dem Silbertablett vor sich herträgt und der andere bei emotionalen Themen den Stockfisch mimt, eine Form der Kommunikation verbindet alle Menschen: die Körpersprache. Wer nicht reden will, schweigt. Aber selbst wenn jemand kein einziges Wort spricht, niemand kann sich nicht verhalten. Mit allem, was man tut oder eben lässt, tritt man mit anderen in Beziehung. Besonders in der Partnerschaft macht der Ton die Musik, bestimmt die Gestik und Mimik, ob sich der Partner richtig verstanden, respektvoll behandelt und akzeptiert fühlt. Der amerikanische Wissenschaftler John M. Gottman geht sogar noch einen Schritt weiter. Er studierte in seinen Testlabors viele Jahre lang das Mienenspiel von Paaren in allen möglichen Situationen. Für ihn ist die Körpersprache ein regelrechter Anzeiger, ob die Beziehung zwischen zwei Menschen gelingt oder scheitert. Aber niemand muss deswegen von jetzt an mit seinem Partner in einer »Harmonieblase« leben. Ganz im Gegenteil: Keine Angst vor einem reinigenden Gewitter! Denn glückliche Paare fassen sich keineswegs nur mit Samthandschuhen an, sondern lassen es hin und wieder auch mal ordentlich krachen. Was glückliche von unglücklichen Paaren allerdings unterscheidet: Glückliche Paare meistern selbst Gespräche in schwierigen Situationen mit Respekt und Einfühlungsvermögen. Gottman bezeichnet solche Beziehungen als emotional intelligente Partnerschaften.

Wie sieht es denn nun aus, das Geheimnis gelungener Beziehungskommunikation? Es gibt keine ultimative Allzweckformel! Aber wer eine Handvoll Grundregeln beachtet, erhöht die Wahrscheinlichkeit, dass selbst heikle Gespräche besser gelingen. Mal angenommen, Sie möchten mit dem Partner darüber reden, dass im Alltag kaum noch Zeit und Muse für entspannte Zweisamkeit und Romantik bleibt.
Dann wäre es gut, die folgenden Regeln zu beachten.

▷ **Regel Nummer 1: Den richtigen Auftakt wählen.**
Auch wenn einem das Problem noch so sehr unter den Nägeln brennt, grundlegende Beziehungsgespräche brauchen Raum und Zeit! Wer den Partner nach dem Sonntagskrimi kurz vorm Einschlafen oder beim morgendlichen Abschied zwischen Tür und Angel sein Herz ausschüttet, wird selten auf offene Ohren stoßen – der Frust ist vorprogrammiert. Deshalb sollte man lieber für eine entspannte Atmosphäre

sorgen und den Partner darauf vorbereiten, dass man mit ihm etwas Wichtiges besprechen möchte. Dazu gehört auch, den anderen zu fragen, ob aus seiner Sicht gerade der richtige Zeitpunkt für ein tiefergehendes Gespräch ist oder ob man das Thema lieber vertagt, damit beide ganz bei der Sache sein können. Der Auftakt könnte dann zum Beispiel so lauten: »Ich möchte gern mit dir etwas Wichtiges wegen unserer gemeinsamen Beziehung besprechen. Hast du den Kopf dafür jetzt mal eine halbe Stunde frei?«

▷ **Regel Nummer 2: In der Ich-Form sprechen.**
Die meisten vermuten im Zweifelsfall nichts Gutes, wenn der Partner ein »Beziehungsgespräch« ankündigt und gehen deshalb schon mal prophylaktisch in die Verteidigungsstellung. Denn nicht selten hauen sich Paare Vorwürfe um die Ohren. Nie nimmst du dir Zeit für mich! Ständig hast du was Wichtigeres zu tun! So kann man beim besten Willen nicht leben! Du liebst mich doch gar nicht mehr! Ausgeteilt ist schnell. Einstecken tut weh. Obendrein fühlt man sich ratlos, was der andere eigentlich damit meint oder erreichen will. Statt alles über einen Kamm zu scheren, das Verhalten des anderen je nach Laune auszulegen oder sich hinter dem Wörtchen »man« zu verstecken, macht es mehr Sinn, anhand eines konkreten Beispiels über die eigenen Gefühle und Wünsche in der Ich-Form zu sprechen. Diese Art der Beziehungskommunikation bietet gleich mehrere Vorteile. Erstens muss sich jeder überlegen, ob der Frust nicht selbstgemacht ist oder eigentlich jemand anderem gilt. Zweitens verhindern Paare auf diese Weise, dass sie sich gegenseitig zum Erfüllungsgehilfen der eigenen Bedürfnisse machen. Und drittens kann man sich bei diesem Vorgehen nicht so leicht vor der Eigenverantwortung bei

der Lösung des Konflikts drücken. Wer also lieber durch seine Schilderung beide mit ins Boot holen möchte, statt pauschale Grundsatz-Vorwürfe in der »du«- und »man«- Manier beim Partner abzuladen, könnte Folgendes formulieren: »In den letzten Wochen habe ich das Gefühl, dass wir ein bisschen nebeneinanderher leben. Gestern Abend zum Beispiel saß ich nach der Arbeit allein vorm Fernseher und du hast am Computer gearbeitet. In solchen Momenten bin ich verunsichert, ob wir uns noch genauso viel bedeuten wie am Anfang unserer Beziehung. Ich habe Angst, dass wir unsere Liebe im Alltag verlieren. Ich wünsche mir, dass wir beide uns wieder mehr Zeit für entspannte Zweisamkeit und Romantik nehmen.«

▷ **Regel Nummer 3: Männer sind anders als Frauen.**
Trotz aller Aufweichung der Geschlechterrollen: Es gibt sie noch, die Frau-Mann-Unterschiede. Wer kennt nicht den Spruch: Ein Mann ein Wort. Eine Frau ein Wörterbuch. Von wegen! Wissenschaftler zählten, dass Männer und Frauen ungefähr die gleiche Anzahl an Worten pro Tag sprechen – rund 16 000 sollen es sein –, nur eben in ganz unterschiedlichen Situationen. Tatsächlich reden die Herren der Schöpfung mit ihresgleichen weiterhin am liebsten fachmännisch über Technik, Politik und Sport, während sich die Damen im Kreis der Freundinnen über Familie, Promis und Gesundheitsthemen austauschen. Auch wenn Frau und Mann dieselbe Absicht im Kopf haben, springen ganz andere Worte über ihre Zunge. Würde man einen Mann und eine Frau einen Wunsch formulieren lassen, wie sie sich in Zukunft öfter wieder die »entspannte Zweisamkeit« vorstellen, klänge das ganz unterschiedlich. Während ein Mann beispielsweise formuliert: »Ich möchte gern wie-

der öfter mit dir schlafen.«, würde eine Frau sagen: »Ich möchte, dass du mir wieder öfter deine Liebe zeigst.« Obwohl es völlig unterschiedlich ausgedrückt ist, wünschen sich in diesem Fall Mann und Frau dasselbe. Während Frauen meist über die angestrebten Gefühle sprechen, reden Männer häufig in Begriffen der Aktivität. Er sagt zwar: »Ich möchte mit dir schlafen.« Aber die Betonung liegt auf dem DIR. Das heißt, es geht eigentlich darum, welche Gefühle der Mann damit anstrebt. Er möchte sich genauso wie die Frau vom anderen geliebt und als Mensch akzeptiert fühlen. Um sich diese Bedürfnisse gegenseitig zu erfüllen, ist es oft gar nicht wirklich notwendig, viel öfter miteinander zu schlafen.

▷ **Regel Nummer 4: Zuhören und Nachfragen.**
»Du sitzt doch ständig nur noch vor dem Fernseher.« – »Ja, aber was soll ich denn sonst machen, wenn du dich mehr für deinen Computer interessierst als für mich.« – »Mal ehrlich: Jedes Computerspiel ist spannender, als dich in deinen alten Schlabber-Jogginghosen anzusehen.« – »Aha, dir passen also meine Jogginghosen nicht mehr in den Kram? Mir passt schon lange was nicht mehr – dein dummes Gequatsche. Ich verbringe meine Zeit sowieso lieber mit anderen. Auf dich kann ich in Zukunft auch verzichten.« Es herrscht eisige Stille im Raum. Einer steht auf, geht und kommt vielleicht nie wieder. John M. Gottman würde beim Beobachten eines solchen Streits sicherlich nichts Gutes voraussagen. Gegenseitige Kritik, Rechtfertigung, Verachtung, aggressive Machtdemonstration lassen das Gespräch in einer Negativspirale immer weiter eskalieren, bis nur noch der Rückzug bleibt – für Gottman die fünf Todsünden einer jeden Beziehung. Der Wissenschaftler fand

auch heraus, dass sich Paare selbst kleinere Kränkungen ordentlich übelnehmen und offenbar unterbewusst eine Art »Punktekonto« führen. Wer seinem Schatz einmal auf den Schlips tritt, muss in der Folge den Partner mit fünf lieben Gesten oder Taten milde stimmen, um emotional wieder alles ins Lot zu bringen. Da macht es sowohl inhaltlich als auch zeiteffektiv Sinn, bei einer schwierigen Diskussion lieber tief Luft zu holen und bedacht zu reagieren, bevor man mit einer unüberlegten Bemerkung größeren Schaden anrichtet. Im Klartext heißt das: in Ruhe zuhören und nachfragen. So zeigt man dem Partner Verständnis für seine persönlichen Ansichten und erzeugt dadurch das Gefühl von gegenseitigem Vertrauen, Nähe und Akzeptanz.

Das Beziehungsgespräch mit Sprengstoffpotential könnte dann zum Beispiel wie folgt entschärft werden: »Mann oh Mann, als ich dir grad so zugehört hab, hat es mir ganz schön die Kehle zugeschnürt.« – »Das wollte ich nicht.« – »Das glaub ich dir ja. Aber lass mich das für mich mal ein bisschen ordnen, damit ich das im Kopf klar kriege. Hab ich dich richtig verstanden, dass du glaubst, dass wir uns nicht mehr so lieben?« – »Na ja, ich habe einfach Angst, weil wir uns nicht mehr so richtig Zeit für entspannte Zweisamkeit nehmen.« – »Du meinst, weil wir nicht mehr so oft miteinander schlafen?« – »Nicht so direkt. Ich dachte eher, dass wir uns wieder mehr auch körperlich unsere Liebe zeigen.« – »Das fände ich auch gut, aber was stellst du dir denn da genau vor?«

▷ **Regel Nummer 5: Die Dinge konkret beim Namen nennen.**

Ja, was stellt man sich denn da genau vor? Häufig ist es gar nicht so einfach, von alt ausgetretenen Pfaden aus auf sexuelle Erkundungstour zu gehen. Viele Menschen betonen immer wieder, Sex müsse sich einfach so ergeben und man merke an den Reaktionen des Partners schon, was »richtig« ist. Kann funktionieren, vorausgesetzt, der Partner reagiert ehrlich auf die Liebesbemühungen und gaukelt nichts vor. Aber was ist mit Spielarten, die der andere nicht ausprobiert? Was ist mit Berührungen, die sich das eine Mal angenehm erregend anfühlen und das andere Mal eher unangenehm? Was ist, wenn einem mitten beim Liebesspiel der Sinn nach etwas anderem steht? Oft werden Wünsche nur indirekt formuliert: Du sollst das doch nicht immer so machen. Nein, das mag ich nicht. Lass das! Solche verneinenden Aussagen verunsichern den Partner nicht nur, sondern er tappt auch weiter im Dunkeln, was sich der andere eigentlich vorstellt. Deshalb ist die beste Möglichkeit, das zu bekommen, was man will, das Wünschen – und es so konkret wie möglich auszusprechen. Ich wünsche mir, dass du öfter meine *piep* streichelst oder auch manchmal meine *piep* mit der Zunge *piep*. Oder deinen *piep* an meiner *piep* reibst. Im Fernsehen ertönt bei intimen Formulierungen meistens ein *piep*. Zu Hause herrscht statt *piep* eher Stillschweigen. Am wenigsten unterhalten sich Paare konkret über Sexualität – weder entspannt auf der Couch noch beim Liebesspiel an sich. Wenn der Sex für beide erfüllend läuft – bitte schön, dann muss niemand über Sex oder beim Sex reden. Wer jedoch etwas verändern möchte, sollte mit dem Partner die passenden Worte für die intimen Körperzonen als auch für die gemeinsamen sexuellen Spielarten finden. Die deutsche Sprache hält eine bunte Palette sexueller Ausdrücke parat. Allerdings, nur wenige Begriffe taugen dazu, dass sich Paare ungezwungen und respektvoll zugleich über ihre sexuellen Bedürfnisse austauschen können. Mediziner reden Latein, Bürokraten reden Amtssprache, Kinder reden Kindersprache, Liebesroman-Autoren reden blumige Sprache und Pornoregisseure reden Pornosprache. Welche Sprachmixtur ein Paar für das heimische Bett wählt, bleibt deshalb am Ende jedem selbst überlassen. Es ist in Ordnung, wenn jemand gern seinen Penis in die Vagina schiebt, mit seinem Zauberstab in die Liebesgrotte taucht oder mit seinem Schwanz in der Möse fickt – oder es jemand eben ganz anders ausdrückt. Egal, welche Variante des Miteinanderredens ein Paar wählt, alle Begriffe sollten authentisch sein. Wenn die Grundlage der gemeinsamen Sexualität Vertrauen und Respekt ist, kann die Wortpalette je nach der Situation alle Facetten von zart bis derb umfassen.

Gibt es denn bei Kathrin und Daniel nun ein klärendes Gespräch oder nicht?

Daniel ruft mich einen Tag nach der Stunde an, in der er mir seine Angst vor Unfruchtbarkeit gestand. »Ich lag die halbe Nacht wach. Ich will mit Kathrin reinen Tisch machen. Können Sie mir dabei helfen, die richtigen Worte zu finden?« – »Klar kann ich. Kommen Sie einfach vorbei!« Tags darauf sitzt Daniel wieder bei mir und erzählt, dass er sein Verhalten auf einmal selbst nicht mehr versteht. »Ich weiß, dass ich mich wie ein Idiot aufführe. Dafür schäme ich mich eigentlich auch. Aber wie soll ich denn aus dieser Geschichte heil rauskommen? Ich hab einfach verdammt große Angst, dass Kathrin abhaut. Sie ist doch die Liebe meines Lebens!« – »Seien Sie ehrlich. Sagen sie ihr genau das, was Sie mir jetzt gesagt haben!«

In der nächsten gemeinsamen Sitzung nimmt Daniel tatsächlich all seinen Mut zusammen und packt das heiße Eisen an. »Kathrin, ich muss dir was sagen. Das wollt ich dir schon lange sagen. Ich bin vielleicht unfruchtbar!« Kathrin sitzt da, mit weit geöffneten Augen und offenem Mund. Daniel greift nach ihrer Hand, doch sie zieht sie weg. »Sag, dass das nicht wahr ist!« Auf einmal steigt in ihr die Wut hoch – auf Daniel, auf ihre Beziehung und dass sich alles nur noch kompliziert anfühlt. »Du bist wirklich der größte Idiot, den ich kenne. Und wegen dir hab ich mich schrecklich gefühlt?!« Danach herrscht minutenlang Schweigen. Daniel blickt hilfesuchend in meine Richtung. »Wissen Sie«, beginne ich zu erzählen, »es ist nicht so ungewöhnlich, dass gerade in den ersten Sitzungen die Nerven blank liegen. Beide Partner fühlen sich häufig hilflos und erschöpft. Aber eigentlich zeigt so ein Gefühlsausbruch auch etwas ganz Positives. Es sind nämlich Gefühle füreinander da. Das heißt, der andere ist einem noch lange nicht gleichgültig. Da lohnt es sich, füreinander zu kämpfen.«

Dann prasseln die Sätze nur so nieder. »Kathrin, ich hatte einfach eine Scheißangst, dass du mich nicht mehr liebst, wenn ich dir kein Kind machen kann.« – »Das ist doch aber noch lange kein Grund, mich bei so einem wichtigen Thema zu belügen!« – »Ich weiß, dass das jetzt nicht als Entschuldigung zählt, aber ich arbeite wie ein Irrer, damit wir es später als Familie mal schön haben. Das siehst du gar nicht mehr. Stattdessen setzt du mich so sehr unter Druck, dir endlich ein Kind zu machen. Ja, ich hab mich in der letzten Zeit wie ein Idiot aufgeführt. Das tut mir wirklich leid. Aber ich bin doch mehr als ein Samenspender!« Beiden stehen die Tränen in den Augen. Kathrin steht auf. »Ich brauch mal fünf Minuten frische Luft!«

Als sie wiederkommt, setzt sie sich zu Daniel auf die Couch. »Ich hab schon eine Weile gemerkt, dass mit dir irgendwas nicht stimmt. Aber ich hatte echt keinen Nerv, dich anzusprechen. Ich wollte doch einfach nur ein Kind von dir. Was heißt das denn nun eigentlich, du bist vielleicht unfruchtbar?«Dann erzählt Daniel seiner Frau die komplette Geschichte von der Hodenentzündung als Kind und dass man ihm damals prophezeite, es könnte mit dem Kindermachen schwierig werden. Am Ende der Stunde sagt Kathrin:»Lass uns Licht ins Dunkel bringen und zum Urologen gehen. Aber um deine Schwindelei zu verdauen, dafür werd ich wohl noch eine ganze Weile brauchen.« Daniel wirkt erleichtert. Wir vereinbaren, dass die Therapie fortgesetzt wird, wenn sich beide wieder dazu in der Lage fühlen. In der Zwischenzeit sollte nicht nur Daniel die Frage nach der Fruchtbarkeit klären. Ich empfehle auch Kathrin, bei ihrem Gynäkologen eine genaue Untersuchung durchführen zu lassen. Denn schließlich gehören zum Kindzeugen ja immer zwei. Und da sollten beide genau wissen, ob mit ihren Körpern alles stimmt.

Wie funktioniert der Körper?

Wem auf der einen Seite der respektvolle verbale Austausch über Sex wichtig ist, der sollte auf der anderen Seite nicht auf solides Wissen über den eigenen Körper verzichten. Viele meiner Klienten erleben regelrechte Aha-Effekte, wenn ihnen das enge Zusammenspiel von Körper und Seele in Bezug auf ihre sexuellen Probleme bewusst wird. Deshalb lade ich Sie an dieser Stelle zu einer kleinen intimen Expedition in das Wunderwerk des geni(t)alen menschlichen Organismus ein.

Expedition Mann

Der Penis – Symbol der stolzen Manneskraft! Dabei ist nur die Hälfte des Penis, der sogenannte mobile Teil zu sehen. Mindestens genauso wichtig ist der starre Teil im Becken des Mannes, der für die Stabilität des besten Stückes sorgt. Der Penis besteht aus drei schwammartigen Gebilden, die man Schwellkörper nennt. Davon umgibt ein Schwellkörper die Harnröhre zum Schutz und zwei weitere Erektionsschwellkörper links und rechts sorgen, mit Blut gefüllt, für den richtigen Härtegrad beim Sex. Die Erektionsschwellkörper sind untereinander mit Poren verbunden. So kann der Penis bei Erregung sofort auch von allen Seiten prall aufgepumpt werden. Damit der Penis kein schwammartiges unförmiges Gebilde, sondern ein widerstandsfähiges formschönes Sexwerkzeug wird, sind die Schwellkörper von einer besonders festen, bis drei Millimeter dicken Bindegewebshülle umgeben. Diese Hülle geht im Bereich des Schambeins in eine noch festere Hülle über, die von Muskeln gehalten wird. Deshalb kann der Mann durch Anspannen der Beckenmuskulatur regelrecht vor Freude »mit dem Schwanz wedeln«. Bei Operationen zur Penisverlängerung wird genau diese Bindegewebsschicht durchtrennt. Dadurch wird der Penis zwar optisch zirka zwei bis drei Zentimeter länger, aber die Stabilität für den unbeschwerten Sex ist dahin. Damit der Sex funktioniert, braucht das beste Stück des Mannes natürlich nicht nur einen guten Halteapparat, sondern vor allem eine gute Hydraulik – die Erektion!

Am Anfang einer jeden Erektion steht ein Blick, der unter die Haut geht: die Erinnerung an diese Frau mit dem extra kurzen Rock und den langen Beinen oder die Vorfreude auf eine heiße Nacht mit der Liebsten oder, oder, oder ...

Ohne Kopfkino läuft rein gar nichts. Und dieses Kopfkino, das fachlich korrekt sexueller Schlüsselreiz heißt, wird in einer gerade mal stecknadelkopfgroßen Zone in unserem Gehirn angeknipst – ganz außen in den Furchen der Großhirnrinde.

Die Zellen der Großhirnrinde sind wahre Genies. Sie sorgen dafür, dass die Menschen mit allen Sinnen fühlen, sich erinnern und schwierigste intellektuelle Leistungen vollbringen können. Wenn die Berührungen und das Kopfkino die biochemischen Kraftwerke der Großhirnrindenzellen auf Hochtouren gebracht haben, senden sie die erregenden Informationen an eine Schaltstation im Zwischenhirn – dem Hypothalamus. Das Wort kommt aus dem Griechischen und bedeutet so viel wie Lager oder Kammer. Dabei müsste diese Region eigentlich besser Schatzkammer heißen, wenn man ihre Bedeutung richtig würdigen wollte. Denn der Schatz ist kein Geringerer als die Steuerung unserer Triebe und all unserer Körperfunktionen! Damit die Schätze dem Körper und dem Geist zugutekommen, braucht der Hypothalamus die Hilfe der kirschkerngroßen Hirnanhangsdrüse, der Hypophyse. Auch sie erhielt ihren Namen von den alten Griechen – Hypophyse bedeutet entstehen und wachsen. Und so wachsen also in dieser kleiner unscheinbaren Drüse alle wichtigen Hormone, die unser Körper für seine Existenz braucht. Und von dort werden sie auch im ganzen Körper je nach Bedarf nach einem ganz schlauen Regelsystem verteilt. Wenn nun also die erotische Welle die Hypophyse erreicht hat, produziert sie einen Liebescocktail aus Hormonen. Einerseits sendet sie Hormone zu den Geschlechtsorganen, die dort einen Luststoß entfachen. Andererseits schickt sie auch Hormone zurück an das Großhirn, die die sexuellen Gefühle und innige Verbindung zwischen zwei Menschen zu einem Sinnesrausch werden lassen.

Aber trotz dieses großartigen Aufgebots: Ein Hormongewitter macht noch keine Erektion! Damit das teure Stück des Mannes zu prall gespannter Hochform aufläuft, stimulieren die liebestollen Großhirnzellen auch ihr zuverlässigstes Ausführungsorgan – das vegetative oder unwillkürliche Nervensystem. Aus dem Blickwinkel der Entwicklung der Menschheit gehören die Zellen und Fasern des unwillkürlichen Nervensystems mit zu den ältesten unseres hochkomplexen Gehirns. An dieser Stelle lohnt es sich, ganz besonders aufzupassen! Damit alle Organe auf Hochtouren arbeiten können und dann auch wieder ihre wohlverdienten Pausen bekommen, hat sich die Natur vor vielen Millionen Jahren etwas Simples und gleichsam Geniales ausgedacht. Das vegetative Nervensystem besteht aus zwei Nervensträngen, die vom Gehirn über das Rückenmark in den letzten Winkel des Körpers ziehen – es sind die beiden Gegenspieler Sympathikus und Parasympathikus. Da das Leben der Urmenschen einfachen Gesetzen folgte, steuerte der Sympathikus alle Funktionen zum Jagen und Kämpfen und der Parasympathikus die Funktionen zum Ausruhen und Verdauen. Auf unsere heutigen Bedürfnisse gemünzt, bedeutet dies: Der Sympathikus ist vereinfacht das »Stressnervensystem« und der Parasympathikus das System zum »Seele baumeln lassen«. Schlaue Denker haben an dieser Stelle schon längst den richtigen Schluss gezogen, dass der Parasympathikus DER Nerv für die Erektion ist. Und trotz seines »sympathischen« Namens ist also der Stress-Sympathikus der Hemmschuh der Manneskraft, den es zu überlisten gilt. Wenn alles glattgeht, die Drüsen auf Hochtouren laufen und Mann entspannt ist, dann rasen die Lustmacher auf parasympathischen Pfaden direkt in den Penis. Aber wehe, wenn die Lustmacher den zeitgleichen Wettlauf mit den Lustkillern wie Stress oder Angst auf den sympathischen Bahnen verlieren! Dann wird die Erregung auf halber Strecke gestoppt, und der Penis bleibt trotz größter Anstrengungen schlapp.

Setzt sich der Parasympathikus bei Entspannung durch, produzieren seine Nervenenden am Penis Stickstoffmonoxid, das in einem hochkomplexen Prozess die Schwellkörpergefäße weitstellt. Dadurch werden in kürzester Zeit Unmengen von Blut in den Penis gepumpt und nicht wieder herausgelassen. Dabei entsteht ein Druck von bis zu 1000 mm Hg. Das entspricht dem bis zu Zehnfachen des Ruhe-Blutdruckes des Menschen. Der Liebesakt kann beginnen!

Was aber wäre der Liebesakt für den Mann ohne die Möglichkeit, seine Fruchtbarkeit unter Beweis zu stellen. Einerseits ist nicht jeder Mann begeistert, beim Sex potentiell ein Kind zeugen zu können. Andererseits sind sie stolz darauf, die Herren der Schöpfung zu sein. Selbst in festen Partnerschaften mit Kindern bleibt es die Ausnahme, dass Männer durch einen kleinen Eingriff am Samenleiter für die Verhütung sorgen. Der Ort der so gut gehüteten Fruchtbarkeit des Mannes sind die Hoden. Dort werden pro Sekunde zirka 1000 bis 1200 Spermien gebildet. Das ergibt die beachtliche Zahl von 104 Millionen Spermien am Tag! Nach etwa zehn Wochen Reifungszeit, wandern die fertigen Spermien in die Nebenhoden, die wie eine Mütze auf den Hoden sitzen. Die kleinen beweglichen Kerlchen werden in den Nebenhoden erst einmal mit einer sauren Substanz ruhiggestellt und der Stoffwechsel heruntergefahren. Schließlich sollen sie in der Warteposition weder Schaden am wertvollen Genmaterial erleiden noch ohne Ziel in der Gegend rumschwimmen. Beim Samenerguss gelangen die Spermien dann zuerst durch die Samenleiter, an denen, von Bindegewebe und Gefäßen umgeben, die Hoden und Nebenhoden locker baumeln. Denn die Spermien warten nicht nur gern im Sauren auf ihren Einsatz, sondern auch im Kühlen außerhalb des Körpers. Damit sich die empfindlichen Hoden beim Sex nicht verdrehen, werden sie wie der Penis an den Körper herangezogen. Die Samenzellen passieren auf ihrem Weg zur Abschussrampe die Prostata und Samenbläschen, die den Hauptanteil der Spermaflüssigkeit bilden.

Erst durch die Zumischung des alkalischen Sekrets der Samenbläschen werden die Spermien wieder aufgeweckt. Die kleinen kaulquappenartigen Gebilde erleben dann eine Geschwindigkeitsachterbahn. Nachdem sie zuerst durch das Zusammenziehen der Prostata mit 40 bis 50 km/h und dem Druck eines Autoreifens aus der Harnröhre herausgeschleudert werden, müssen sie sich anschließend ganz schön abrackern, um ans Ziel zu kommen. Zum Glück ist die Samenflüssigkeit nun leicht alkalisch, damit die Spermien in der sauren Scheidenflüssigkeit nicht gleich wieder in die Starre verfallen. Zusätzlich lockt der Eingang zur Gebärmutter auf den letzten Zentimetern auch mit alkalischem Schleim. Nun herrscht in der Scheide ganz schönes Gerangel im Spurt um die potentielle Eizelle. Ein Spermium muss zirka 800-mal mit dem Schwanz wedeln, um einen Zentimeter voranzukommen. Dabei legt es etwa drei Millimeter pro Minute zurück und benötigt somit für seine Reise zirka ein bis drei Stunden bis zum Zielort. Kein Wunder, dass da nur die gesündesten als Gewinner übrig bleiben. Geht ja auch um viel – um die Eizelle, die nur vom Sieger erobert werden kann!

Expedition Frau

Anders als bei den Männern, die ihr Geschlecht vor sich hertragen, ist es bei den Frauen zwischen den Beinen verborgen. Es ist scheinbar so gut versteckt, dass manche Frauen sich bis ins Erwachsenenalter, außer beim Waschen, nicht erkundet haben. Nicht selten kennt der Partner dann die Scheide der Frau besser als sie selbst. Hand aufs Herz – könnten Sie sich ein Bild Ihrer Scheide vor Ihrem geistigen Auge abrufen? Wenn nicht, gehen Sie doch gleich mal mit einem Handspiegel und Ihren Fingern auf Entdeckungstour! Wenn die Beine geschlossen sind, sehen wir den vertrauten Schlitz im weich gepolsterten Schambein. Zwischen den Schenkeln offenbart sich dann die ganze filigrane Schönheit. Leider geben viele Frauen heutzutage an, mit dem Aussehen ihrer Scheide nicht zufrieden zu sein. Zielscheibe des Unmutes sind häufig die kleinen Schamlippen, die als zu groß empfunden werden. Wer durch Schönheitschirurgie Hand anlegen lässt, bringt sich um eine große sensible Zone.

Apropos sensibel: Die sensibelste Stelle der Frau ist sicherlich die Klitoris. Auf kleinster Fläche ballen sich zirka 8000 Nervenfasern. Das sind zweimal so viele Nerven wie auf dem gesamten Penis. Von außen ist die Klitoris nur eine erbsenkleine knubbelige Gewebestruktur, die sich von einer Hautfalte bedeckt am oberen Ende der inneren Schamlippen befindet. Schon beim näheren Erkunden mit den Fingern bemerkt man, dass sich die Klitoris unter der Haut zirka ein bis zwei Zentimeter lang ausdehnt. Aber richtig ins Staunen kommen wir, wenn wir die Klitoris weiter verfolgen. Die Klitoris setzt sich nämlich, ganz ähnlich wie der Penis, nach innen in den Beckenboden mit zwei bis zu acht Zentimeter langen Armen nach links und rechts und mit zwei kürzeren Armen als Verbindung zur Scheide fort. Die scheinbar kleine Klitoris ist also in Wirklichkeit die Zaubermeisterin der Erregung im Becken der Frau. Bei Erregung schwillt das Gewebe der Klitoris an, und es kommt zu einer Erektion ähnlich wie der des Penis. Damit wird die Empfindlichkeit im ganzen Beckenraum auf ein Maximum gesteigert.

Ebenso interessant wie die Klitoris ist das Innenleben der Scheide. Jetzt werden Sie vielleicht sagen, ist doch klar, dass die Scheide nicht nur das ist, was wir von außen sehen. Aber obwohl Männer und Frauen diesen muskulösen elastischen Schlauch regelmäßig beim Sex benutzen, bleibt das wahre Innere der Scheide und ihre ausgetüftelte Funktion für viele ein Mysterium. Die Scheide verläuft von der Öffnung von vorn unten zu ihrem Ende nach schräg hinten oben in Richtung Lendenwirbelsäule. In Ruhe bildet der Muttermund den Abschluss des Schlauches. Bei sexueller Erregung kann sich die Scheide beträchtlich in Länge und Breite ausdehnen, sodass sie sich nahezu jeder Penisgröße anpassen kann. Die Angst, dass der Penis beim Sex an den Muttermund anstößt, ist bei voller Erregung unbegründet. Die Scheide dehnt sich nämlich in ihrem hinteren Drittel nicht gleichförmig, sondern zeltförmig am Muttermund vorbei aus. Das bedeutet, dass der Muttermund sich dann an der vorderen Scheidenwand befindet und der Penis bequem daran vorbeigleiten kann. Wenn Schmerzen beim Verkehr entstehen, ist die Frau häufig nicht richtig erregt, sodass der Penis nicht ausreichend Platz hat oder die Beckenmuskeln sind zu stark verspannt. Die Muskeln des Beckens haben aber auch eine ganz besonders lustvolle Bedeutung. Da die meisten Frauen nur im äußeren Drittel der Scheide Nervenzellen haben, ist das Eindringen des Penis in diesem Bereich besonders lustvoll. Noch aufregender wird es, wenn die Muskeln des Beckenbodens angespannt werden. Für den Mann entsteht dann ein besonders enges Gefühl, und die Frau kann durch die Anspannung die Reibung des Penis und damit ihre Lust steigern. Voraussetzung für lustvollen Sex ist natürlich auch, dass die Scheide angenehm feucht und warm ist. Dafür sorgen die vielen Gefäße und Drüsen. Bei Erregung schwitzt die Scheide förmlich von innen und produziert die Gleitflüssigkeit, die Sex so entspannt und toll macht. Aber auch wenn Frau nicht erregt ist, wird fortlaufend etwas Schleim produziert. Nicht, um immer sexbereit zu sein, sondern die Scheide putzt sich sozusagen selbst. Obwohl die Schleimhaut aus sehr resistenten Zellen besteht, können immer noch Keime ins Innere eindringen. Damit diese kein Unheil anrichten, ist der Schleim der Scheide sauer. Milchsäureproduzierende Bakterien, die sogenannten Döderlein-Stäbchen, sind die Bewohner der Scheide und verteidigen ihr Revier. Die Säureproduktion ist dazu eine clevere Technik, denn die meisten Bakterien werden durch die Säure erst gelähmt und sterben dann ab. So hat die Scheide immer einen natürlichen Immunschutz.

Sind Sie schon ein bisschen unruhig, weil ich noch nichts vom sagenumwobenen G-Punkt erzählt habe? Ja? Dann spitzen Sie jetzt die Ohren!
   Der G-Punkt wurde 1950 erstmals vom Frauenarzt Ernst Gräfenberg als eine besonders sensible Zone beschrieben, die der Frau zu höchsten Glücksgefühlen verhilft. Seitdem gab und gibt es regelrechte Pilgerreisen der Männer und Frauen auf der Suche nach dem Orgasmusspender. Seitenfüllende Artikel in Zeitschriften versprechen Methoden, wie sie garantiert den G-Punkt und damit sexuelle Glückseligkeit fin-

den. Immer wieder angeheizt wurde die Suche durch den Wunsch vom gemeinsamen Superorgasmus beim Verkehr in der Scheide. Da ist von tastbaren erbsenförmigen oder pfenniggroßen Gebilden an der Vorderwand der Scheide die Rede, die man am besten mit »Lockbewegungen« wie bei der Hexe von Hänsel und Gretel findet. Bis heute ist nicht vollständig geklärt, ob es den G-Punkt als solchen gibt. Denn längst nicht alle Frauen verspüren unabhängig von den Liebesfertigkeiten ihrer Männer in diesem Bereich besondere Lust. Wissenschaftler haben sich mit allerlei Messungen bemüht, dem Gewebe eine Gestalt zu geben. Nach dem aktuellen Kenntnisstand handelt es sich bei der sensiblen Zone gar nicht um Gewebe der Scheide, sondern um schwammartige Drüsen um die Harnröhre herum, die ja der Scheidenvorderwand unmittelbar anliegt. Diese Drüsen sind bei Frauen unterschiedlich stark ausgeprägt und stellen wahrscheinlich die weibliche Entsprechung zur Prostata dar. Ähnlich wie die Prostata sind diese Schwammdrüsen sehr empfindlich und können auch je nach Drüsengröße Flüssigkeit speichern. Wenn die Frau einen Orgasmus hat, entleeren sich diese Drüsen im Bereich der Harnröhre als sogenannte weibliche Ejakulation. Ob eine Frau eine Ejakulation hat oder nicht, ist also nicht Ausdruck ihrer sexuellen Hingabe, sondern lediglich eine Laune der Natur, ob diese Drüsen im Embryonalalter besonders üppig angelegt wurden oder nicht.

Alles nur ein Spiel der Hormone?

Du bist doch hormongesteuert! Dieser Satz ist meistens nicht besonders schmeichelhaft gemeint. Überhaupt scheinen die Hormone in der Neuzeit keinen guten Ruf zu haben. Da gibt es zweifelhafte Anti-Aging-Hormonkuren, Hormondoping im Leistungssport, hormonverseuchtes Wasser oder Fleisch von hormongemästeten Tieren. Die ganze Welt scheint von Synthetikhormonen bedroht zu sein. Und wenn der Zeiger auf der Personenwaage in die falsche Richtung schwankt oder die Stimmung mal im Keller ist, dann verdächtigt der moderne Mensch am liebsten die Drüsen als Ursache des Übels. Dabei tut man den Hormonen wirklich unrecht. Denn ohne dieses komplexe Regelsystem, würde in unserem Körper rein gar nichts funktionieren. Egal, ob es um das Verdauen einer Weihnachtsgans oder um ein aufregendes Liebesabenteuer geht, die Hormondrüsen verrichten unerschütterlich ihren Dienst. Das Oberkommando führt immer das Großhirn mit seinen beiden Hormon-Schaltzentralen Zwischenhirn und Hirnanhangsdrüse. Von dort aus werden alle Hormonsignale des Körpers ausgesendet und die Rückmeldungen von den Drüsen und Organen empfangen.

Was den Mann zum Mann und die Frau zur Frau macht

Für die hormonelle Steuerung des Frau- oder Mann-Seins produziert das Zwischenhirn lebenslang das Mutterhormon aller Sexualhormone: Gonadoliberin – auf Deutsch Geschlechtshormon-freisetzendes Hormon. Gonadoliberin wiederum

knipst den Schalter für die Hormonproduktion der Hirnanhangsdrüse an. Und schon beginnt die Kommunikation mit
den Geschlechtsorganen. Alle vier Stunden sorgen Follitropin
und Lutropin dafür, dass in Eierstöcken und Hoden alles reibungslos abläuft. Beim Mann kurbeln diese Hormone die
Produktion von Spermien und Testosteron an. Bei der Frau
schwanken Follitropin und Lutropin von der Pubertät bis zur
Menopause im 28-Tage-Rhythmus. Follitropin gibt das Signal für die Reifung des Eibläschens und hält zusammen
mit Lutropin die Produktion von Östrogen im Eierstock in
Schwung. Außerdem lässt Lutropin das Eibläschen zirka am
14. Zyklustag platzen und der Eileiter fängt das Ei geschickt
mit seinen langen fingerförmigen Fortsätzen auf. Der Rest des
Eibläschens produziert nach dem Eisprung Progesteron, das
der Hirnanhangsdrüse den beendeten Zyklus meldet. Wird
das Ei befruchtet, bereitet Progesteron in der Gebärmutter mit
einer dicken Schleimhaut ein kuscheliges Nest vor. Und obendrein löst das Hormon gleichzeitig im Gehirn eine entspannende und angstlösende Wirkung aus. Ganz schön clever von
der Natur, dass sich die Schwangere in Ruhe auf ihr Baby
vorbereiten kann.

Bleibt das Ei aber unbefruchtet, sinken die Hormonspiegel
von Östrogen und Progesteron im Blut innerhalb weniger
Tage. Dadurch stößt die Gebärmutter die äußere Schicht ihrer
Schleimhaut ab und die Regelblutung setzt ein. Die geringe
Konzentration an Progesteron lässt nun die Lust auf Sex wie-
der steigen. Und so erhöht die natürliche Programmierung die
Chance, dass die Frau vielleicht im nächsten Zyklus schwanger
wird.

Was den Mann zum Mann und die Frau zur Frau macht sind,
zumindest hormonell gesehen, die Hormone Östrogen und

Testosteron. Sie werden in den Körpern beider Geschlechter produziert. Die Bezeichnung weibliches Geschlechtshormon für Östrogen und männliches Geschlechtshormon für Testosteron ist demnach streng genommen nicht ganz korrekt. Die Unterscheidung hat sich aber trotzdem im umgangssprachlichen Gebrauch eingebürgert, weil Frauen eben mehr Östrogen und Männer mehr Testosteron im Körper bilden. Bei der Frau produzieren vor allem die Eierstöcke und die Nebennieren, die wie kleine Mützen auf beiden Nieren sitzen, das Hormon Östrogen. Es sorgt für eine weich gepolsterte und trotzdem elastische Haut am Venushügel, an den Schamlippen und in der Scheide. Östrogen setzt außerdem Stickstoffmonoxid frei, das die Durchblutung in diesen sensiblen Zonen anregt. Und das Hormon verleiht den Frauen einen besseren Geruchssinn als Männern, damit sie sich den passenden Partner erschnüffeln können. Und wenn das nicht schon genug wäre: Östrogen wirkt obendrein im Gehirn stimmungsaufhellend. Da wächst den Frauen auch beim größten Familienstress nicht so schnell ein graues Haar. Bei den Männern bilden die Hoden Östrogen und im Fettgewebe wird zusätzlich Testosteron in kleine Mengen Östrogen umgewandelt. Je dicker ein Mann ist, umso mehr bildet er auch Östrogen, weshalb den Dicken auch öfter ein Busen sprießt oder die Haare im Schambereich wie bei der Frau im Dreieck statt bis zum Bauchnabel hin wachsen.

Testosteron wird einerseits direkt in den Hoden und in den Eierstöcken produziert und andererseits aus den Vorstufen Dehydroepiandrosteron (DHEA) und Androstendion gebildet. DHEA kommt bei Männern ausschließlich aus den Nebennieren und bei Frauen zusätzlich aus den Eierstöcken. Das Hormon erlangte in den letzten Jahren vor allem in der Anti-Aging-Industrie an Bedeutung. DHEA soll laut Werbeversprechungen energiesteigernd und lebensverlängernd wirken. Allerdings fehlen dafür wissenschaftliche Beweise. Androstendion stammt aus den Nebennieren, Hoden und Eierstöcken und ist in der Szene auch als Bodybuilder-Hormon bekannt. Die unkontrollierte Verabreichung als Muckimittel hat allerdings aus einigen Typen einen impotenten Mister Universum mit Schrumpelhoden gemacht. Denn die übermäßige Zufuhr des Hormons lässt die körpereigene Produktion von Testosteron in den Hoden einschlafen und das Gewebe verkümmern. Sind die Hoden erst einmal kaputt, ist der Schaden nicht wiedergutzumachen. Der Mann muss dann lebenslang Testosteron künstlich ersetzen und bleibt obendrein häufig zeugungsunfähig. Ohne das Hormon Testosteron sieht es aber nicht nur unter der Gürtellinie mau aus. Testosteron bewirkt bei beiden Geschlechtern auch komplexe Stoffwechselprozesse im ganzen Körper. Das Hormon sorgt unter anderem für eine schlanke muskulöse Figur und steigert die Vitalität. In der Sexualität ist es das Triebhormon Nummer eins sowohl für den Mann als auch für die Frau. Testosteron erhöht die Lust und lässt uns mehr erotische Signale wahrnehmen

Hormone – Treibstoff des Begehrens

Ist der sexuelle Reiz erst einmal von den grauen Zellen verarbeitet, heizen die Botenstoffe des Gehirns unserem Sexbegehren weiter ein. So setzt beispielsweise der Anblick eines knackigen Hinterns schlagartig ganz viel Dopamin frei. Die Substanz bewirkt, dass Männer und Frauen regelrecht nach mehr Erregung und Stimulation gieren. Dopamin regt außerdem in der Hirnanhangsdrüse die Ausschüttung von Oxytocin an und blockiert die Abgabe von Prolaktin. Sexologen nennen Oxytocin auch gern das Bindungshormon. Der Botenstoff schwirrt immer in unserem Körper herum, aber kurz nach dem Orgasmus klettert die Konzentration im Blut steil nach oben. Dass Menschen sich nach dem Sex gern aneinander anschmiegen, ist also auch ein Verdienst von Oxytocin. Je mehr schmusen, desto mehr Bindungshormon. Dieser Umstand zahlt sich spätestens beim nächsten Sex aus. Denn je höher die Menge an Oxytocin im Körper ist, desto feuchter wird die Scheide bei Erregung und die Frau erlebt intensivere Orgasmen. Ein Grund mehr, beim Sex nicht nur auf Techniken, sondern vor allem auf das Gefühl zu setzen. Nach dem Orgasmus wird auch Prolaktin aus der Hirnanhangsdrüse ausgeschüttet und macht dem Körper klar, dass nach dem Sex erst mal Ausruhen oder Schlafen angesagt ist. Übrigens bewirkt die hohe Menge an Prolaktin im Blut bei stillenden Müttern, dass sie in dieser Zeit meist wenig Lust auf Sex haben.

Und dann gibt es da noch ein ganz geschicktes, hormonell gesteuertes Belohnungssystem für Sex. Vor allem Serotonin und die Beta-Endorphine sorgen dafür, dass wir immer wieder die aufregenden Gefühle haben wollen. Die Natur hat dabei vor allem praktisch gedacht und die schönen Empfindungen als Lohn an ein fleißiges Fortpflanzungsverhalten gekoppelt. Und damit wir Menschen auch immer wieder nach neuen erregenden Erlebnissen streben, eilen uns zwei Hormone aus den kleinen »Nierenmützen« – den Nebennieren – zu Hilfe. Adrenalin und Noradrenalin gelten eigentlich als klassische Stresshormone. Aber bekanntlich bestimmt die Dosis die Wirkung und ein bisschen Nervenkitzel vor dem Sex macht die Eroberung noch attraktiver. Kleine Mengen von Adrenalin und Noradrenalin versetzen Mann und Frau in freudige Erwartung und steigern die Wahrnehmung für sexuelle Reize.

Auch wenn Männer und Frauen längst nicht nur ein Spielball ihrer Hormone sind, hat sich die Natur das mit der Sexsteuerung doch verdammt geschickt ausgedacht?!

Bei uns ist nicht alles perfekt – wie bei allen anderen auch

Juchhu, es ist Freitagnachmittag! Nach einer anstrengenden Arbeitswoche geht es ab nach Haus. Nur noch ein paar kleine Erledigungen machen und dann mit dem Schatz das freie Wochenende genießen – Zeit für Romantik. Prima Aussichten! Als man gerade mit einem verträumten Lächeln bei Rot an der Kreuzung steht, passiert es. Der Blick schweift kurz von der Ampel auf das nebenstehende Plakat. Eine junge Frau im leicht verrutschten Bikini wirbt mit einladender Geste und dem Slogan »Je sauberer du bist, desto schmutziger wird's!« für ein Duschgel. Und ein paar Augenblicke später präsentiert sich auf derselben Werbefläche der muskulöse Cola-Mann, der ein »spritziges Vergnügen« verspricht. Als die Ampel auf Grün schaltet, denkt man sich gerade noch: Die bemühen auch echt jedes blöde Klischee! Und irgendwie hat die Gute-Laune-Kurve plötzlich einen Knick.

Die meisten Menschen in der westlichen Zivilisation behaupten, aufgeklärt und frei von antiquierten starren Vorstellungen von Geschlechtlichkeit und Sexualität zu sein. Sich den alten sexuellen Klischees zu entziehen scheint trotzdem nahezu unmöglich. Man kann höchstens Stellung beziehen – dafür oder dagegen sein. Kein leichtes Unterfangen in Zeiten, in denen Männer und Frauen ihre Geschlechterrollen stetig neu definieren. Was macht den Mann zum Mann und die Frau zur Frau? Was macht sexuell begehrenswert? Sicherlich bekäme man heutzutage auf diese Fragen die unterschiedlichsten Antworten. Ein althergebrachtes Ideal konnten jedoch beide Geschlechter nicht abstreifen – die Schönheit. Wie sollte das auch gehen? Schon von klein auf lernt man, dass bezaubernde Prinzessinnen mit langem Engelshaar ihren natürlich ebenso anmutigen Prinzen anhimmeln, der für sie mit seinem großen Schwert mutig den Drachen erlegt. Am liebsten will man als Kind genauso sein, wie die Prinzessin oder der Prinz. Später, wenn man als Erwachsener nicht mehr an Märchen glaubt, gibt es aber immer noch Prinzen und Prinzessinnen in Gestalt von »Cola-Männern« oder »Bikini-Frauen«. Und die moderne Konsumgesellschaft hält von der Sorte digital bearbeiteter Idealmaß-Homo sapiens an jeder Ecke etliche Exemplare parat. Durch die schier endlose Bilderflut an unnatürlich schönen Frauen und Männern, fühlen sich viele Menschen im wahrsten Sinne des Wortes unwohl in ihrer Haut. Häufig nehmen sie sich gar nicht mehr als Einheit von Leib und Seele wahr, sondern taxieren ihren Körper bereits mit den Augen anderer.

Wer beantwortet einem ehrlich die bange Frage: Bin ich schön und begehrenswert? Da hilft auch die Beteuerung des Partners »Du bist für mich wunderschön!« nicht weiter, wenn man sich selbst nicht leiden kann. Mindestens ein Drittel der Deutschen mäkelt am eigenen Aussehen herum, findet sich zu dick, zu klein, zu schlaff. Obwohl »Cola-Mann« und »Bikini-Frau« zweifellos aus einem Märchenland für Erwachsene kommen, setzen nicht wenige diese Phantasie-Figuren insgeheim als Ideal-Maßstab an. Ein Mann kann seine Frau spielend leicht durch die Luft wirbeln, der Waschbrett-Bauch zeichnet sich unterm T-Shirt ab und sein markantes Gesicht spiegelt das Alpha-Tier in ihm wider. Das weibliche Pendant punktet mit 90–60–90-Kurvenlandschaft, seidenweicher Haut und einem hübschen Gesicht mit sinnlichen Lippen. Beim Besuch eines x-beliebigen Strandbades steht man allerdings ganz schnell mit beiden Beinen auf dem Boden der Realität. Alle Körperteile folgen den Gesetzen der Schwerkraft und die Haut zeigt sich selten von ihrer glatten Seite. Beruhigend!

Warum machen dann immer mehr Männer und Frauen so viel Aufheben um die äußere Hülle? Eine Antwort könnte lauten: Die Designer-Körper der Menschen, die man in den Medien oft sieht, dienen längst nicht mehr der Selbstverwirklichung sondern eher der Selbsterfindung. Es entsteht die Illusion, man könne aus sich machen (lassen), was man wolle. So aussehen wie, riechen wie, singen wie, tanzen wie ..., leben wie die ganz Großen! Wenn einen was stört, ändert man seinen Körper! Die Grenze bestimmt scheinbar nur der Inhalt des Geldbeutels. Die Industrie weckt mit cleveren Werbestrategien immer neue Begehrlichkeiten. Wer auf der Sonnenseite des Lebens stehen will, muss schön sein! Im Glauben an das Glück der Schönen wird geföhnt, gefärbt, gesonnt, gecremt und geschnippelt, was das Zeug hält. Die Kosmetikkonzerne steigerten ihren Umsatz mit dem Verkauf verheißungsvoller Produkte für Falten- und Dellenfreiheit seit Ende der 90er Jahre von 16,7 auf 40 Milliarden Euro im Jahr 2010. Und wem die Verschönerung der Oberfläche zu lange dauert oder nicht das gewünschte Ideal-Ergebnis bringt, der kann auch gleich einen radikalen Schnitt machen! Immer mehr Menschen lassen sich nach »Hollywood-Schönheits-Schablonen« anpassen. Allein im Jahr 2010 wurden in Deutschland über eine Million plastisch-ästhetische Eingriffe vorgenommen. Und es ist längst keine Domäne der Frauen mehr. Bereits jeder fünfte Schönheitswillige ist ein Mann. Umfragen fanden heraus, dass Frauen meistens ihrem Partner zuliebe an sich Hand anlegen lassen, während sich Männer durch die Verschönerung eher einen Karrierekick ausmalen – und das nicht nur beruflich. Denn immer häufiger findet man das Modell erfolgreicher Herr Ü 50 trifft junge Dame U 35 zur Gründung einer Zweitfamilie. Da sollte bei ihm schon alles am rechten Fleck sein, um neben der jungen Liebsten einen potenten Eindruck zu hinterlassen. Adonis greift für Fettabsaugen, Lidstraffung, Nasenkorrektur und Haartransplantation tief in die Taschen, während das Programm der passenden Venus schon etwas umfänglicher ausfällt: Brustimplantate, Fettabsaugen, Lidkorrektur, Facelift, Oberarmstraffung oder doch gleich das Komplett-Programm: Mummy-Make-over? Sexismus unterm Schönheits-Deckmantel! Wie wäre es mit einem Daddy-Make-over, wenn der Hausherr vom wilden Tiger zum gemütlich bepackten Braunbär mutiert? So selbstbestimmt sich die Menschen im Zeitalter der scheinbar unbegrenzten Möglichkeiten nach außen auch geben mögen, so verunsichert sind sie doch im tiefsten Inneren. Einerseits hört man Beschwerden, dass viele bei »Heidi« nicht mehr an das kleine unschuldige Zeichentrick-Mädchen auf der Alm, sondern an Model-Show-Drill denken. Andererseits reißt die Faszination für den großen Laufsteg-Traum nicht ab und unzählige junge Frauen und Männer möchten genauso sein wie ihre großen Vorbilder – modernes Uniformiertsein von Kopf bis Schamdreieck.

Das Schamdreieck: Früher schon von weitem durch dunkle Locken gekennzeichnet, bildet heute zumeist nur noch eine unsichtbare geometrische Figur zwischen Schambein und den beiden Hüftknochen. Schamhaare gehören zu den ewig Gestrigen. Mittlerweile rottet nahezu jeder Jugendliche schon das erste weiche Haar mit Stumpf und Stiel aus. Ist doch ekelig! Es besteht bei vielen der Glaube, Haare in der Intimzone sehen nicht nur unästhetisch aus, sondern sind auch unhygienisch, stinken und machen am Ende gar noch krank? In Waxing-Salons zupfen geschickte Hände jede noch so kleine Ritze blank. Laser-Studios versprechen den dauerhaften Garaus des unansehnlichen Wildwuchses. Und ist die Scham erst einmal freigelegt, entdeckt Mann oder Frau auch allerlei Unperfektes. Während früher vor allem Männer Größe, Form und Farbe ihres besten Teils prüfenden Blicken unterzogen, setzen sich auch immer mehr Frauen bezüglich ihrer Scheide unter Vergleichsdruck gemessen an der imaginären Norm-Vagina. In einer internationalen Befragung von Frauen zwischen 18 und 44 Jahren, äußerten 61 Prozent der Teilnehmerinnen Bedenken wegen des Aussehens ihrer Vagina. Öl ins Feuer der Unzufriedenheit gießen die Medien mit pseudo-wissenschaftlichen Darstellungen, in denen beispielsweise fürsorgliche Mütter ihren pubertierenden Töchtern Intim-Operationen für einen »freieren Umgang mit der Sexualität« schenken, als sei es das Normalste der Welt. Passend dazu werben Praxen im Internet, dass Intim-Operationen zu mehr Selbstsicherheit, Zufriedenheit und Lebensglück führen. Und das Repertoire der plastischen Intim-Chirurgie hält nahezu für jeden etwas bereit: kosmetische Vorhaut-Beschneidung, Penisverlängerung, Schamlippenverkleinerung, Absaugen des Fetts am Schamhügel, Reduzierung der Klitorisvorhaut, Kollagen-Unterspritzung des G-Punkts, Scheidenstraffung. Tatsächlich aber fehlt es aktuell an einheitlichen Standards für Intim-OPs, und dass die Eingriffe zu mehr sexueller Befriedigung führen sollen, gründet sich bisher eher auf medial inszenierte Einzelfall-Darstellungen als auf fundierte wissenschaftliche Studien.

Schnell mal ein paar Kilos wegmogeln, die Rundungen geschickt in Szene setzen, ein strahlendes Lächeln zaubern … Kleine Schönheitstricks wendete nahezu jeder schon mal an, um sich und dem Liebsten besser zu gefallen – völlig in Ordnung!

Menschen schmücken sich seit Urzeiten, sind stolz auf sich und zeigen das auch.

Wer sich selbst gut leiden kann, sich schön und begehrenswert findet, der ruht auch in sich. Diese natürliche, selbstsichere Ausstrahlung wirkt auch auf andere anziehend.

Wie viel normierte Schönheit nötig ist, um sich selbstsicher zu fühlen, muss jeder individuell entscheiden. Akzeptiert man seinen Körper mit allen kleinen Macken oder hilft man an der einen oder anderen Stelle nach? Egal, ob Natur pur, Wonderbra oder Silikon-Implantat, Toupet oder Echthaar-Transplantat, Schamhaar-Frisur oder Designer-Genitalien, es stellt sich die Frage: Ist das Geheimnis von Lebensglück, partnerschaftlicher Zufriedenheit und erfülltem Sex wirklich in einem schönen Körper begründet? Wohl kaum! Was den Menschen ausmacht, liegt nicht an der Oberfläche. Das Authentische steckt innen drin – die Persönlichkeit mit all ihren Stärken, Schwächen, Wünschen und Hoffnungen. Wer sich als Einheit von Körper und Geist wahrnimmt und mit sich im Reinen ist, der verfügt über die wichtigste Voraussetzung für dauerhaft erfüllte Sexualität. Denn Schönheit ist vergänglich und wer sein Innerstes öffnet, ist verletzlich. Aber sich dem anderen so zu offenbaren, wie man wirklich ist, das macht die Liebe aus.

Fallenlassen – guter Sex ist …

… auf die Knöpfe, fertig, Sex!

Guten Sex wünscht sich jeder. Aber wer hat tatsächlich guten Sex – das verliebt knutschende Pärchen an der Supermarkt-Kasse, die Nachbarn mit den vier Kindern, der immer gutgelaunte Kollege? Ein Viertel der deutschen Frauen und Männer nehmen an, dass alle anderen es öfter und bunter treiben als sie selbst. Kein Wunder, denn kaum einer sagt die Wahrheit beim Thema Sex – aus Scham, nicht zur Norm zu gehören. Die verflixte Norm von Intimität und Sexualität verfolgt die Menschen von der Kindheit bis ins hohe Alter. Alles lernt man haargenau, bekommt es gezeigt und kann es nachahmen: von A wie Autofahren bis Z wie Zähneputzen. Aber die intimsten Dinge muss man sich selbst beibringen. Während nicht wenige der heute Erwachsenen noch mit Geschichten von Klapperstörchen und Bienchen aufwuchsen, werden nunmehr bereits die Jüngsten dank der neuen Medien mit allen erdenklichen Spielarten von Sexualität konfrontiert. Einerseits beschäftigen sich Jugendliche noch mit den gleichen Fragen zum Thema Sex wie ihre Eltern: Das erste Mal – kriegt man ihn an der richtigen Stelle rein? Wird es schön sein oder weh tun? Andererseits fühlen sich Jungen und Mädchen verunsichert, was heutzutage zum sexuellen »Grund-Repertoire« dazugehört. Lecken, Blasen, Analverkehr – muss man das tatsächlich alles machen und gut finden? Das fragen sich nicht nur Jugendliche, sondern auch Erwachsene. Warum gibt es keine (Fahr-)Schule für Sex?

Warum kein Zertifikat, dass man ein perfekter Liebhaber oder eine perfekte Liebhaberin ist?

Viele Menschen wollen sich einordnen und wollen wissen, ob bei ihnen sexuell alles ganz normal läuft. Aber was stellt die sexuelle Norm dar? Um eine Antwort zu finden, gilt es, als Erstes die Bedeutung des Wortes Sex zu klären. Nachgeschlagen in einer bekannten Internet-Enzyklopädie, liest man folgende Definition: »Sex bezeichnet sexuelle Handlungen zwischen zwei oder mehreren Sexualpartnern insbesondere den Geschlechtsverkehr. [...] Unter dem Geschlechtsverkehr wird in der Regel das Einführen des Penis in die Vagina mit nachfolgendem Vor- und Zurückbewegen verstanden. Durch diese Gleitbewegungen werden Frau und Mann sexuell stimuliert. Es kann zum Orgasmus kommen.« Mindestens vier Prozent der Deutschen finden sich in dieser Definition nicht wieder. Davon verhalten sich drei Prozent von ihnen ausschließlich homosexuell. Ein Prozent der Bevölkerung lassen sexuelle Spielarten im klassischen Sinne kalt. Diese Menschen erleben nur bei speziellen Praktiken ihre Befriedigung. Die Mehrzahl der Männer und Frauen verbindet aber tatsächlich Sex vor allem mit Geschlechtsverkehr. Doch wer normales Sexualverhalten allein am Tun der meisten Menschen zu messen versucht, landet schnell bei einer engstirnigen Definition von »normalem« Sex. Solange man sich und andere mit seinen sexuellen Vorlieben nicht gefährdet, gilt: Beim Sex gibt es kein normal oder unnormal, kein natürlich oder widernatürlich, kein perfekt oder voll daneben. Im Zuge der Liberalisierung von Sex würden auch viele Menschen bei diesen Aussagen zustimmend nicken, frei nach dem Motto: Normal ist, was gefällt. Trotzdem spukt das kleine Wörtchen »normal« bei den meisten von ihnen mit einem Fragezeichen im Hinterkopf herum. Und heute will man nicht nur wissen, ob man beim Sex normal tickt, sondern auch ob man es richtig und vor allem gut macht. Um den sexuellen Wissensdurst zu befriedigen, ziehen Heerscharen von Wissenschaftlern und ebenso viele selbsternannte Forscher ins Feld. Menschen werden beim Sex beobachtet und verkabelt, in Röntgengeräte gesteckt, Kameras werden eingeführt, um wirklich alles schamhaargenau zu beschreiben. Die »technischen Daten« der Sexualität entschlüsseln Wissenschaftler mittlerweile bis in die kleinste Zelle. Der emotionale Kern des Phänomens Sex bleibt jedoch weiter in jedem von uns selbst verborgen und die Forscher sind darauf angewiesen, dass Menschen ihnen die Wahrheit über ihr Innerstes verraten. Tun sie aber nur ganz selten. Die meisten Männer und Frauen antworten beim Thema Sex im Sinne der sozialen Erwünschtheit. Das heißt, sie geben Dinge an, von denen sie glauben, dass die Umwelt es von ihnen erwartet – »normal« eben. So verstrickt sich Jahr um Jahr untrennbar die sexuelle Phantasie mit der Wirklichkeit. Man kann sich häufig also gar nicht real mit anderen vergleichen, sondern eher mit deren Phantasievorstellungen von Sex. Und Phantasiebilder vergleicht man wiederum am besten mit größer, schöner, schneller, weiter, wie oft – Zahlen, Fakten, Funktion, basta, fertig.

Der Dauerbrenner unter den Vergleichsdaten ist die Frage: Wie oft ist »normal«?

Ein großer Kondom-Hersteller führte unter den Deutschen eine Befragung durch.

Jeder Zweite hält demnach ein- bis zweimal Sex pro Woche für normal. Tatsächlich tun es Frauen 1,7-mal und Männer 1,9-mal pro Woche. Haben Männer heimlich Sex oder Zähl-Probleme? Sie schummeln wohl eher für ihr Ego.

30 Prozent der Männer und 14 Prozent der Frauen hätten laut der Studie gern öfter Sex. Deutsche Wissenschaftler prüften ebenfalls die »Wie oft – Frage« mit strengerem Blick. Sie fanden heraus, dass über die Hälfte der Frauen und Männer es nur einmal im Monat tun.

Wollen die Menschen wirklich mehr Sex oder glauben sie nur, sie müssten wollen?

Während bis in die 60er Jahre ein biologistisch geprägtes Bild der Sexualität herrschte – sich vereinigen zum Zeugen von Nachwuchs –, rückte mit der Einführung der Pille die Lust in den Mittelpunkt des sexuellen Interesses. Für das neue lustvolle Treiben brauchte es fortan vor allem eins: einsatzfähige Geschlechtsorgane. Im Laufe der Zeit erfuhren die alten Mythen von immer bereiten, riesigen, stahlharten Geräten und willigen, feuchten Höschen fast unbemerkt im neuen Gewand wieder Aufschwung. Aus immer Müssen wurde jederzeit Wollen – »Leistung aus Leidenschaft«. Heute scheint zu gelten: Wer wirklich »geil drauf« ist, kommt mit Vor-, Haupt- und Nachspiel in jeder Öffnung zum Super-Multi-Orgasmus. Wenn der Penis dann nicht wie ein Feuerwehrauto auf Knopfdruck seine Hydraulik ausfährt und später den Brand ordentlich löscht oder die Scheide Rasensprenger-artige Qualitäten aufweist, fühlen sich Männer und Frauen verunsichert. Immer mehr wünschen sich daher eine sinnerfüllte Sexualität ohne Leistungsdruck. Kein aussichtsloses Unterfangen! Denn hinter einer lauten Alltagsfassade schlummert in den Sehnsüchten der Menschen noch der alte Zauber von Liebe. Die Zeit ist reif, für eine Besinnung auf authentischen Sex, bei dem die Gefühle in Kopf, Herz und Lenden eine harmonische Einheit bilden. Die Gewissheit, sich als Mensch im intimen Kontakt mit seinem Partner wertvoll, angenommen und geliebt zu fühlen – genau so, wie man ist –, das bedeutet guter Sex. Jeder kann sein Rezept für guten Sex selbst finden. Denn »Original guten Sex« gibt es so wenig wie »Original Thüringer Rostbratwürste«.

... alles Orgasmus, oder was?

Auch der Orgasmus verdankt seinen Namen den alten Griechen. Organ bedeutete für sie »heftig verlangen«. Aber wonach verlangt es uns Menschen – nach dem Höhepunkt der sexuellen Lust, der vollkommenen Befriedigung oder gar dem »kleinen Tod«?

Die Bewohner der nordostbrasilianischen Kleinstadt Esperantina verlangen sogar so heftig nach dem Orgasmus, dass sie ihm zu Ehren jeden 9. Mai eines Jahres zum Feiertag ausrufen. Nicht, dass die Bürger dort von eh und je her besonders lüsterne Zeitgenossen wären. Nein, ganz im Gegenteil: Bei einer Umfrage im Jahr 2002 gaben 73 Prozent der Esperantinerinnen an, beim Sex nie einen Orgasmus zu erleben. Dieses Ergebnis konnte der Bürgermeister als gewissenhaftes Stadtoberhaupt nicht ohne Konsequenzen auf sich beruhen lassen. Für fortan rundum zufriedene Bürgerinnen und Bürger beschloss er kurzerhand das Ende der desaströsen Zustände. Seit dem 9. Mai 2002 verordnete er den »Tag des Orgasmus«, an dem vor allem ernsthaft über Sexualität bis zum Höhepunkt informiert wird. Den Esperantinerinnen und ihren Männern gefällt diese Politik der Liebe! *Make love not war* – Liebemachen statt Kriegemachen! Da bediente sich der Bürgermeister doch der Hippie-Ideale, oder?

Vielleicht hat er aber auch beim Gelehrten Wilhelm Reich nachgelesen. Der friedliche Gedanke des Zusammenhangs von Sex und Politik entstand nämlich keineswegs beim Liebemachen auf der grünen Wiese, sondern bereits zur Wende des 19. zum 20. Jahrhundert. Zu dieser Zeit galt der Orgasmus für die einen schlicht als »Aufwallung des Samens bei Mensch und Tier, die den Wunsch diesen auszuführen hervorruft – also Geilheit oder Brunst«. Demgegenüber standen Pioniere des Fortschritts wie Wilhelm Reich, die ein gesellschaftspolitisches Anliegen an die Lust der Menschen knüpften. Die orgastische Potenz und die genitale Lust bedeuteten für ihn nichts Geringeres als die Voraussetzungen zur Befreiung der Gesellschaft von kapitalistischen Herrschaftszwängen. Reich forderte deshalb aus seiner Sicht folgerichtig, dass jeder normale Sexualakt mit einem Orgasmus enden müsse. Zack, da war der Druck da, der seitdem nie wieder aus den Köpfen der Menschen rausgeht. Und Reichs Zeitgenosse, Sigmund Freud, spitzte mit seinen Ansichten über den unreifen klitoralen und reifen vaginalen Orgasmus das Thema weiter zu. In den Jahren nach dem Zweiten Weltkrieg säten die bekannten amerikanischen Sexualwissenschaftler Masters und Johnson mit ihren Beobachtungen zum Orgasmus der Frau den Keim der Unzufriedenheit, der sich spätestens nach der sexuellen Revolution voll entfaltete. Wer keine Lust auf Sex hatte oder nicht den Höhepunkt der Lüste erklomm, galt nunmehr als nicht normal. Seitdem sprossen deshalb die Kurse zur Steigerung der sexuellen Glückseligkeit wie Pilze aus dem Boden. Überall tauscht man sich über todsichere Strategien zum ultimativen Höhepunkt aus – egal, ob in den Medien, unter der Dusche im Fitness-Studio oder beim Kochkurs hinter vorgehaltener Hand.

Und da sich die aufgeklärten Menschen gern an naturwissenschaftlichen Erklärungen orientieren, ergründeten sie mittlerweile das schöne Gefühl bis in die kleinste Gehirnzelle. Niederländische Wissenschaftler beobachteten Frauen und Männer beim Masturbieren in einer Magnetröhre. Der Apparat lieferte anschließend erstaunliche Bilder von den erregten Gehirnen der Versuchspersonen. Während einige Wissenschaftler vor lauter Entzücken Ah und Oh ausrufen, unken andere, das hätten sie auch schon vorher gewusst. Der Orgasmus raubt den Frauen wortwörtlich die Sinne – für einige Sekunden schalten während des Höhepunkts ganze Teile des Gehirns auf Sparflamme. Und man getraut es sich kaum der emanzipierten Frau zu sagen, es sind vor allem die Denkzentren. Kopflos im Liebesrausch: Soll die Evolution dem weiblichen Geschlecht einen Streich gespielt haben? Die Wissenschaftler vermuten jedenfalls, dass sich die Frauen in der Phase der maximalen Entspannung so uneingeschränkt der Empfängnis hingeben könnten. Für Männer hat die Natur andere Anreize auf Lager. Während des Orgasmus erzeugt ihr Gehirn einen nahezu psychedelischen Rausch. Die Hirnbezirke zur Wahrnehmung von Farben, Bildern, Formen und Bewegung laufen auf Hochtouren – eine attraktive Belohnung, die Männer zum Wiederholen animiert.

Schlau, schlau, die Natur, denn der Höhepunkt ist meist mit dem Samenerguss verknüpft – wer bunte Bilder haben will, soll Nachkommen zeugen. Und welchem Zweck dient der weibliche Orgasmus? Früher dachte man, die Gebärmutter saugt mit ihren Muskelzuckungen die Spermien an. Aber diese mechanistische Theorie ist mittlerweile überholt. Was sollte das Saugen auch, wenn die Frau nur selten beim klassischen Verkehr zum Orgasmus kommt. Die Befruchtung klappt auch ohne Höhepunkt. Fazit: Die Natur gab der Frau den Orgasmus zum puren Vergnügen! Und als ob diese Nachricht nicht schon großartig genug wäre: Der Höhepunkt macht obendrein noch eine gute Figur! Jemand will nämlich gezählt haben, dass beim Orgasmus der kalorische Gegenwert einer halben Tafel Schokolade oder eines Hamburgers verbrannt wird. Ein Glückspilz, wer multiple Orgasmen erleben kann!

Mehrfache Höhepunkte kurz hintereinander sind, bis auf wenige Ausnahmen, vor allem Frauen vergönnt. Im Gegensatz zu den Männern, müssen sie sich nach einem Orgasmus nicht ausruhen, um gleich den nächsten Lustgipfel zu besteigen. Schnelle Wiedereinsatzfähigkeit hängt bei den Herren am ehesten von einer Laune der Natur ab. Es mehren sich die wissenschaftlichen Hinweise, dass Männer mit einer niedrigen Konzentration des »Ausruh-Hormons« Prolaktin im Blut zügiger wieder eine Erregung bis zum Orgasmus erleben können.

Also pures Vergnügen und multiple Höhepunkte! Aber woher rühren dann all die Klagen über den weiblichen Orgasmus? Da ist die Schwierigkeit mit dem klitoralen und vaginalen Orgasmus. Die meisten Frauen kommen nun einmal nicht beim Sex in der Scheide. Auf den ersten Blick könnte man meinen, da hat die Natur doch nun echt einen Fehler gemacht. Hätte sie nicht einfach die Klitoris in die Scheide einbauen können und alle sexuellen Probleme zwischen Mann und Frau wären gelöst? Aber wer zuletzt lacht, lacht am besten! Und da die Urmenschen früher nicht so viel Kurzweil in ihren Höhlen hatten und die Männer oft tagelang auf der Jagd waren, konnte sich die Urmenschfrau ganz entspannt was Gutes tun. Zugegeben, eine etwas wilde Theorie. Aber sexuelle Selbstbestimmung scheint so alt zu sein wie die Menschheit überhaupt.

Wenn sich aber die eigentlich orgastisch privilegierte Frau beim Sex mit ihrem Partner ganz im Gegenteil in ihrer sexuellen Erlebnisfähigkeit unterlegen fühlt? Was passiert, wenn sich der Höhepunkt beim Verkehr einfach nicht einstellen will? Dann sind nicht nur die Frauen in ihrer Weiblichkeit verunsichert. Auch die Partner fühlen sich oft hilflos, wenn sie trotz geduldigster Bemühungen bei ihren Partnerinnen keinen Orgasmus hervorrufen können. Da kratzen zweifelhafte Studien mit Slogans wie »Geld macht geil« zusätzlich am männlichen Ego. Englische Wissenschaftler wollen nämlich bei einer Befragung von 1500 Frauen einen eindeutigen Zusammenhang zwischen Geld und Orgasmus herausgefunden haben. Die Partnerinnen der Männer mit einem höheren Einkommen kamen demnach viel häufiger zum Orgasmus als die Frauen von Niedrigverdienern. Als Begründung sahen die Untersucher am ehesten ein Evolutionsphänomen, dass Frauen sich zu starken Männern eben mehr hingezogen fühlen. Natur hin oder her. An dieser Stelle muss Schluss sein. Wahrscheinlich sind Frauen von reichen Männern einfach wesentlich entspannter, weil ein Luxusleben meist weniger Sorgen bereithält oder sie haben schlichtweg noch mehr geschummelt als in anderen Studien, um ihr begehrtes Alpha-Männchen nicht zu enttäuschen. Die Enttäuschung des Partners zu vermeiden ist übrigens der häufigste Grund, warum Frauen hin und wieder einen Orgasmus vorspielen. Vor kurzem entlarvte eine US-amerikanische Studie, dass 85 Prozent der Männer felsenfest davon überzeugt waren, ihre Frau sei beim letzten Verkehr aufgrund ihrer Liebeskünste gekommen. Allerdings bestätigten diese Aussage nur zwei Drittel der Frauen. Bei einer Berliner Studie gaben

90 Prozent der Frauen an, ihrem Partner schon einmal den Lustgipfel vorgeflunkert zu haben. Als Grund nannte über die Hälfte, ihren Mann zu bestätigen oder weil sie ihm den Orgasmus »schulden« würde. Jede vierte Frau wollte gar einfach schneller fertig werden. Aber einen Orgasmus vortäuschen ist nicht, wie man vielleicht glauben würde, ein reines Frauenproblem. Denn prinzipiell können auch Männer ohne Orgasmus zum Samenerguss kommen. Um die Partnerin glücklich zu machen, hat immerhin schon ein Drittel der Männer mal die Ekstase vorgegaukelt. Frauen erleben häufig intensivere Orgasmen durch die Selbstbefriedigung, bevorzugen aber lieber Verkehr mit dem Partner. Deutsche Wissenschaftler fanden heraus, dass kein eindeutiger Zusammenhang zwischen Orgasmus und sexueller Zufriedenheit besteht – bei beiden Geschlechtern. Während nur 29 Prozent der Frauen im Vergleich zu 75 Prozent der Männer bei jedem Sex einen Orgasmus bekommen, fühlen sich 40 Prozent beider Geschlechter außerordentlich befriedigt durch den gemeinsamen Verkehr. Ein großer Kondom-Hersteller befragte 26 000 Männer und Frauen in 26 Ländern, wie zufrieden sie mit der Qualität ihrer Orgasmen seien. Mit knapp 70 Prozent schnitten die deutschen Frauen und Männer gleichermaßen gut ab. Und für die restlichen 30 Prozent könnte die Forderung nach einem »Internationalen Tag des Orgasmus« eine von vielen Ideen sein.

Wer noch mehr über das prickelnde Gefühl und den Mythos des gemeinsamen Kommens erfahren möchte, wird im Kapitel »Orgasmusstörung der Frau« fündig.

… sich selbst entdecken

Würde man die fleißigen Aufklärer beim »Tag des Orgasmus« in Esperantina oder Sexualwissenschaftler irgendwo sonst auf dem Rest der Welt befragen, wie Frauen oder Männer am einfachsten den Orgasmus erlernen, üben und genießen? Die Antwort hieße sicher nahezu einstimmig: Selbstbefriedigung.

Obwohl in Deutschland 90 Prozent der Männer und 86 Prozent der Frauen regelmäßig ihren Solo-Sex genießen, gilt das Tabu der Selbstbefriedigung noch lange nicht als vollständig gebrochen. Auch wenn sich die Menschen heute bezüglich der partnerschaftlichen Sexualität sehr offen geben, decken sie die Selbstbefriedigung häufig schamhaft zu. Kein Wunder, denn alte Vorurteile spuken weiter in den Köpfen. Gilt doch die Masturbation (lateinisch: mas = männlich, turbare = heftig bewegen) in vielen Religionen immer noch als Sünde. Und es ist noch gar nicht so lange her, dass die Selbstbefriedigung nicht nur als Sünde, sondern auch als krankmachendes oder gar todbringendes Übel verdammt wurde.

Diese Ansichten waren sowohl beim einfachen Volk als auch unter Gelehrten weit verbreitet.

Insbesondere glaubte man, führe die Masturbation zu Geisteskrankheiten. Um Menschen von diesem Schreckgespenst zu heilen, verordneten Ärzte bis zur Wende vom 19. in das 20. Jahrhundert strikte Enthaltsamkeit durch Überwachung und, wenn nötig, die Fixierung der Hände an. Zusätzlich sollten die »Kranken« eine leichte Diät mit viel Milch, wenig Fleisch und Trinken von Mineralwasser einhalten. Außerdem galten Waschungen der Genitalien und Einspritzen von eiskaltem Wasser als wirksame Methoden, das Leiden in Schach zu halten. Durch den medizinischen Fortschritt im Deutschland des 19. Jahrhunderts tat sich aber auch ein ganz schlimmes Kapitel der Sexualgeschichte auf – die chirurgische »Behandlung« der »Masturbationskranken«. So kam den Ärzten neben den Pastoren und Lehrern eine bedeutende Rolle bei der Bekämpfung der Masturbation zu. Als anerkanntes Verfahren zur Verhinderung der Selbststimulation bei Knaben galt die Entfernung der Vorhaut. Weitaus schlimmer traf es die Mädchen. Die Behandlung hieß Beschneidung. Und hinter diesem nüchternen Wort steckt nichts anderes als die weibliche Genitalverstümmelung – eine fatale Praktik, die teilweise auch heute noch Frauen, vor allem in der Dritten Welt, ihre sexuelle Selbstbestimmung raubt.

Traurige Berühmtheit erlangte der 1825 publizierte Fall des kleinen Mädchens Adelheid in einer seriösen Fachzeitschrift für Ärzte unter dem Titel: »Heilung eines vieljährigen Blödsinnes, durch Ausrottung der Clitoris«. Anfangs »behandelte« man das »geisteskranke« Kind erfolglos mit einem Glüheisen am Kopf, übergoss es mit kaltem Wasser, verabreichte ihm Brechmittel, Kampfer sowie Digitalis. Als das Mädchen die Masturbation trotzdem nicht aufgeben wollte, entnahm der Arzt ihr schließlich die Klitoris. Die Therapie bewerteten sowohl der Chirurg als auch die gutbürgerlichen Eltern als überaus erfolgreich für die Menschwerdung, da Adelheid danach unter anderem lesen und Klavier spielen lernte sowie Angst vor Strafen zeigte.

Sigmund Freud erfand im 20. Jahrhundert mit der Psychoanalyse eine unblutige Methode zur Behandlung von »Sexualleiden« und setzte damit zumindest in Europa den menschenunwürdigen »Behandlungen« zur Bekämpfung der Masturbation ein Ende. Bis in die 70er Jahre hinein galt die Selbstbefriedigung zwar nur noch vereinzelt als krankmachend, aber doch weiterhin als unerwünschte Triebbefriedigung und unreife Form der Sexualität. Heute definieren Wissenschaftler die Masturbation als eine eigene Spielart der Sexualität, welche gleichberechtigt zur Sexualität in der Partnerschaft existiert.

Früh übt sich

Die ungerichtete Selbsterkundung beginnt bei beiden Geschlechtern bereits im Kindesalter. In Ultraschalluntersuchungen konnten Ärzte nachweisen, dass männliche Babys sogar schon im Mutterleib Erektionen bekommen und mit ihrem Penis spielen. Und wer sich mit Kindern auskennt, hat sicher auch eine der vielen Situationen vor Augen, in denen sich kleine Jungen oder Mädchen gedankenverloren mit ihren Genitalien beschäftigen. Manche Eltern oder Erzieher befürchten auch heute noch eine zu frühe Übersexualisierung durch die genitale Stimulation – ein Phänomen, was nicht zuletzt durch die teilweise überspitzten medialen Berichte von sexuellem Missbrauch weiter geschürt wird.

Als Folge scheint sich eine neue Welle von Prüderie und unreflektierten Verboten von Kinder- und Jugendsexualität breitzumachen. Ein Schritt in die falsche Richtung, wenn man bedenkt, dass möglichst frühe und korrekte Sexualaufklärung für die Entwicklung als auch für den Schutz von Kindern unerlässlich ist. Neben dem altersgerechten Erläutern der körperlichen Funktionen steht das Vermitteln des Respekts vor der Intimität aller Menschen im Vordergrund –

dazu gehört auch das Nein-Sagen, wenn jemand die intimen Grenzen eines anderen überschreiten will. Denn jeder Mensch hat seine persönliche intime Schutzzone.

Der spielerische Umgang mit der genitalen Selbsterkundung im Kindesalter ist Teil des Bauplans der Natur. Dadurch lernen wir Menschen bereits in einem frühen Entwicklungsstadium, wie wir uns selbst stimulieren können, um genussvolle Gefühle zu erzeugen. Kein geringeres Ergebnis als das Knüpfen von lebenslangen Verbindungen zwischen den Nervenzellen des wachsenden Gehirns steht auf dem Spiel. Heute weiß man, dass das Volksmundgleichnis »im Kopf verbogen« tatsächlich eine Entsprechung im Nervengewebe hat. Wie wir später einmal sexuell empfinden, wird durch die Erlebnisse im frühen Kindes- und Jugendalter in die Zellen des Gehirns regelrecht eingemeißelt.

Wer als Erwachsener keine oder nur geringe Erfahrungen mit der sexuellen Selbstwahrnehmung gesammelt hat, dem hilft das Erlernen der Selbstbefriedigung, um komplexe Aktivitäten im Gehirn in Gang zu setzen. Je öfter man die positive Empfindung übt, desto mehr Verbindungen bilden sich zwischen den entsprechenden Nervenzellen aus. Man kann sich das übertragen als Trampelpfad über eine vorher unbetretene Wiese vorstellen – am Anfang ist der Weg noch ungewohnt und beschwerlich, aber nach einer Weile findet man ihn fast mit geschlossenen Augen.

Die Lust am eigenen Leib

Männer erkunden ungleich einfacher »den Weg« als Frauen. Schließlich macht es Jungs neugierig, wenn sich in der Hose etwas regt. Da entdecken sie ganz schnell, wie man mit dem »Etwas« ein schönes Gefühl erzeugt. Bereits im Kleinkindalter können Jungs die ersten Orgasmen erleben, natürlich ohne Samenerguss. Die meisten von ihnen masturbieren ab der Pubertät regelmäßig. Übrigens ist der Begriff für Onanieren, der ebenfalls für die Selbstbefriedigung des Mannes verwendet wird, historisch negativ belegt. Das Wort onanieren leitet sich von Onan aus dem alten Testament ab. Er unterbrach den Geschlechtsverkehr, indem er den Samen »auf den Boden fallen ließ« und ihn damit »verschwendete«. Das »Verschwenden« des Samens gilt auch heute noch in vielen Religionen als Sünde. Dabei ist der regelmäßige Samenerguss sogar gesund – zumindest für die Prostata. Je öfter die Drüse nämlich neue Flüssigkeit für das Sperma produzieren muss, desto aktiver bleibt sie und die Wahrscheinlichkeit für Prostatakrebs sinkt.

Augenzwinkernd darf den sonst so gesundheitsmuffligen Vertretern des starken Geschlechts zugestanden werden, dass sie in puncto Prostata eine gute Krebsvorsorge betreiben. Schließlich masturbieren Männer offensichtlich deutlich öfter als Frauen. In Umfragen gibt über die Hälfte von ihnen an, mindestens einmal pro Woche Hand anzulegen, während es im gleichen Zeitraum nur ein Drittel der Frauen tut. Dabei scheinen Männer pragmatisch vorzugehen. Im Kopfkino genügen den meisten von ihnen Nahaufnahmen von Busen, Po und Scheide – optisch, praktisch, gut! Und das Ganze schaffen sie auch noch in ein paar Minuten. Am häufigsten masturbieren

Männer durch rhythmische Handbewegungen am Penis mit oder ohne zusätzliche Stimulation von Hoden oder After. Phantasien blühen immer wieder beim Thema Selbermachen mit dem Mund. Schätzungsweise sind nur 0,3 Prozent der Männer verrenkungskünstlerisch dazu überhaupt in der Lage.

Weitaus häufiger findet man aber die Variante, dass Männer ihren Penis am Bauch, am Oberschenkel, an der Matratze oder am Kissen reiben. Manche von ihnen stimulieren sich dabei nur mit halbsteifen oder schlaffen Glied bis hin zum Orgasmus.

Diese Methode kann allerdings ihre Tücken bergen.

Florian und Maria suchen Rat, weil es mit der Erektion beim Verkehr nicht klappt. »Selbst mit Medikamenten bleibt er schlapp! Ich bin doch erst 20. Da muss das doch funktionieren!« Florian wirkt bei dem Satz ganz schön traurig. Als ich mit ihm über Selbstbefriedigung spreche, liegt die Lösung auf einmal zum Greifen nah. »Mir ist das ganz schön unangenehm, aber wenn ich es mir selbst mache, wird er auch nie steif.« Florian erzählt, dass ihn seine Eltern sehr streng und prüde erzogen hätten. Aus Angst vor dem Erwischtwerden, hätte er es sich damals heimlich unter der Bettdecke gemacht, indem er den schlaffen Penis unauffällig am Oberschenkel rieb. »Ich bin immer gekommen. Aber ich habe es immer unterdrückt, dass der Penis steif wurde. Ich hab mich sogar dafür geschämt, dass ich die Erektion im Alltag manchmal nicht kontrollieren konnte.« Dieses Geständnis gab der Therapie eine ganz neue Richtung. Florian lernte, mit steifem Penis ohne Schuld- und Schamgefühle lustvoll zu masturbieren. Das war am Anfang gar nicht so einfach. Aber Maria ermutigte ihn immer, weiter zu üben. Als er den Dreh für sich raus hatte, löste sich die Erektionsstörung auch beim Verkehr mit Maria fast wie von selbst in Wohlgefallen auf.

Mädchen entdecken sich sexuell zwar auch schon ab dem Kleinkindalter, aber längst nicht so zielgerichtet wie Jungen. Obwohl sie schon früh Orgasmen erleben können, masturbieren die meisten von ihnen erst ab dem Erwachsenenalter regelmäßig. Vielleicht liegt es daran, dass Frauen einen längeren Lernprozess benötigen, um ihre persönliche Stimulationsweise für das Erreichen des Höhepunktes zu finden. Noch wichtiger als die richtige Technik ist das Ausprobieren, welche Phantasien erregend sind. Im Gegensatz zu den Männern denken sich Frauen häufig ganze erotische Geschichten aus. Zeit zum Träumen haben sie ja genug, denn die Selbstbefriedigung bis zum Orgasmus kann schon mal eine viertel bis halbe Stunde dauern. Eine amerikanische Wissenschaftlerin fand heraus, dass Frauen vor allem von der Vorstellung des sexuellen Aktes an sich erregt werden – ganz gleich, welche sexuellen Vorlieben sie haben. Bei der Studie ließ sie die Teilnehmerinnen, mit Messfühlern im Intimbereich ausgestattet, verschiedene Filme über zum Beispiel homosexuellen, heterosexuellen Verkehr oder über Masturbation anschauen. Während die Sensoren bei allen Aufnahmen eindeutige körperliche Reaktionen anzeigten, gaben die Frauen eine psychische Erregung jedoch nur bei ausgewählten Sexszenen an. Die Wissenschaftlerin schlussfolgerte daraus, dass die weibliche Sexualität ganz entscheidend durch gesellschaftliche Normen geprägt wird und bewertete die Ergebnisse im Sinne einer »erlaubten« Wahrnehmung.

Für Frauen ist es im Gegensatz zu den Männern am Anfang auch gar nicht so leicht zu sagen, wie sich ein Orgasmus anfühlt. Schließlich gibt es keinen vergleichbaren äußeren Anzeiger wie den Samenerguss bei Männern. Manche Frauen lassen sich sogar durch die überzeichnete mediale Darstellung weiblicher Sexualität vollständig verunsichern. Als Lydia zu mir in die Praxis kommt, befürchtet sie, sexuell nicht zu funktionieren. Ihr Freund Mario glaube, sie hätte keinen Orgasmus. Ich stutze über die Aussage und will wissen, was sie denn dazu meint. »Ich weiß nicht so richtig. Die Frauen im Fernsehen stöhnen und schreien ja immer. Das ist bei mir nicht so.« Ihr Freund sei jedenfalls sehr verunsichert, weil sie ihm die Frage nach ihrem Orgasmus nicht positiv beantworten konnte. »Dabei ist es der erste Mann, der sich mit mir richtig Mühe gibt. Mario macht wunderschöne Dinge beim Sex, die ich vorher gar nicht kannte. Ich bin immer so heiß auf ihn, dass ich schon bei seinem Anblick feucht werde.« – »Feuchtwerden schon bei seinem Anblick, das ist doch klasse! Und erleben Sie denn bei der Selbstbefriedigung einen Orgasmus?«, frage ich nach. Da erfahre ich von ihr, dass sie sich noch nie selbst befriedigt hat. »Ich hab ehrlich keine Idee, wie sich ein Orgasmus anfühlt und wie ich ihn mir selbst besorgen kann.« Nach dieser Stunde geht Lydia mit vielen praktischen Tipps zur Selbstbefriedigung nach Haus. Die Aufgabe heißt: die eigene Sexualität entdecken! Ein paar Wochen später erhalte ich von ihr einen Anruf. Ich kann die Freude in ihrer Stimme hören: »Ich weiß jetzt, was ein Orgasmus ist. Als es das erste Mal bei der Masturbation klappte, musste ich richtig lachen. So befreit war ich. Und das Beste: Das tolle Gefühl kannte ich vom Sex mit Mario!«

Apropos praktische Tipps für die weibliche Masturbation: Es gibt kein »Kochrezept«. Die meisten Frauen stimulieren mit den Fingern ihre Klitoris. Ob rubbeln, kreisen, kneten, schnell, langsam, sanft oder fest, oder, oder, oder – jede muss es für sich selbst herausfinden. Viele Frauen benutzen heutzutage auch gern einen Vibrator zur zusätzlichen Steigerung der

Lust. Einige stimulieren die Klitoris auch indirekt durch das Aneinanderreiben der Oberschenkel, durch das Reiben an einem Kissen oder an der Matratze. Die Technik ist absolut zweitrangig. Wichtig ist nur der Genuss!

Genuss hin oder her – den kann ich doch auch beim Sex mit dem Partner haben, sagt jetzt manch einer vielleicht. Richtig! Wer in seiner sexuellen Beziehung auch ohne Masturbation völlig glücklich ist, soll sich nach dem Lesen des Buches nicht »zwangsbefriedigen«. Schade wäre nur, wenn jemand die Chance verpasst, sich sexuell selbst kennenzulernen und damit auch der partnerschaftlichen Sexualität Entspannung zu verleihen. Anfangs ist es vielen Menschen ihrem Partner gegenüber peinlich, zu ihrer Selbstbefriedigung zu stehen. Manchmal löst die Masturbation auch ganz schöne Eifersüchteleien aus, wieso der andere den Sex mit sich selbst scheinbar vorzieht. Dabei gibt es nichts Schöneres als Sex mit einer Person, die ihren Körper kennt und liebt. In einer Partnerschaft lohnt sich deshalb ein offenes Gespräch, wie man es mit der Masturbation handhaben will. Jeder sollte prinzipiell für die eigene Intimität einen ungestörten Rückzugsraum haben. Manche Paare bauen die Masturbation auch in die gemeinsame Sexualität ein. Die Grenzen des anderen zu respektieren ist bei der Selbstbefriedigung besonders wichtig. Wer für sich sein will, will für sich sein. Und ob man dem anderen dabei Gesellschaft leisten möchte, bleibt ebenfalls die eigene Entscheidung.

Manche Menschen befürchten, dass man sich bei zu viel Offenheit auch in die Masturbation hineinsteigern könne. Dem ist nicht so! Ob jemand süchtig nach Selbstbefriedigung wird, hängt eher von anderen Faktoren wie zum Beispiel mangelndes Selbstwertgefühl, spezielle nicht gelebte sexuelle Phantasien oder versteckte Depression ab. Von einer Sucht spricht man erst dann, wenn jemand so wie Marcel berichtet. »Ich kann an nichts anderes mehr denken als an Sex und mache es mir bis zu viermal am Tag selbst. Hauptsache ich bin befriedigt! Selbst beim Arbeiten geh ich manchmal auf Toilette, um es mir zu besorgen. Mein Chef hat mich schon angesprochen, dass ich so oft Pausen mache. Auch mein Privatleben stört die Selbstbefriedigung total. Ich hab immer Angst, dass mich meine Frau dabei erwischt. Gibt es da nicht irgendein Medikament, was mir hilft? Ich will doch nur ein normales Leben!« Die Tatsache allein, viermal oder öfter am Tag zu masturbieren, macht noch keine Sucht, sondern erst der Leidensdruck, der dadurch entsteht. Und Letzteres trifft bei Marcel ja ganz ausgeprägt zu. Die Selbstbefriedigung ist bei ihm zu einem quälenden Drang geworden. Da hilft nur professionelle therapeutische Hilfe. Zusätzlich können die Betroffenen tatsächlich mit Tabletten oder Spritzen ihren Sexualtrieb hemmen und sich damit deutlich Erleichterung verschaffen. Die Therapie sollte aber gut überlegt sein, denn manche Medikamente schränken auch das allgemeine Wohlbefinden und die Fruchtbarkeit stark ein.

Als Fazit gilt: Masturbation kann eine genussvolle Sexualität mit sich selbst sein. Voraussetzung ist, dass die Selbstbefriedigung mit dem eigenen körperlichen und seelischen Wohlbefinden als auch mit dem des Partners oder anderen (un-)freiwillig beteiligten Personen in Einklang steht.

… Sex mit (allen) Sinn(en)

Egal, ob eine handfeste Beziehungskrise wie bei Kathrin und Daniel oder einfach nur sexuelle Flaute im Bett vorliegt – Sex mit allen Sinnen auszuprobieren lohnt sich für jeden. Die beste Voraussetzung für die gemeinsame erotische Entdeckungstour ist eine Mischung aus Liebe, Neugier, Offenheit, Ehrlichkeit und gegenseitigem Vertrauen.

Kathrin brauchte drei Wochen, um den Vertrauensbruch ihres Mannes zu verdauen.

Als die beiden wieder zur Therapie kommen, stehen die Untersuchungsergebnisse fest. Bei Daniel liegt nur eine geringe Einschränkung der Fruchtbarkeit vor und bei Kathrin ist gynäkologisch alles in Ordnung. Erleichterung! Sie könnte also auf natürlichem Wege schwanger werden! Trotz der guten Nachrichten lösen sich aber weder die sexuellen Probleme des Paares automatisch in Luft auf, noch liegt das langersehnte Wunschkind in der Wiege. Ganz schön viele Aufgaben auf einmal, die es zu lösen gilt. Das funktioniert nur Schritt für Schritt. Ein Kind als intimen »Beziehungs-Kitt« zu nutzen geht nur selten mit einem Happy End aus. Die Wiederherstellung der Beziehung in all ihren Facetten steht an erster Stelle! Deshalb vereinbaren Kathrin und Daniel ein halbes Jahr »Kinderwunsch-Auszeit«. Um sich als intimes Liebespaar miteinander wieder vertraut zu machen, schlage ich ihnen »Sex mit allen Sinnen« vor.

»Sex mit allen Sinnen« bedeutet, sich wortwörtlich bewusst zu begreifen. Es geht nicht um das Erlernen von Techniken oder das Einhalten von Zielvorgaben – wie oft, wie lange, wie viele Orgasmen –, sondern darum, dass die Gefühle aus den

Lenden im Kopf ankommen. Keine Angst, das wird hier keine Anleitung zum Blümchen-Sex.

Die bewusste Wahrnehmung von Gefühlen bildet die Basis für authentischen und leidenschaftlichen Sex von zart bis hart. Deshalb sollte der Körper nicht länger der Spiegel eines geschönten Ichs sein, sondern intimer Kommunikations-Vermittler zwischen äußerlicher Wirkung und innerem Empfinden. Du kannst dich fallenlassen! Ich halte dich! Ich begehre dich! Ich liebe dich! Sprache in Wort und Schrift bleibt häufig abstrakt, wenn sie keine körpersprachliche Entsprechung bekommt. Ich liebe dich beispielsweise, heißt auf der ganzen Welt anders. Aber es gibt Gesten, mit denen sich Liebende über alle Sprachbarrieren hinweg verständigen. Die Sprache des Körpers ist seit Urzeiten die intimste und unmissverständlichste Kommunikationsform zwischen den Menschen.

Sich zuwenden, sich zeigen, sich öffnen – wer tiefe Bedeutungen fühlbar macht, der lässt die »Oberflächen-Sexualität« hinter sich und erlebt echte erfüllte Sexualität!

In fünf Schritten können Frauen und Männer individuell »Sex mit allen Sinnen« erfahren.* Statt eines festen Stundenplans orientiert man sich an drei Regeln, die von der innigen Umarmung bis zum lustvollen Geschlechtsverkehr gleichermaßen gelten.

---

* Die Übungen zu Sex mit allen Sinnen basieren auf dem Sensualitätstraining nach Masters und Johnson sowie auf den Methoden der Syndyastischen Sexualtherapie nach Beier und Loewit, bei der die gegenseitige Erfüllung der Grundbedürfnisse wie Nähe, Akzeptanz und Geborgenheit im Vordergrund steht.

▷ **Regel 1: Bewusst wahrnehmen, statt eine zielstrebige Leistung erbringen.**

Der Weg ist das Ziel! Vom ersten bis zum letzten Schritt geht es bei den gemeinsamen intimen Erfahrungen um das bewusste Empfinden von Berührungen. Das bedeutet weit mehr als die Schärfung aller Sinne. Durch aufmerksames Geben und Annehmen entsteht nicht nur ein erotisches Erlebnis, sondern auch das Gefühl von Nähe, Geborgenheit und gegenseitiger Akzeptanz der intimsten Bedürfnisse – wirklich fallenlassen und gehalten werden wirkt befreiend und entfacht zugleich Lust.

▷ **Regel 2: Immer an die Spielarten halten, die man gemeinsam vereinbart hat.**

Beide Partner bestimmen ganz individuell, was sie miteinander sexuell erleben möchten und in welchem Tempo sie von Schritt zu Schritt gehen. Bei sexuellem Frust kann es für beide Partner sehr entlastend wirken, wenn sie eine Weile bewusst auf Geschlechtsverkehr verzichten und stattdessen die Vielfalt erotischer Spielarten entspannt erkunden. Allerdings sollten Paare, die sich auch nach Monaten nicht in die »heiße Phase« wagen oder immer wieder am gleichen Problem scheitern, einen Therapeuten um Unterstützung bitten.

▷ **Regel 3: Erst den nächsten Schritt gehen, wenn die rote Lampe ausbleibt.**

Die »rote Lampe« bedeutet ein Sinnbild der negativen Erwartungen, die Menschen mit sexuellen Ängsten oder Funktionsstörungen mit sich herumschleppen. Wenn das passiert, dann passiert als Nächstes das. Je öfter man etwas Negatives erwartet, desto wahrscheinlicher tritt es dann auch als sogenannte selbst erfüllende Prophezeiung ein. Stress pur! Dieser Stress behindert die Wahrnehmung und hemmt damit die sexuelle Erregung. Die Betroffenen stecken im »Funktions-Modus« fest. Aber keine Angst, die rote Lampe kennen nahezu alle Frauen und Männer. Bei manchen leuchtet sie fast ständig und bei anderen nur ganz selten. Durch »Sex mit allen Sinnen« kann jeder schrittweise lernen, dass seine rote Lampe aus bleibt.

○ *Schritt 1: Kleine Berührung – große Wirkung*
Durch Anfassen, Streicheln, Umarmen und Küssen drücken bereits Eltern und Kinder gegenseitig ihre tiefe Verbundenheit aus und erfüllen sich so auf direktestem Wege die emotionalen Grundbedürfnisse von Nähe, Akzeptanz und Geborgenheit. Im Laufe des Erwachsenwerdens gerät diese Form der natürlichen Zuneigung bei dem einen oder anderen allerdings wieder in Vergessenheit oder, besser gesagt, sie wird als »verweichlicht« aussortiert. Es trifft vor allem Männer, die mit dem Klischee vom »Indianer, der keinen Schmerz kennt«, aufgewachsen sind. Die starken Typen verbergen allzu oft schamhaft ihren weichen Kern und wundern sich, dass sie nicht unabhängig von ihrer seelischen Verfassung (sexuell) funktionieren können. Schade, sie machen es sich verdammt schwer. Denn die Erfüllung der emotionalen Grundbedürfnisse ist doch bekanntermaßen die beste Garantie für eine langfristige sexuelle Zufriedenheit.

Das Umdenken fällt Männern wie Frauen am Anfang meist gar nicht leicht. Denn als Erwachsene drücken sich viele Menschen gegenseitige emotionale Nähe vor allem beim Geschlechtsverkehr aus. Die anderen intimen Tätigkeiten, wie

Vorspiel oder Nachkuscheln, degradiert allein schon der Name zu Intimitäten zweiter Klasse. Dadurch entsteht ein unheimlicher Druck, dass der »Hauptakt« klappen muss. Wenn ein Mann oder eine Frau dann »versagt«, entstehen oft tiefe Selbstwertzweifel.

Um die Erfüllung der emotionalen Grundbedürfnisse (wieder) in allen Facetten intimen Miteinanders fühlbar zu machen, startet *Schritt 1* beim Umarmen. Das Schöne daran: Man braucht dafür nur ein paar ruhige Minuten und kann so das Einüben der bewussten Wahrnehmung ohne Probleme in den Alltag einbauen. Umarmen meint allerdings mehr, als nur mal kurz mit ausgestreckten Armen drücken. Bei *Schritt 1* geht es um den vollen Einsatz des Körpers und aller seiner Sinnesantennen. Prinzipiell können sich die Partner im Stehen, Sitzen oder Liegen umarmen. Es hat sich allerdings bewährt, mit der Umarmung im Stehen zu beginnen. Das Prinzip der bewussten Umarmung ist leicht erklärt. Zuerst sucht sich jeder für sich selbst eine entspannte Position. Dann legen die Partner die Arme locker um die Schultern oder Hüften des anderen und berühren sich so weit mit ihren Körpern, wie es für beide angenehm und entspannend ist. Allein dieses Aufeinander-zu-Bewegen kann schon harte Arbeit sein. Denn die Art und Weise, wie sich Paare umarmen, spricht Bände. Steht man mit weit ausgestreckten Armen voreinander? Lastet der eine auf den Schultern des anderen? Erdrückt man sich (fast) gegenseitig? Lässt man sich in den Armen des anderen fallen? Oder fällt man in sich zusammen und muss gestützt werden? Eine Umarmung offenbart viel mehr über die wirkliche Nähe zueinander als ein »pflichtbewusster« Sexualakt, bei dem zum Abschluss Ah- und Oh-Rufe ertönen. Einen Orgasmus kann man vortäuschen, Entspannung nicht. Und so kann es sein, dass man am Anfang den anderen schon wieder loslässt, bevor man so richtig mit dem Wahrnehmen aller Sinne begonnen hat. Nicht so schlimm! Allerdings ist es ganz wichtig, dass sich die Partner über ihre Gefühle bei der Umarmung austauschen. War man nur abgelenkt oder hindern tiefere Konflikte die Nähe zum Partner?

Paare, bei denen Letzteres zutrifft, profitieren sehr von therapeutischer Unterstützung.

Für alle andern gilt es, sich im Moment der Umarmung von ablenkenden Reizen aus der Umgebung und Alltagssorgen gedanklich abzuschotten und innerlich zur Ruhe zu kommen, bis man sich völlig entspannt fühlt. Aus dieser tiefen Entspannung heraus kann man einander mit allen Sinnen wahrnehmen und sich fallenlassen.

Wer das Gefühl des Fallenlassens einmal bewusst erlebt hat, will es nie wieder missen und kann es fortan auf alle intimen Spielarten übertragen.

❍ *Schritt 2: Wie es uns gefällt – entspanntes Entdecken*

Männer und Frauen sind verschieden – nicht nur beim Reden, was sie beispielsweise mit entspannter Zweisamkeit meinen, sondern auch beim »Machen«. Jeder hat seine individuelle Vorstellung davon im Kopf, wie es »richtig« geht. Man würde es ja beim Partner gern richtig machen. Aber wie stellt man das am besten an? Das eine Mal berührt man den anderen zu grob, dann wieder zu sanft und dann zu ungeschickt. *Schritt 2* bietet mit sinnlichen Massagen die ideale Gelegenheit, den Partner besser zu verstehen und wortwörtlich begreifen zu lernen. Das Ziel der Berührungen heißt maximale Entspannung statt sexuelle Erregung. Damit es nicht zur anstrengenden Lehrstunde gerät, genügen auch schon 15 bis 20 Minuten. Idealerweise nehmen sich die Partner zweimal pro Woche füreinander Zeit, ohne dass das Telefon klingelt, die Kinder rufen oder die Schwiegermutter gleich vorbeikommt. Kopf frei für neue sinnliche Erfahrungen! Jetzt dürfen Frau und Mann ihre Körper von oben bis unten liebevoll erkunden. Natürlich schafft man das nicht in 20 Minuten. Deshalb hat es sich bewährt, sich von Mal zu Mal über »ungefährliche« Regionen wie Rücken, Arme oder Beine an »gefährliche« Regionen wie Brüste, Scheide oder Penis heranzutasten. Allerdings sollte die rote Lampe immer bei beiden aus sein, bevor man sich an eine neue Körperregion wagt. Es kann natürlich passieren, dass sich »da unten« etwas regt. Wenn der Mann zum Beispiel eine Erektion bekommt, kann man es als Kompliment betrachten, aber es bedeutet nicht den Auftakt für mehr. Bei *Schritt 2* geht es einerseits um das gegenseitige Erkunden der »intimen Landkarte« und andererseits um das bewusste Erleben von unterschiedlichen Berührungen beim Geben und Annehmen. Das gelingt am besten wechselseitig. Der eine Partner ist der Masseur (Gebende) und der andere lässt sich massieren (Annehmende). Es gibt zwei unterschiedliche Varianten bei der Massage – zuerst führt der Nehmende »Regie« und dann der Gebende. Das heißt, jeder wird zweimal massiert. Einmal nach seinen eigenen Vorstellungen und das andere Mal nach den Vorstellungen des Partners. Der Annehmende darf sich ohne schlechtes Gewissen vollends den Berührungen hingeben und sollte dabei ganz bewusst nicht den Gebenden berühren. Das fällt vielen gar nicht so leicht, da sie darauf geeicht sind, dem Partner »gerechterweise« immer etwas zurückgeben zu wollen. Bevor man die Rollen tauscht, sollte sich das Paar etwas Zeit zum Nachruhen und zum Austauschen von Gedanken gönnen. Wenn man viel Zeit hat, kann man eine Stunde pausieren oder man macht an einem anderen Tag damit weiter.

Variante 1: Der Partner, der massiert wird, führt Regie. Er bestimmt genau, was, wie und wie lange massiert werden soll. Und vor allem, Finger weg vom gebenden Partner. Man kann den Partner mit Worten führen oder ihn im wahrsten Sinne des Wortes an die Hand nehmen. Das ist eine prima Gelegenheit, den intimen Wortschatz einem Tauglichkeitstest zu unterziehen. Gehen einem die Worte leicht über die Lippen? Versteht einen der Partner auch richtig? Und falls mal etwas wortwörtlich danebengeht? Kein Problem, die Massage gerät ja schließlich nicht zum erotischen Killer. Humor gehört dazu! Besonders toll ist es, wenn man den Partner den Körper ganz genau erkunden lässt. Am besten gelingt es mit langsamen, sanften Handbewegungen auf der Haut. Der Druck sollte dabei so variiert werden, dass es zu einem wohligen Gefühl kommt. Prinzipiell sollte der Partner alles so berühren, wie es der annehmende Partner wünscht und ihm sagt. Ausgenommen natürlich, es ist dem gebenden Partner zuwider. Der Gebende sollte sich auch nicht scheuen, genau zu fragen, wie es der andere meint. Es soll keine Rate- oder Vorführeffektstunde werden, dass man mal wieder etwas nicht richtig verstanden hat und sich tapsig anstellt. Dann sollte man auf jeden Fall um genauere Instruktionen bitten.

Variante 2: Der Partner, der massiert, führt Regie. Er sollte nur zu seinem eigenen Vergnügen massieren. Er bestimmt, wo, wie und wie lange er den Partner berühren möchte. Derjenige, der massiert wird, sollte alles, was der Partner ihm gibt, auf sich wirken lassen. Selbstverständlich darf er den Partner bitten, etwas anderes zu machen oder aufzuhören, wenn ihm etwas unangenehm ist. Die Sache mit dem »eigenen Vergnügen« für den Partner, der massiert, kann auch beim Partner, der bekommt, Aha-Effekte auslösen. Der andere berührt mich also tatsächlich gern auf diese Art und Weise und nicht nur, um mir einen Gefallen zu tun. Und auch für den gebenden Partner ist es spannend, sich mal ganz und gar auf das eigene Gespür zu verlassen, wo einen die Hände und die Sinne hinführen, wenn man nicht der Erfüllungsgehilfe des anderen sein soll, damit er »abgeht«. Den anderen für die eigene Sinnlichkeit zu erforschen bringt oft für beide wohliges Neuland mit sich.

Diese Art der intimen Erkundungstour in verteilten Rollen kann man spielerisch für alle intimen Spielarten anwenden: von sanfter Entspannung, über erregende Stimulation bis hin zu den Stellungen und Bewegungen beim Geschlechtsverkehr.

❍ *Schritt 3: Lust am Lieben spüren – Spiel mit der Erregung*
Wie Kathrin und Daniel konzentrieren sich die meisten Paare bei einer sexuellen Flaute auf das Thema Lust. Oft gerät der Partner ins Zentrum der Aufmerksamkeit und man schiebt ihm den Schwarzen Peter zu.

Möglichkeit eins: Wenn der andere einen nicht anmacht, herrscht Totenstille unter der Gürtellinie. Oder Möglichkeit zwei: Man müht sich ab, den »Lust-Nerv« des Partners zu treffen und vernachlässigt seine eigenen Bedürfnisse. Während man denkt, es muss doch jetzt mal schön sein, fühlt man sich und den Partner nicht mehr. Stattdessen starten im Kopf die negativen Gedankenschleifen. Die sexuellen Handlungen miteinander laufen dann schließlich auf »Auto-Pilot-Modus« mit dem Ziel, die Erregung bis zum Orgasmus zu steigern. Bei so viel zielgerichtetem Tun geht die Wahrnehmung für den Augenblick völlig verloren. Dafür scannt man mit den Augen und Ohren jede noch so kleine Unregelmäßigkeit in der Umgebung. Egal, ob die Augen Unzulänglichkeiten des eigenen oder des Körpers des Partners entdecken, die Ohren Störgeräusche aus der Umgebung wahrnehmen oder die Gedanken bei der Arbeit oder den Kindern sind, alles lässt einen meilenweit vom Ziel Lust weg driften. Spätestens dann dämmert es jedem, Lust ist ein theoretisches Konstrukt, wenn sie aus dem Zusammenhang des Fühlens der Erregung gerissen wird. Und Erregung ist das Gegenteil von abgelenkt sein. Bei seelischer und körperlicher Erregung liegt die ganze Aufmerksamkeit auf dem Empfinden. Alle sinnlichen Antennen laufen auf Hochtouren. Man fühlt sich wie in einem Raum-Zeit-Loch, in dem einen nichts mehr stört – Momente vollkommenen Glücks und Lebendigkeit. Erregung kann man (wieder) fühlen lernen und durch Fokussieren – Wahrnehmen am »Ort des Geschehens« – steigern.

Deshalb geht es bei *Schritt 3* um die Wahrnehmung der Erregung im Augenblick ohne das Ziel, dass eine sexuelle Funktion in Gang gesetzt oder ein Orgasmus ausgelöst wird. Man lenkt seine volle Aufmerksamkeit genau auf die Stelle des Körpers, wo gerade etwas passiert – sowohl beim Geben als auch beim Annehmen. Die Lippen beim Küssen spüren, die warmen Hände auf den Brüsten, die sanften Bewegungen der Zunge auf der Haut. Wie fühlt sich der Druck an? Wie ist die Temperatur? Wie fühlt sich die Feuchtigkeit beim Küssen oder Saugen an?

Vom Prinzip funktioniert *Schritt 3* auch wieder in zwei Regie-Varianten. Einmal bestimmt der Annehmende. Das andere Mal bestimmt der Gebende.

Zuerst beginnt das erregende Spiel mit dem Berühren des ganzen Körpers außer dem Penis oder der Scheide. Es geht dabei um das Fokussieren der erregenden Empfindungen außerhalb der »klassischen« erogenen Zonen. Dabei sollten Frau und Mann so kreativ wie möglich vorgehen – mit den Händen, mit dem Mund, mit weichen Stoffen, Bürsten oder Federn. Und bitte nicht die Rückmeldung vergessen, wie es sich angefühlt hat. Man ist schließlich nicht mit Messfühlern mit dem Partner verbunden. Also Mut zu Worten – auch beim Erkunden: ein wenig fester, schneller, das ist schön, das kitzelt, ein bisschen weiter oben … und so weiter. Bei *Schritt 3* darf der Annehmende übrigens den Gebenden berühren, aber nur zur Steigerung des eigenen Vergnügens. Wenn das Fokussieren von erregenden Empfindungen außerhalb der Genitalien klappt, dann darf man sich an die »kleinen« Flächen wagen. Jetzt ist es umso wichtiger, dass man sich nicht zielgerichtet auf bekannte Fertigkeiten stürzt. Es geht nicht um das Herbeizaubern einer Erektion oder einer feuchten Scheide und auch nicht um das Erzielen eines Orgasmus. Es geht um das spielerische Erforschen der intimen Zonen. Ziel ist es, dabei so erregt wie möglich zu werden, die Erregung zu steuern und sich ganz und gar der Erregung hinzugeben. Es ist übrigens gar nicht schlimm, wenn die Erregung mal kommt und mal wieder geht. Ganz im Gegenteil: Die an- und abschwellende Erregung wahrzunehmen und sich sicher zu sein, dass die Erregung nach dem Gehen wiederkommen kann, ist eine sehr wichtige Erfahrung. Denn manchmal will gerade der Mann nicht gleich von null auf Feuerwerk erregt sein. Oder die Frau kann lernen, dass die Erregung zurückkommen kann, nachdem sie an die Frühstücksbrote für die Kinder gedacht hat. Erotische Empfindungen zu fokussieren kann anfangs schwierig sein, und das Spiel mit der Erregung kommt vielen Paaren ungewohnt und künstlich vor. Nicht wenige beschweren sich, dass das ja wohl ein Vorspiel ohne Hauptgang wäre. Aber es geht ja gerade darum, die Vorstellung von »richtigem Sex« aufzubrechen und die Palette der sexuellen Spielarten zu erweitern. Auch das wechselseitige Geben und Annehmen hat einen besonderen Sinn. Die Behauptung, dass die Lust bei dieser Art der Berührung höchst ungerecht verteilt ist – während sich der eine abmüht, schmilzt der andere dahin –, beruht auf der Tatsache, dass die meisten Paare der Erregung bis zum Ziel Orgasmus so sehr hinterherhecheln und dabei vergessen, wie befriedigend und erregend Geben sein kann. Der angenehme Effekt der verteilten Rollen ist außerdem, dass man in den verschiedenen Regie-Varianten ganz unbefangen Möglichkeiten der Erregung ausprobieren und dabei endlich mal alles »richtig« machen kann.

○ *Schritt 4: Mehr als eins ins andere – entspannter Geschlechtsverkehr*

Was bedeutet es, miteinander zu schlafen? Was sagt man sich damit? Die wenigsten können auf diese Frage spontan eine Antwort geben. Aber auch die Vereinigung im wörtlichen Sinne hat natürlich eine übertragene Bedeutung für ein Paar. Nicht umsonst sagen die meisten Menschen, dass Sex mit jemandem, den man liebt, am schönsten ist. Dass es mehr als ein kitschiges Idealbild von Sex sein kann, dazu soll *Schritt 4* Überzeugungsarbeit leisten. Jetzt ist es an der Zeit, dass die Partner wieder wechselseitig in Kontakt kommen, sich und den anderen gleichzeitig wahrnehmen.

Der Sinn von *Schritt 4* ist neben dem Ausprobieren von neuen Varianten des Geschlechtsverkehrs vor allem das entspannte Miteinander. Wie kann man nun den Geschlechtsverkehr aus alten eingefahrenen Gleisen herausholen? Mit Wünschen! Das kommt einem doch bekannt vor. Ja, genau: Das Wünschen ist die beste Möglichkeit, das zu bekommen, was man will. Wünscht man sich vielleicht einen anderen Ablauf beim Geschlechtsverkehr? Möchte man immer erregende Zärtlichkeiten vor dem Geschlechtsverkehr oder will man manchmal auch direkt »genommen« werden? Wie kann man dem Partner ein Zeichen geben, wonach einem heute ist? Jetzt ist es besonders wichtig, dass man für alle erotischen Spielarten einen passenden Wortschatz parat hat. Man sollte sich auch nicht scheuen, mit dem Partner vorher zu besprechen, wenn man beispielsweise eine neue Stellung ausprobieren will. Aber nicht nur der Austausch vor dem Akt ist wichtig, sondern auch die Kommunikation dabei. Mal angenommen, Mann und Frau sind gerade mitten beim Liebesspiel. Er liegt zwischen ihren Beinen und leckt ihre Scheide. Sie findet es schön, würde es aber noch schöner finden, wenn er jetzt an ihren Brüsten mit zärtlichem Streicheln weitermacht. Wie soll sie das anstellen, ohne ihn zu verunsichern oder zu verletzen, weil er sich in seiner Liebhaberqualität gekränkt und rumgeschubst fühlt. Aber nur die Ruhe: Wer Schritt 1 bis 3 aufmerksam mit seinem Partner gegangen ist, der weiß jetzt schon ziemlich genau Bescheid, wie der andere sexuell tickt. Das heißt, der Mann braucht nicht prinzipiell verunsichert zu sein, dass er etwas Grundlegendes falsch macht. Allerdings sollte das schroffe Nein dem unmissverständlichem Veto bei Unbehagen vorbehalten bleiben, sonst entstehen doch Irritationen und die erotische Stimmungskurve bekommt einen Knick. Jedes Paar sollte selbst für sich entscheiden, ob sie im Bett gern reden wollen oder nicht. Wer lieber Gesten sprechen lässt, der sollte vorher Zeichen für genau solche Situationen ausmachen. Beispielsweise könnte sie seinen Kopf liebevoll in ihre Hände nehmen und ihn zu ihren Brüsten führen. Wem Worte im Bett leicht über die Lippen gehen oder sogar scharf machen, der darf ruhig freiheraus sprechen: »Bitte küss meine

Brüste«, oder was auch immer man sagen möchte. Durch die
Erfahrungen des bewussten Gebens und Annehmens hat
man gutes Rüstzeug im Gepäck, dass beide Partner ihren Sex
aktiv gestalten können, um sich ihrer Erregung voll und ganz
hingeben zu können. Und wenn die Erregung mal mitten
beim Liebesspiel verschwindet? Keine Panik! Die Erregung
darf auch beim Geschlechtsverkehr kommen und gehen.
Wenn es beispielsweise bei ihr »schubbert und zwickt« oder
sein bestes Teil zwischendurch schlapp macht, ist es überhaupt nicht schlimm. Schließlich hat man aus den Schritten 1
bis 4 genug alternatives erregendes Repertoire gesammelt,
um beieinander sinnlich anzukommen.

○ *Schritt 5: Fallenlassen – Kopf, Herz und Lenden vereinen*
Schritt 5 ist sozusagen die Kür von »Sex mit allen Sinnen« und
vereint alle neuen sinnlichen Erfahrungen aus den Schritten 1
bis 4. Bei manchem Paar gab es einen Plan von Sex auf dem
kleinsten gemeinsamen Nenner, bevor sie sich entschlossen,
ihrem Sexleben eine neue Richtung zu geben. Man schwamm
schön in der Mitte der »sexuellen Normalität« – seichte, sichere Strömung, aber eben auch ein bisschen langweilig. Wer
»Sex mit allen Sinnen« verinnerlicht hat, der kann endlich
mehr aus sich herausgehen. Man kann darauf vertrauen, dass
man sich und den anderen mit seinen sexuellen und emotionalen Vorlieben besser kennt. Man kann auch darauf vertrauen,
dass die persönlichen Grenzen gegenseitig respektiert werden und man seine Wünsche ausdrücken kann. Der Partner ist
nicht länger nur der lebendige Spiegel, ob man es richtig
macht, sondern jeder ist auch beim Sex eine eigenständige Person, die ganz bei ihren Gefühlen bleiben und ihre sexuellen
Wünsche in die Tat umsetzen kann. Alles, was man miteinander tut, macht man völlig freiwillig und weil man Lust darauf

hat, den anderen zu spüren. Der Partner muss nicht länger der sexuelle Erfüllungsgehilfe des anderen sein. Wenn man sich gegenseitig wirklich will, mit all seinen Stärken und Schwächen, schafft das tiefes Vertrauen. Denn niemand braucht einen Partner für sexuelle Techniken. Sex hat etwas mit dem Menschen zu tun, der durch nichts zu ersetzen ist. Welche erotischen Abenteuer man im Leben auch wagt, sexuelle Langeweile verschwindet nicht bei Sinnleere. Das größte Aphrodisiakum ist noch immer das Gefühl, von einem anderen Menschen besonders geschätzt und geliebt zu werden. Diese Art Sex ist eine spirituelle Erfahrung ohne esoterischen Klimbim. Wenn man sich beim Partner wirklich sicher fühlt, dann kann man sich befreit fallenlassen – mutig, verrückt, zart oder wild ekstatisch sein.

• •

Als Kathrin und Daniel mit »Sex mit allen Sinnen« begannen, fanden sie es schon verdammt komisch, sich auf Kommando gegenseitig zu streicheln. Kathrin fiel es auch schwer, den Kopf auszuschalten. Schließlich bedeutete körperliche Nähe zu Daniel in den Monaten vor der Therapie nur noch Stress und Streit. Aber dann genoss sie bei der Umarmung Daniels warme Hände auf ihrem Rücken. Ganz entgegen ihrer Erwartungen war es für Daniel auch ein besonderes Erlebnis: »Als ich Kathrin so bewusst umarmte, hab ich auf einmal gemerkt, dass ich sie verdammt liebe und ich spürte, dass Kathrin seit langer Zeit mal abschalten konnte. Das war schön!« Mit den ersten bewussten intensiven Berührungen passierte bei Kathrin und Daniel etwas ganz Entscheidendes. Nicht mehr was sie miteinander machten, stand im Vordergrund, sondern was sie dabei fühlten – vom anderen angenommen und geliebt zu werden. Dieses Gefühl trug die beiden auch durch die Therapie. Endlich spürten sie sich wieder mit Haut und Haar. Das quälende Selbstbeobachten hatte aufgehört. Auch wenn es mitunter einen Schritt voran und zwei Schritte zurück ging, nahmen sie ihre Bedürfnisse füreinander immer sensibler wahr. Früher hatten sie vor allem zielstrebig auf Geschlechtsverkehr hingearbeitet. Im Verlauf der Therapie entdeckten sie aber viele andere spannende intime Spielarten und neue sexuelle Vorlieben. Kathrin und Daniel mussten akzeptieren, dass der Weg zu ihrem Ziel länger war, als sie es sich gewünscht hatten. Aber sie gewannen trotzdem von Woche zu Woche mehr Vertrauen in sich als Paar. *Gemeinsam schaffen wir das*, war nicht mehr nur ein Wunsch, sondern ein gelebtes Gefühl. Nach einem Jahr sagt Kathrin: »Uns geht es wieder richtig gut!« Daniel nickt und strahlt. »Und wir bekommen ein Baby!« – »Wenn das mal kein erfolgreiches Therapieende ist?!«, füge ich hinzu. Und dann sitzen wir drei da und strahlen wie die Honigkuchenpferde.

Die Leidenschaft pflegen

Rituale im Alltag

Frisch Verliebte können gar nicht genug voneinander kriegen – Sex, Sex, Sex!

Sie kommen nur noch zum Essen aus ihren Betten und stellen für ihre Umwelt eine Plage dar, weil sie mit der rosaroten Brille und einem Dauer-Verzückt-Sein durch die Gegend laufen. Romantik pur! Auch im Gehirn herrscht Ausnahmezustand. Unentwegt schüttet es das Lusthormon Dopamin aus. Dopamin regt wiederum die Freigabe des Bindungshormons Oxytocin an, was die Turteltäubchen »hormonisch« zu einem Herz und einer Seele zusammenschweißt. Und damit die Kettenreaktion perfekt weitergeht, hemmt Dopamin auch noch das Ausruhhormon Prolaktin, sodass das verliebte Paar ohne Pause sein Glück genießen kann.

Nach etwa anderthalb Jahren ist allerdings Schluss mit dem Hormonzauber, fanden italienische Forscher heraus. Im Hirn als auch in den Lenden läuft es wieder auf Normaltouren. Bei klarem Verstand zeigt sich dann, ob die neue Liebe wirklich so überwältigend und vor allem langandauernd ist, wie man sich das in der heißen Phase ausmalte. Bei den meisten Paaren sinkt innerhalb der ersten zwei Jahre die Lust aufs Liebesspiel, und sie tun es im Schnitt nur noch halb so oft wie am Anfang. Nicht nur die Frequenz, sondern auch die Zufriedenheit mit dem Sexleben nimmt laut Untersuchungen deutscher Wissenschaftler ab. Bei einer Befragung an Paaren fanden sie heraus, dass beim Kennenlernen 70 Prozent der

Männer und Frauen mit ihrem Sex voll und ganz zufrieden sind, während nach sechs Jahren nur noch 50 Prozent der Untersuchungsgruppe das auch weiterhin so empfinden. Zeitgenossen – alles nur ein kurzer Rausch, nichts ist von Dauer? Von wegen! Man kann einiges tun, um das liebe, kleine Gehirn mit seinen Lustspendern auf Trab und damit die Liebe frisch zu halten – zum Beispiel täglich die grauen Zellen kitzeln und mit sinnlichen Anregungen kleine Portionen Dopamin und Oxytocin in die Blutbahn locken. So wird der Sex zum (hormonellen) Dauerbrenner.

Mit den folgenden fünf Regeln gelingt das nicht nur frisch Verliebten, sondern auch Langzeit-Paare können fortan besser auf ihr Liebesglück aufpassen und so die Lust am Sex immer wieder neu entfachen.

➪ Regel Nummer 1: Entspannungsinseln schaffen

Noch schnell fünf Mails beantworten, Frau Meier anrufen, den Einkauf erledigen, das Kind zum Malkurs fahren, Öl im Auto nachfüllen und so weiter – und dann noch den liebevollen Partner geben … In den letzten Jahren fühlen sich immer mehr Menschen von der zunehmenden Lebensbeschleunigung überfordert. Viele versuchen, den Spagat zwischen Karriere und familientauglichem Multitasking-Partner zu meistern. Optimales Zeitmanagement scheint die Lösung der Vielbeschäftigten zu sein. Doch in einem Alltag, in dem das Smartphone den Takt vorgibt, bleibt häufig kein Platz mehr für entspannte Zweisamkeit. Die Folge ist ein (Intim-)Leben im Funktionsmodus – schleichendes Gift für jede emotionale Beziehung. Guter Sex passiert gerade bei Langzeit-Paaren nur selten spontan zwischen Tür und Angel. Die wichtigste Regel heißt deshalb, kleine Entspannungsinseln im Alltag schaffen und die Zeit dafür fest einplanen. Es geht dabei nicht um das Romantik-Wochenende in Paris, sondern um feste Konstanten im Liebesleben – Zeit, in der man als Paar einfach mal ungestört die Seele baumeln lassen kann und Lust auf mehr bekommt.

▷ **Regel Nummer 2: Näherituale pflegen**

Bis heut Abend, Schatz! Kuss. Wie war dein Tag, Schatz? Kuss. Gute Nacht, Schatz! Kuss. Auch wenn das »Spar-Modell« der emotionalen Beziehungskommunikation auf den ersten Blick zum Schmunzeln verführt, fühlen sich nicht wenige auf den zweiten Blick ertappt. Die Wahrscheinlichkeit, dass ein Paar bei so wenig intimem Kontakt die Sexualität dauerhaft lebendig erhalten kann, strebt gegen null. Denn Männer und Frauen reißen sich nach ein paar Jahren nur noch selten spontan die Kleider vom Leib. Stattdessen wird Sex immer häufiger zum Betthupferl. Kann funktionieren. Bei den meisten fängt dann allerdings der Ärger an. Kurz vorm Schlafen sind die Akkus leer und Sex gerät zur letzten Tagesaufgabe, die es zu lösen gilt. Nachthemd oder Spitzenwäsche, Buch lesen oder quatschen, umdrehen oder einladende Geste – will der Partner Sex, schmusen oder einfach in Ruhe einschlafen? Wenn Sex nur im Bett stattfindet und man sich ansonsten im Alltag kaum berührt, sind Missverständnisse vorprogrammiert. Am Ende gibt es weder Schmuseeinheiten noch Sex. Man hört viel davon, dass zu viel Nähe den Sex killt. Stimmt auch, wenn man versucht, auf dem kleinsten gemeinsamen Nenner zu kuscheln. Doch ohne das prinzipielle Gefühl von Nähe zum Partner, ist es ein schier aussichtsloses Unterfangen, innigen Sex zu haben. Deshalb braucht es Momente, in denen man sich ganz bewusst einander zuwendet und innehält – eine Umarmung, die Hand halten, über das Haar streichen, an den anderen anschmiegen. Mit regelmäßigen Zärtlichkeiten lädt man nicht nur die Akkus wieder auf, sondern bleibt mit dem Partner auch in sinnlichem Kontakt. Dann lassen Frau und Mann öfter mal einen Rest Arbeit liegen oder gehen einfach zeitig ins Bett – zum Lieben.

⟳ Regel Nummer 3: Vorfreude zelebrieren

War das schön! Als die Liebe begann und man umeinander geworben hat – aufgeregt vorm Spiegel stehen, Blumen schenken, die Lieblings-CD hören, im Kino knutschen, im Kerzenschein baden. Die Zeiger der Uhr lassen sich nicht zurückdrehen. Doch gegenseitige Wertschätzung – mal liebevoll, mal romantisch, mal verführerisch – kann man sich immer zeigen. Es wirkt wahre Wunder, wenn sich Paare regelmäßig füreinander schön machen. Wenn man bezaubernd aussieht, fällt es einem auch viel leichter, seine besten Ausgeh-Charme-Offensive-Manieren an den Tag zu legen. Auch wenn es mit einem Augenzwinkern geschieht, macht es doch trotzdem richtig romantische Laune. Und nicht nur das: Wer regelmäßig umeinander wirbt, bekommt auch immer wieder neuen Stoff für handgemachte erotische Geschichten, die man gemeinsam mit dem Partner fortspinnen kann. Einfach mal eine Nachricht senden, um das Knistern vom letzten Mal wieder wachzurufen und die Vorfreude auf das nächste Mal zu schüren. Wem das Geschichten-Erzählen selbst nicht so sehr liegt, der kann sich ruhig der Weltliteratur bedienen. Am besten, man geht mit seinem Schatz zusammen auf Pirsch nach anregenden Ideen für das Liebesspiel. Oder wie wäre es mit erotischen Fotos und anregenden Filmen? Mit gegenseitigem Respekt und Liebe sind der Phantasie (fast) keine Grenzen gesetzt und gemeinsame intime Entdeckungstouren bekommen das Potential zur Lieblings-Freizeit-Beschäftigung.

☞ **Regel Nummer 4: Ohne Schnitten gibt es keine Weihnachtsgans**

Das kennt doch jeder: Nicht immer ist Sex der »erotische Knaller«. Man würde es am liebsten endlich mal wieder wie wild treiben, vor Lust außer Atem kommen und am Ende erschöpft in die Kissen sinken. Das wär schön! Klar! Doch nur weil nicht bei jedem Mal ein erotisches Feuerwerk abgefackelt wird, sollte man den »Alltags-Sex« nicht als langweiligen »Am-besten-nicht-haben-wollen-Sex« verdammen. Schließlich kann nur derjenige guten, scharfen, geilen Sex haben, der überhaupt Sex hat und das Ganze bitte nicht als Ausnahmeerscheinung! Wer sich regelmäßig gegenseitig verwöhnt, bei dem funktionieren alle Liebesdienste des eigenen Körpers viel geschmeidiger. Man fühlt sich entspannter, gelassener und kann sich unbeschwerter einander hingeben. Und das Wichtigste: Wer den intimen Kontakt zum Partner nicht abreißen lässt, der gerät nicht so schnell unter Druck, das »volle Programm« abliefern zu müssen. So entsteht die Atmosphäre für spielerische Sexualität von Petting bis Geschlechtsverkehr, von Quickie bis ausgedehntem Liebesspiel. Dann ist es auch kein Drama, wenn mal was schiefgeht. Man kann einfach unbefangen darüber lachen und sich auf das nächste Mal freuen. Der Sinn vom täglichen gemeinsamen Essen liegt ja schließlich auch im verbindenden Erlebnis und nicht darin, ob man Schnitte oder Weihnachtsgans verspeist!

⇨ Regel Nummer 5: Keine Lust? Na und?

Was tun, wenn man einfach gerade gar keine Lust hat? Tja, dann sollte man sich zuerst fragen, worauf man keine Lust oder, noch besser, worauf man stattdessen Lust verspürt. Häufig stolpern Frauen und Männer darüber, dass sie den anderen nur berühren oder selbst Berührungen zulassen, wenn sie glauben, dass die Stimmung günstig für Geschlechtsverkehr steht. Schade, denn mit dieser Taktik bringen sich beide um viele liebevolle, erotische oder leidenschaftliche Erfahrungen. Der Impuls, dem Partner seine Liebe und Leidenschaft auch körperlich zu zeigen, bedeutet ja auf jeden Fall erst einmal ein schönes Kompliment. Deshalb gehört diese Geste auch belohnt! Was? Soll man dem anderen jedes Mal zu Willen sein? Nein, ganz im Gegenteil. Egal, ob der Partner auf einen zukommt oder ob man auf den anderen zugeht, man führt immer selbst die Regie im eigenen Leben. Jeder kann bestimmen, was er möchte und genauso, wo die persönlichen Grenzen liegen. Wer seine Grenzen gut absteckt, gewinnt praktisch oft viel mehr Spielraum als vorher. Man muss den Partner nicht mehr prinzipiell mit einem schroffen Nein zurückweisen, sondern kann ihm klar sagen, wonach einem der Sinn steht. Statt notgedrungenem Nichtstun können sich Paare so nach Lust und Laune von Kuscheln bis sexueller Hingabe lieben. Und noch etwas: Das intensive Wahrnehmen von Berührungen im Alltag, mögen sie auch noch so flüchtig sein, schweißt emotional zusammen. Wann war noch mal der letzte innige Kuss?

Verliebt, verlobt, verheiratet – Kinder?

Von Kinderwunsch ...

Fragt man Frauen und Männer nach dem Sinn von Sex, fällt den meisten von ihnen spontan »Kindermachen« ein. Stimmt – zumindest teilweise! Denn weder platzt unser blauer Planet vor lauter neugezeugten Erdenbürgern aus den Nähten, noch lassen die Menschen den Sex nach ein paar wenigen Zeugungsakten sein. Paare haben im Verlauf ihres Lebens viel häufiger Sex ohne Kinderwunsch als mit Kinderwunsch. Seit der Einführung moderner Verhütungsmethoden sind die Menschen die einzigen Lebewesen auf Erden, die ihre Fortpflanzung kontrollieren können oder, besser gesagt, ihre »Nicht-Fortpflanzung«. Spätestens seit den 70er Jahren wollen Paare in den westlichen Industrienationen immer weniger Nachwuchs zeugen. Schließlich hat man sich ja selbst an die kuscheligen Vorteile der drei- bis vierköpfigen Familie gewöhnt. Aber wie steht es um die Paare, bei denen das »Kinder-Wollen« allein nicht genügt? 1,4 Millionen Männer und Frauen in Deutschland wünschen sich nichts sehnlicher als ein Kind. Weder fehlt ihnen der passende Partner, noch hätten sie es nicht schon geraume Zeit probiert – nein, es klappt einfach nicht! Konnte ein Paar im Verlauf von zwei Jahren ungeschütztem Geschlechtsverkehr kein Kind bekommen, stellen Ärzte die Diagnose Unfruchtbarkeit. Aus Scham führen viele dieser Menschen immer noch ein Schattendasein. Denn trotz zunehmender medialer Aufklärung gilt es in der Öffentlichkeit nach wie vor als Makel, wenn ein Mann nicht zeugen oder eine Frau keine Kinder gebären kann. Nicht selten geben missgünstige Zeitgenossen hinter vorgehaltener Hand ihre wilden

Unfruchtbarkeits-Theorien zum Besten: Eigentlich wollen die Karriere und gar keine Kinder! Die haben ein Problem im Kopf und nicht in der Hose! – Das Unwissen zu den Ursachen und zu modernen Therapien bei unerfülltem Kinderwunsch ist hoch – selbst bei den Betroffenen.

Wer verbirgt sich hinter den 1,4 Millionen Menschen mit unerfülltem Kinderwunsch? Es sind Leute wie Sie und ich! Sie sind alt oder jung, reich oder arm, Akademiker oder Menschen ohne Ausbildung. Um die Ursachen der ungewollten Kinderlosigkeit herauszufinden, sollten sich beide Partner in einer Klinik oder Praxis untersuchen lassen, die auf Fertilitätsstörungen spezialisiert ist. Früher wurde die Ursache häufig bei der Frau gesucht, heute weiß man, dass 30 bis 40 Prozent der körperlichen Störungen zu gleichen Teilen beim Mann und bei der Frau liegen. Und beim Rest sind beide nicht gesund oder es findet sich keine Ursache. Bei Frauen sind häufig die Eileiter nach Entzündungen undurchlässig verklebt oder die Eierstöcke funktionieren durch Hormonschwankungen nicht richtig. Bei Männern ist meistens die Produktion der Spermien gestört. Das kann zum Beispiel eine Folge von Hodenentzündungen sein. Aber auch Wärme von außen mögen die Samenzellen gar nicht. Wissenschaftliche Studien belegen, dass mehr als drei Stunden Sitzheizung pro Tag oder das ständige Benutzen des Laptops auf dem Schoß zu einer Verminderung der Spermaqualität führen. Für beide Geschlechter gilt: Wer dick ist, Stress hat, trinkt oder raucht, bei dem ist die Fruchtbarkeit häufig eingeschränkt. In unserer schnelllebigen Zeit wird aber auch schlichtweg vergessen, auf die biologische Uhr zu schauen oder gedacht, dass sie viel länger tickt. Heute verschieben immer mehr Menschen das Kinderkriegen auf ein unbestimmtes »Später«, weil sie sich noch nicht reif fühlen, der richtige Partner fehlt oder die Karriere erst in Schwung kommen soll. Problematisch wird es dann, wenn man bei den Gedanken an »Später« vor den natürlichen Alterungsprozessen die Augen verschließt. Bei Frauen sinkt im Erwachsenenalter mit jedem Lebensjahr die Wahrscheinlichkeit, ein Kind zu bekommen, um 4,7 Prozent. Selbst die vielen reifen Promi-Mütter können nicht über die Tatsache hinwegtäuschen, dass eine Kinderwunsch-Behandlung ab Mitte 40 meist erfolglos bleibt. Und auch wenn die Herren der Schöpfung gern mit lebenslanger Zeugungsfähigkeit angeben, die Samenqualität wird ab 30 immer schlechter.

Es gibt aber auch noch eine Gruppe von Menschen, bei denen Ärzte einfach keine genaue Ursache für den unerfüllten Kinderwunsch finden. Der Irrglaube, dass die Betroffenen es häufiger »im Kopf haben« und deshalb keine Kinder bekämen, konnte in vielen wissenschaftlichen Studien widerlegt werden.

Seit der Geburt des ersten »Retorten-Babys« Ende der 70er Jahre entwickelten Ärzte die Methoden der Fruchtbarkeitsbehandlung kontinuierlich weiter. Zentren für Reproduktionsmedizin schossen wie Pilze aus dem Boden und in ihren Kliniklaboren nahm in Schälchen mit keimfreier Nährlösung eine neue Generation künstlich gezeugter Menschen ihren Anfang – drei Millionen sind es weltweit und 100 000 davon wurden allein in Deutschland geboren. Je nachdem, wie schwer die Fruchtbarkeit eingeschränkt ist, können Ärzte Betroffenen individuell angepasste Behandlungen anbieten. Das reicht von der Hormonoptimierung, über das Einspülen der gereinigten Spermien direkt in die Gebärmutter bis hin zur künstlichen Befruchtung in der Laborschale. Die Verfahren der Ei- und Samenzellenspende sowie der Leihmutterschaft sind in Deutschland gesetzlich nicht erlaubt. Immerhin jede fünfte Fruchtbarkeits-Behandlung an deutschen Kliniken führt zur Geburt eines Kindes. Damit sind die Erfolgsaussichten, auf künstlichem Weg ein Baby zu bekommen, vergleichbar mit denen bei einer natürlichen Zeugung.

Die medizinisch-technische Seite der »Fruchtbarkeits-Medaille« funkelt verführerisch. Deshalb scheint es vielen auch ein einfaches Unterfangen, das Wunschkind zu bekommen. Aber was bedeutet es seelisch für Paare, die Monat für Monat (vergeblich) auf Nachwuchs hoffen? Viele von ihnen erleben eine Gefühls-Achterbahn: »Das kann nicht wahr sein! Das klappt schon noch! Alle bekommen Kinder. Dann schaffen wir das auch! Warum musst ausgerechnet du unfruchtbar sein? Es ist doch alles sinnlos. Wir können nicht mal Kinder machen! Die Ärzte behandeln uns bestimmt falsch!«

Wenn der sehnliche Wunsch nach einem Kind nicht in Erfüllung geht, betrachten nicht wenige Frauen und Männer ihre Umwelt mit Scheuklappen. Sie sehen nur noch Schwangere, frischgebackene Eltern und glückliche Familien. Häufig entstehen Gefühle, keine ganze Frau oder kein ganzer Mann zu sein – seiner »Uraufgabe« nicht nachzukommen. Das kann selbst starke Gemüter auf seelisches Minimal-Format schrumpfen lassen. Um sich nicht den immer gleichen Fragen und Vorurteilen stellen zu müssen, gehen betroffene Paare oft in den sozialen Rückzug. Eine fatale Spirale. Denn zu Hause sind sie noch mehr auf sich allein und auf ihr Problem gestellt. Wenn die ganze Aufmerksamkeit beim Sex nur noch auf der biologischen Funktion liegt, kommt dem größten Genießer auf Dauer die Lust abhanden. Immer auf Abruf stehen, wenn der Kalender, die Blutprobe, der Ultraschall den Eisprung zeigt, oder der Arzt den Akt verordnet – ganz egal, ob Mann oder Frau Lust verspürt, bedeutet Funktion pur! Sie muss ihren Schoß bereithalten und er befruchten. Je länger die Sehnsucht nach dem Kind unerfüllt bleibt, desto häufiger treten sexuelle Probleme wie Lustlosigkeit, Erektionsschwäche, Schmerzen beim Verkehr oder Orgasmusstörung auf. Studien deutscher Wissenschaftler zeigen außerdem, dass die Diagnose Unfruchtbarkeit für Frauen als auch für Männer schlimmer ist als eine Scheidung oder der Tod einer geliebten Person. Seelische Probleme bis hin zur Depression stellen deshalb bei den Betroffenen keine Seltenheit dar.

Damit der Kinderwunsch unabhängig von der Art der Familienplanung nicht ungewollt zur Feuerprobe für die Beziehung gerät, kann jedes Paar für eine (sexuell) erfüllte Partnerschaft vorsorgen. Dass Mann und Frau ihr Kind als selbständiges Wesen betrachten, das ihre intakte Beziehung zu einer Familie ergänzt, bildet die wichtigste Voraussetzung für eine gemeinsame glückliche Zukunft. Wenn allerdings wie bei Kathrin und Daniel der Nachwuchs als Aufwertung eines »kleinen inneren Ichs« oder als »Beziehungs-Kitt« dient, dann gilt es, zuerst die Partnerschaft in all ihren Facetten auf Vordermann zu bringen. »Sex mit allen Sinnen« kann ein Beziehungs-Baustein sein, damit werdende Eltern auch begehrenswerte Partner füreinander bleiben.

… bis Eltern-Sex

Egal, ob langersehntes Wunschkind oder nicht – wenn die lieben Kleinen erst mal Mamas sicheren Bauch gegen die große weite Außenwelt getauscht haben, stellen sie das Leben ihrer Eltern ordentlich auf den Kopf. Nichts ist mehr so wie früher. Alles muss sich als Familie erst neu einspielen – auch der Sex! Bei vielen jungen Eltern herrscht Flaute in den Betten nach der Geburt der lieben Kleinen. Auch Kathrin besuchte mich drei Monate nach der Geburt von Hannah in der Sprechstunde. »Ich hab wieder nur wenig Lust auf Sex mit Daniel. Sogar zur

Selbstbefriedigung fehlt mir irgendwie die Muse. Dabei war ich doch so stolz darauf, dass es zwischen meinem Mann und mir sexuell wieder richtig gut lief. Nicht, dass Daniel drängelt. Er ist richtig fürsorglich zu Hannah und mir. Aber ich hab Bedenken, dass es mit unserem Sex wieder bergab geht.«

Ich erzähle Kathrin, dass sie sich keine Sorgen zu machen braucht. Nach einer Geburt verspüren nämlich die meisten Frauen erst einmal kein Interesse an Sex, denn die Natur startet in dieser Zeit das hormonelle Programm für »Nestbau und Brutpflege«. Die Hirnanhangsdrüse arbeitet auf Hochtouren, um alle Hormone auf die veränderte Situation der frischgebackenen Mutter einzutakten. Das Schwangerschaftshormon fällt im Blut steil ab, dafür schnellen die Werte für Prolaktin und Oxytocin rasant in die Höhe. Prolaktin, das ja bekanntlich das »Ausruh-Hormon« nach dem Sex ist, sorgt jetzt nicht nur für die nötige innere Ruhe, sondern zusätzlich für eine ordentliche Milchproduktion für den Nachwuchs. Und damit die Mutterliebe zu dem kleinen neuen Erdenbürger wächst, wird mit jedem Saugreiz beim Stillen ganz viel vom »Bindungshormon« Oxytocin freigesetzt. Verglichen mit der Hormonregulation beim Sex befindet sich die Frau in einer Art Dauerrausch wie kurz nach dem Orgasmus – müde, aber glücklich. Da wundert es nicht, dass ihrem Empfinden nach die Aussicht auf Sex nicht so verlockend erscheint, zumal sich≈ja auch der Körper mit seinen intimen Funktionen erst Schritt für Schritt wieder auf »nicht-schwanger« umstellt. Die Scheide muss erst wieder in »Übung« kommen, um bei sexueller Erregung genügend Feuchtigkeit zu produzieren und sich so auszudehnen, dass der Penis angenehm darin gleitet. Deshalb kann es bei den ersten Versuchen danach auch mal reiben oder schmerzen, besonders, wenn bei der Geburt »geschnitten« wurde. Aber keine Angst, die meisten Missempfindungen verlieren sich nach und nach beim Üben. Wer beim Sex jedoch anhaltende Beschwerden hat, sollte sich vom Frauenarzt untersuchen und entsprechend behandeln lassen.

Die körperlichen Umstellungen nach einer Geburt bereiten den meisten Frauen allerdings weniger Schwierigkeiten als die Aufgabe, fortan nicht nur Partnerin, sondern auch Mutter zu sein – dem Partner und dem Kind gleichermaßen Liebe zu schenken. Dieser emotionale Spagat kann zur körperlichen und seelischen Überforderung führen. Als Folge will sie im wahrsten Sinne des Wortes niemand mehr so nah an sich heranlassen. Wenn der Partner dann nicht weiß, was los ist, fühlt er sich zurückgesetzt und beide sind frustriert. Denn unabhängig von den körperlichen Veränderungen gilt es für den Mann gleichermaßen, seinen Platz in der neuentstandenen Familie zu definieren. Und wenn diese Aufgabe nicht schon anspruchsvoll genug wäre, bleiben Mann und Frau ja auch noch Teil der Leistungsgesellschaft. Egal, ob ein oder beide Partner arbeiten, bedeutet Familienleben Organisation, Organisation und noch mal Organisation. Bei all den Aufgaben im Job, Haushalt und Kinderbetreuung planen nicht wenige Paare die Zeit für gemeinsame Stunden zu zweit gar nicht erst in ihre Routine ein. Dabei sind Rituale im Alltag als Eltern umso wichtiger, wenn man nicht nur ein gut eingespieltes Team, sondern auch ein lebendiges Liebespaar sein und bleiben möchte. Das bedeutet mehr denn je, Entspannungsinseln im anstrengenden »Tagein-Tagaus« zu schaffen, in denen man sich gegenseitig seine Achtung und Zuneigung ausdrückt – in Worten als auch in Gesten. Einfach mal durchatmen, quatschen, auftanken, in den Arm nehmen – ohne Sorge, dass man Rabeneltern abgibt. Es sollte jede Woche »heilige Zeiten und

Orte« geben, wo sich Mann und Frau ungestört als Paar begegnen können. Wenn sich die Eltern regelmäßig Zeit für sich und ihre (intime) Beziehung gönnen, haben sie nicht nur die Chance auf ein gutes Sexleben, sondern auch auf ein entspanntes Familienleben. Ja, Eltern-Sex benötigt mehr Planung. Aber wer sagt eigentlich, dass Sex kein guter Plan ist? Man kann sich auch im Takt der Kinder leidenschaftlich lieben, wenn man die Zeit zu nutzen weiß.

Mit 66 ist noch lange nicht Schluss

Was ist wohl die häufigste Assoziation von jungen Menschen zum Thema Sex im Alter? Gar keine! Den meisten fällt auf Anhieb schlichtweg nichts ein. Das wirkt auf der einen Seite bei einer überalternden Bevölkerung paradox. Auf der anderen Seite ist das Thema leider immer noch mit einem Tabu behaftet. Früher hielt man Sex im Alter einfach für unanständig. Heute halten viele das Alter an sich schon für unanständig. Man verkleidet sogar das Wort lieber in Scheinanglizismen mit schmeichelnden Attributen wie »best ager« und »golden ager«. Oder man entledigt sich gleich des ungeliebten Begriffs und kreiert die »Generation silver«. Zukunftsforscher sagen einen düsteren Trend vom »Anti-Aging« über »Down-Aging« zum »No-Aging«-Begehren voraus. Lauter agile, wohlhabende und sexy Alte wollten dann mit den Hässlichen und Kranken nichts mehr zu tun haben. Um zu den zukünftigen Gewinnern der ästhetischen Zweiklassengesellschaft zu gehören, wird bereits jetzt gecremt, gefärbt, gebotoxt, geschnippelt und sich in Form getrimmt. Dem Datum auf der Geburtsurkunde entkommt trotzdem niemand. Umso mehr lohnt es sich, die Angst vor der scheinbar düsteren Alterszukunft mit erfreulichen Fakten aus dem Hier und Jetzt zu widerlegen.

Gerade vollzieht sich ein gewaltiger Wandel in der Altengeneration. Nach den konservativ erzogenen alten Menschen der Vorkriegsgeneration wachsen nun die progressiven Alt-68er in die Rolle von Oma und Opa hinein. Und das Rollenverständnis der neuen alten Generation ist ganz und gar nicht antiquiert. Man ist so alt, wie man sich fühlt und vor allem, wie man sich verhält, könnte der neue Slogan sein. Die Gruppe der über 60-Jährigen fühlt sich heute so jung wie nie zuvor, und sie verhalten sich keineswegs alt im klassischen Sinne. Das fanden deutsche Wissenschaftler in einer Befragung heraus. Die Mehrheit der Befragten gibt sich weltoffen, hochvital, gesundheitsorientiert und innovativ. Von einem eingerosteten Liebesleben kann keine Rede sein. 80 Prozent der Männer und 60 Prozent der Frauen über 60 Jahre beschreiben ihr partnerschaftliches Sexleben als regelmäßig und abwechslungsreich. Die Sexfrequenz in einer glücklichen Partnerschaft 60-Jähriger ist sogar höher als die 20-jähriger Singles. Und an Glück fehlt es offensichtlich nicht: Vier Fünftel aller befragten Paare bezeichnen ihre Beziehung als gut bis sehr gut und verbringen ihre Zeit am liebsten mit dem Partner.

Sexuelle Harmonie bis ins hohe Alter ist aber durchaus keine Errungenschaft der Alt-68er. Bereits jetzt hat über die Hälfte der 80-jährigen Männer und Frauen in einer Partnerschaft noch ein regelmäßiges, erfülltes Sexualleben. Die sexuelle Realität von alten Paaren sieht also erfrischend lebendig aus.

Was passiert aber, wenn es keinen Partner mehr gibt? Soll man ohne Partner bleiben? Und ist das dann das Ende der Sexualität? Gerade sehr alte Menschen beantworten sich diese Fragen ganz unterschiedlich. Manche von ihnen bleiben wirklich allein. Nicht, weil sie das Alleinsein vorzögen. Der Hauptgrund für das Alleinsein im Alter liegt im Ungleichgewicht der Bevölkerungspyramide. Es fehlen einfach Männer. Mehr als die Hälfte der Männer über 80 Jahre hat noch eine Partnerin. Im gleichen Alter hat jedoch nur jede zehnte Frau einen Partner an ihrer Seite. Hinzu kommen häufig körperliche Handicaps und die dadurch entstehende soziale Isolation, die ein spätes Glück verhindern. Manchmal fehlt auch einfach der Mut, sich noch einmal auf einen neuen Menschen einzulassen. Andere entscheiden sich ganz bewusst gegen eine neue feste Beziehung. Schöne sexuelle Erlebnisse müssen deshalb trotzdem nicht ausgeschlossen sein. Aber dafür wieder mit jemand Tisch und Bett teilen plus Haushalt für zwei, das wollen vor allem viele Frauen nicht mehr. Deshalb entstehen immer mehr lockere Verbindungen zwischen alten Menschen, die einerseits ihre Autonomie lieben und andererseits auf zärtliche Nähe nicht verzichten möchten. Wieder andere starten mit einem neuen Lebenspartner noch mal richtig durch – Herzklopfen und sexuelle Experimentierfreudigkeit inklusive.

Der 78-jährige Herbert und die 73-jährige Ingrid lernten sich beim Tanzen kennen. Zuerst haben sie begeistert die Hüften nur zum Walzerschritt bewegt und später auch im Bett – nichts Ungewöhnliches für moderne Alte. Die besondere Situation: Herbert ist alleinstehend und Ingrid ist mit Karl seit 50 Jahren verheiratet. Der 76-jährige Ehemann hatte vor fünf Jahren einen schweren Schlaganfall und liegt seitdem die meiste Zeit im Bett. Karl erlaubte seiner lebensfrohen Ingrid schon damals, einen zweiten Frühling zu erleben, wenn sie wolle. Sie gab ihm dafür das Versprechen, bei ihm zu bleiben und ihn in Würde zu Hause zu pflegen. Als Ingrid dann tatsächlich Sehnsucht nach Herberts Zärtlichkeit verspürte, stand Karl zu seinem Wort.

Alle drei arrangierten sich mit der Konstellation. Gemeinsame Übernachtungen und Ausflüge gab es für Ingrid und Herbert nie. Sie teilten Sex, aber das gemeinsame Bett war ihr und ihrem Mann Karl vorbehalten. Als ich Ingrid und Herbert das erste Mal sehe, wirken sie wie ein frisch verliebtes Paar. »Klar«, sagt er, »manchmal gibt es schon ein paar Schwierigkeiten mit der Erektion. Aber wir sind ja auch keine zwanzig mehr!« Was den beiden eigentlich zu schaffen macht, erfahre ich, sind die Ansichten von Ingrids Sohn und Herberts Tochter. Ganz im Gegensatz zu den Alten empfänden die Jungen nämlich die Situation ihrer Eltern als moralisch verwerflich. »Seitdem wir den Kindern von unserem Glück erzählt haben, liegt bei jedem Besuch Spannung in der Luft. Wir würden uns so gern gegenseitig der Tochter und dem Sohn vorstellen und ihnen erklären, wie wir empfinden. Können Sie uns dabei helfen?« Nach zwei Sitzungen haben wir alles Für und Wider ihrer Dreierbeziehung besprochen. Herbert und Ingrid fühlen sich gerüstet für das Gespräch. Mittlerweile ist es ein paar Monate her, dass die beiden nachdrücklich ihren Kindern klarmachten, dass alternative Lebensentwürfe kein Privileg der Jugend sind. Heute gibt es zwar hin und wieder noch ein paar Bedenken, aber Akzeptanz ist der Grundtenor dieser besonderen Liebe. Als Herbert zur Routinekontrolle in die internistische Praxis kommt, zeigt er mir einen Computerausdruck mit Blutdruckkurven. Hinter manchen Werten steht ein T und hinter anderen ein L. Ich frage ihn, was die Buchstaben zu bedeuten haben. »Na, Frau Doktor, was soll das schon sein?«, sagt er schmunzelnd, »Tanzen und Lieben!« Anerkennend schaue ich auf die Tabelle: viermal L in der letzten Woche!

Ü 60 und U 40

Immer häufiger suchen sich ältere Menschen einen jüngeren Partner, allen voran Prominente aus dem Showbusiness und der Politik. Prinzipiell können auch diese Partnerschaften sehr stabil und erfüllend sein. Problematisch wird es, wenn der Partner als Frischzellkur für das eigene Ego dienen soll. Besonders Männer setzen sich dann unter Druck, weil sie beim Sex das gleiche Stehvermögen wie in jungen Jahren beweisen wollen. Ältere Frauen haben zwar gegenüber den gleichaltrigen Männern den Vorteil, dass sie ihr Sexualleben im höheren Alter oft intensiver erleben. Dafür hadern sie nicht selten damit, ob sie für den jüngeren Partner noch attraktiv genug sind und mit seinem Lebensstil mithalten können. Prinzipiell gilt für beide Geschlechter: Wer sich für einen jüngeren Partner entschieden hat, sollte seine veränderten sexuellen Bedürfnisse und körperlichen Möglichkeiten ganz klar zum Ausdruck bringen. Und Gleitgel oder Potenzmittel gehören auf den Nachttisch und nicht ins Geheimfach. Ansonsten wird Versagensangst zum ständigen Begleiter.

Alles geht ein bisschen laaangsamer …

Körperliche Veränderungen im Alter treffen jeden. Auch wenn sich immer mehr Senioren fit halten, irgendwann geht alles etwas langsamer. Hier und da knirscht es in den Knochen und Gelenken. Beim Walken kommt man jetzt schneller aus der Puste. Der Stoffwechsel wird träger – die inneren Organe schalten einen Gang herunter. Und auch die Geschlechtsorgane funktionieren nicht mehr so wie in der Jugend.

In jungen Jahren sorgt das weibliche Geschlechtshormon Östrogen für eine gut durchblutete feuchte Scheide. Fehlt Östrogen, wird die Scheidenschleimhaut immer dünner und trockener. Mit zunehmendem Alter produzieren die Eierstöcke bei der Frau immer weniger das Geschlechtshormon Östrogen und die Menopause setzt ein. Neben Hitzewallungen und Stimmungsschwankungen macht vielen Frauen vor allem die Veränderung der Scheidenschleimhaut zu schaffen. Schon kleinste Einrisse in der Haut können Eintrittsstellen für Bakterien und Pilze sein. Und da die saure Abwehrtruppe in der Scheide – die Döderlein-Bakterien – auch altersmüde geworden ist, kommt es häufiger zu Entzündungen. Aber nicht nur die Organe arbeiten langsamer. Der Körper der Frau lässt sich im Alter auch bei den sexuellen Reaktionen Zeit. Die Erregung beim Sex kommt nicht mehr spontan, sondern allmählich – die Scheide wird nicht mehr so feucht und dehnt sich langsamer aus. Bei manchen Stellungen sollten es sich Mann und Frau nun bequem machen. Nicht nur um die Gelenke zu schonen, sondern damit auch das Eindringen des Penis in die Scheide angenehm ist. Apropos angenehm: Die Verwendung von Gleitgel sollte nach den Wechseljahren der Frau ganz selbstverständlich zum Vorspiel gehören.

Beim Mann produzieren die Hoden zwar auch immer weniger das Geschlechtshormon Testosteron, aber eine vergleichbare Menopause wie bei der Frau gibt es nicht. Trotzdem verliert der Penis nach und nach an Elastizität und wird dadurch auch kleiner. Die Erektion kommt nun nur noch selten spontan und häufig erst nach längerer direkter Stimulation. Er läuft auch nicht mehr so wie früher zu praller Hochform auf. Während das Glied in jungen Jahren sich bei Erregung gen Himmel reckte, kann es nun schon mal unter die Gürtellinie fallen. Manchmal ist die Durchblutung des Penis ohne Hilfsmittel so gering, dass das Einführen beim Geschlechtsverkehr nicht mehr klappt. Auch die Prostata des älteren Herrn verändert sich, wird dick und faul. Sie produziert nur noch wenig oder keine Flüssigkeit mehr. Dadurch ist der Samenerguss nicht mehr so kraftvoll oder bleibt manchmal komplett aus. Trotzdem kann der Mann einen Orgasmus erleben. Manche Menschen wissen nichts von diesen Altersveränderungen. Wenn der Samenerguss ausbleibt, kann das bei Mann und Frau zu großer Verunsicherung und Missverständnissen führen.

Ludwig und Dora, beide Mitte 70, erzählen mir stolz von 40 Jahren glücklicher Ehe. Dabei hatten sie es nicht immer leicht. Ludwig bekam schon in jungen Jahren Diabetes und Arterienverkalkung der Beine. Irgendwann streikte auch sein Penis. Als nichts mehr half, ließ er sich vor acht Jahren ein Penisimplantat einsetzen. Eine gute Entscheidung, finden beide, denn schließlich funktioniere es immer und sie können den Verkehr genießen, solange sie wollen. Seit zwei Monaten sei es mit dem Genuss aber vorbei. »Ich kann den Sex einfach nicht mehr zu Ende bringen«, beschreibt Ludwig das Problem. Wie das gemeint ist, erfahre ich gleich darauf von Dora: »Er kommt gar nicht mehr zum Höhepunkt. Kein einziger Tropfen!« Ich hake bei ihm nach, ob das wirklich so stimmt. »Einen Orgasmus hab ich schon noch, aber es kommt eben nichts mehr raus«, antwortet Ludwig. Ach so, denke ich, das ist doch nur ein Aufklärungsproblem. Aber nachdem ich den beiden den Zusammenhang von ausbleibendem Samenerguss und Alter erläutert habe, werde ich gleich eines Besseren belehrt. Ludwig scheint nach der Erklärung ehrlich erleichtert zu sein. Aber Dora ist auf einmal richtig wütend und faucht mich an: »Das meinen Sie nicht ernst, dass das so bleibt. Da kann ich ja gleich mit dem Sex aufhören, wenn der Höhepunkt fehlt!« Ich verstehe sie nicht und frage, ob sie noch andere Möglichkeiten hätte, zum Höhepunkt zu kommen. Dora sieht mich an, als ob ich sie provozieren wollte und erklärt mir, dass der Samenerguss beim Verkehr doch ihr Höhepunkt ist! Danach sei sie zufrieden und glücklich. »Wie soll ich denn sonst spüren, dass ich eine begehrenswerte Frau bin?«, fügt Dora hinzu. »Aber gibt es denn keine anderen Gelegenheiten, wo Ihr Mann Sie das spüren lässt?«, will ich wissen. Da beginnt sie auf einmal zu weinen und ringt um Fassung. Nach einer Weile sagt sie: »Aber mein Mann hat mir doch immer nur mit seinem Orgasmus gezeigt, dass er mich wirklich liebt!« Nach einer gefühlten traurigen Ewigkeit fasst sich Ludwig endlich ein Herz. Er nimmt Dora in den Arm und sagt: »Dann muss ich es in Zukunft wohl besser machen. Ich liebe dich!«

Veränderungen sind auch Chancen

Wie sollen Mann oder Frau nun mit den Veränderungen ihrer Sexualität im Alter umgehen? Genauso wie in jungen Jahren! Das Wichtigste ist, über den gemeinsamen Sex und die Veränderung im Alter reden. Gegenseitige Offenheit und Unterstützung sind jetzt wertvoller denn je. Manche Paare akzeptieren die körperlichen und sexuellen Veränderungen als Teil des Älterwerdens und arrangieren sich damit, dass manches nicht mehr von allein geht. Andere sind unglücklich und wollen weiterhin die ganze Palette der Sexualität erleben. Jedes Paar muss seinen eigenen Maßstab finden. Sexuelle Einschränkungen eröffnen aber nicht selten den Paaren neue Sichtweisen auf ihre gemeinsame Sexualität. Alte Normen wie Sex ist gleich Geschlechtsverkehr werden über Bord geworfen, neue Spielarten ausprobiert. Auch das Tabu der Selbstbefriedigung löst sich bei alten Menschen nach und nach auf. Wenn beide Partner unterschiedlich oft das Bedürfnis nach Sex haben, kann der Kompromiss auch Selbstbefriedigung im gemeinsamen Liebesspiel oder für sich selbst sein. Wichtig ist, dass die Paare zusammen entscheiden, wie sie das Thema Freiraum für Selbstbefriedigung sehen. Besonders für Alleinlebende kann Selbstbefriedigung eine echte Alternative zur Sexlosigkeit sein. Sexuelle Bedürfnisse bestehen bis ins hohe Alter und es gibt keinen Grund, sie sich nicht selbst zu erfüllen.

Manchmal bestehen Befürchtungen, dass Selbstbefriedigung oder Sex bis zum Orgasmus im Alter zu anstrengend wären oder dem Körper schaden könnten. Besonders viele Sorgen machen sich die meisten dabei um ihr Herz. Aber für das Herz ist die Pumparbeit beim Sex kein Problem. Die Kreislaufbelastung ist nicht höher als beim Einkaufen oder Treppensteigen. Wer noch fit für den Alltag ist, ist auch fit für Sex. Wer sich nicht ganz sicher fühlt, sollte einen Herzbelastungstest beim Hausarzt oder Kardiologen machen. Dabei wird nicht nur die Herzleistung getestet, sondern der Arzt kann auch gleich sagen, ob alle sexuellen Hilfsmittel inklusive der Potenzpillen verwendet werden dürfen.

Insgesamt können Ärzte heute nahezu jedem Mann und jeder Frau mit sexuellen Funktionsstörungen eine passende Lösung bis ins hohe Alter bieten. Auch Menschen mit Krankheiten steht die Möglichkeit für ein befriedigendes Sexualleben offen. Besonders Menschen mit Diabetes, Bluthochdruck und Herzkrankheiten sollten sich regelmäßig untersuchen lassen und auf eine genaue Medikamenteneinnahme achten. Manche Wirkstoffe können auch sexuelle Funktionsstörungen verursachen. Es ist in der Regel aber kein Problem, die Medikamente gegen andere Wirkstoffe auszutauschen. Ob ein Medikament weggelassen oder getauscht wird, sollte jedoch immer die Entscheidung des Arztes bleiben. Der Gang zum Arzt des Vertrauens lohnt sich aber nicht nur zur Behebung des körperlichen sexuellen Problems. Wenn zwischen den Partnern sexuelle Sprachlosigkeit herrscht, kann ein Gespräch zu dritt schnell und unproblematisch Unsicherheiten bereinigen und den Weg für ein unbeschwertes Sexleben im Alter frei machen.

Sex im Alter erfordert Umdenken und manche Praktik erhält einen neuen Stellenwert.

Aber das Bedürfnis, sich auf körperliche Weise Liebe, Nähe und Geborgenheit auszudrücken, bleibt ein Leben lang. Ältere Menschen leben uns vor: Sex im Alter ist keine Illusion, sondern entspannte Wirklichkeit.

Hilfe, wenn's nicht klappt

Der Geist ist willig, aber der Körper schwach

Jakob ist stolz darauf, dass er die Bäckerei seines Großvaters in dritter Generation erfolgreich führt. Tradition wird bei ihm ganz groß geschrieben. Genauso wichtig ist ihm seine Familie – seine Frau Verena und die Kinder Sophie und Max. In Verena hat er sich mit 20 verliebt. Seitdem sind 19 Jahre vergangen. Er würde sie nicht mehr hergeben. Manchmal neckt sie ihn wegen seines wachsenden Bauches. In der Bäckerei sind sie beide ein eingespieltes Team. Jakob und Sophie finden, sie seien richtige Vorzeigeeltern. Zeit für ihre Beziehung bleibt leider kaum noch. Und Zeit, die sich Jakob für sich nehmen kann – Fehlanzeige. Früher spielte er zweimal in der Woche mit seinen Kumpels Fußball. Aber seit er und Verena in der Bäckerei noch ein Café eröffnet haben, ist damit Schluss. Nur sonntags ist der heilige freie Tag für die Familie und für sie als Paar.

An einem Montag sitzt der 1,90-Meter-Mann zusammengefallen vor mir. »Es geht nicht mehr!«, sagt Jakob. »Die letzten zwei Monate dachte ich ja, wenn der Stress mit dem Café weniger wird, klappt das schon wieder. Aber gestern hat mein Penis total schlappgemacht!« Verena sitzt draußen im Wartezimmer. Ohne ihr Drängeln wäre Jakob wahrscheinlich gar nicht zu mir gekommen. »Wie geht es denn jetzt weiter?«, fragt er mich. »Zuerst müssen wir herausfinden, warum Sie eine Erektionsstörung haben! Erst dann kann ich Ihnen sagen, wie es weitergeht.« Jakob ist von dem Aufwand gar nicht begeistert. Das läge doch bestimmt alles am Stress und ob ich ihm nicht einfach ein paar Potenzpillen aufschreiben könne. Nur so vorübergehend. In drei Wochen hätten sie Urlaub und dann würde er sich auch wieder entspannen. Meine Antwort heißt: Nein! Und nach einigen Untersuchungen und Bluttests steht fest: Jakob ist herzkrank.

Wenn beim Sex etwas nicht mehr klappt, denken die meisten Menschen zuerst an Stress oder ans Älterwerden. Der Stress wird schon irgendwann wieder weniger und Älterwerden will sowieso keiner. Also warum dann darüber reden? Besonders Männer sind solche Verdränger. Anstatt nach vorn zu schauen, flüchten sie sich lieber in zusätzliche Arbeit oder neue Hobbys. Diese Strategie kann aber nicht nur die sexuelle Zufriedenheit, sondern unter Umständen auch das Leben kosten. Nämlich dann, wenn die verdrängte sexuelle Funktionsstörung der Vorbote einer ernsthaften Erkrankung ist.

Übergewicht – der potente Sexkiller

Aber warum klappt es in deutschen Betten immer häufiger nicht mehr? Eine Antwort lautet: Die Menschen werden immer dicker. Nicht, dass Mann und Frau vor lauter Leibesfülle keine Lust aneinander oder keine passende Stellung finden würden. Nein, Übergewicht ist der Gefäß- und Sexkiller Nummer eins. Eine gewichtige Behauptung, die es zu beweisen gilt.

Bis auf ganz seltene Hormonstörungen ist klar bewiesen: Dick wird man von zu vielem Essen und zu wenig Bewegung. Essen macht ja auch Spaß, ist eine schöne Belohnung oder oft auch Frustabbau bei Stress. Aber wenn der Tag »morgen« nie eintritt, an dem die gesunde Ernährung anfängt, gerät der Körper ernsthaft aus dem Gleichgewicht. Ständig schwirren viel zu viele Zuckermoleküle und Fette im Blut durch unsere Adern. Die Verdauungsdrüsen schaffen ihre Arbeit nicht mehr. Die Folge sind vor allem Diabetes, Bluthochdruck, Probleme mit dem Herz und Fettstoffwechselstörung. Ist der Stoffwechsel erst einmal dauerhaft außer Rand und Band, lagern sich giftige Zuckerabfallprodukte und Fette direkt in die Gefäßwände ein. Die Adern verkalken und die Durchblutung wird vermindert. Verengt zusätzlich Nikotin die Gefäße, kommt im Gewebe immer weniger Sauerstoff an und Zellen sterben ab. Zuerst leiden die Organe mit den filigransten Gefäßen. Der Penis ist so ein Körperteil. Seine Gefäße haben gerade mal einen Durchmesser von 1 bis 2 mm. Selbst die Herzkranzgefäße sind mit 3 bis 4 mm mindestens doppelt so stark. Im Vergleich dazu ist die Hauptschlagader im Körper – die Aorta – mit 2,5 bis 3,5 Zentimeter schon ein richtiges Rohr. Und wie bei einem Rohrsystem verstopfen natürlich zuerst die kleinsten Rohre – die Penisgefäße. Und wo keine Durchblutung ist, kommt auch keine Erektion. Die Erektion des Mannes ist sozusagen eine Art Frühwarnsystem für Gefäßverkalkung – der sogenannten Arteriosklerose. Und da Arteriosklerose immer den ganzen Körper betrifft, sollten bei einer Erektionsstörung besonders die Herzkranzgefäße und Gehirngefäße überprüft werden. Die frühzeitige Behandlung der Arteriosklerose kann das Risiko für einen Herzinfarkt oder Schlaganfall deutlich vermindern. Herz-Kreislauf-Erkrankungen gehören übrigens zu den häufigsten Ursachen von Erektionsstörungen. Rund die Hälfte der Männer mit Bluthochdruck und bis zu Dreiviertel der Männer mit Herzerkrankung sind davon betroffen. Das Risiko, impotent zu sein, ist für diese Männer dreimal so hoch wie für einen gesunden Mann im selben Alter. Apropos Frühwarnsystem: Wenn der Penis nicht mehr steif wird, kann das auch das erste Zeichen für Diabetes sein. Über die Hälfte der Diabetiker haben ernsthafte Erektionsprobleme. Aber nicht nur die Männer sind im Zusammenhang mit Herz-Kreislauf-Erkrankungen und Diabetes von sexuellen Funktionsstörungen betroffen. Wenn die Durchblutung schlecht ist und die Nerven vom Diabetes krank sind, dann funktioniert auch bei den Frauen alles schlechter. Die Scheide ist oft wund. Sex tut nur noch weh. Orgasmusstörungen sind die Folge. Aber so weit sollte es nicht kommen: Diabetes und Herz-Kreislauf-Erkrankungen lassen sich durch gesunde Ernährung und Bewegung verhindern. Ob Sie ein Risikokandidat sind, kann Ihnen Ihr Hausarzt sagen. Sprechen Sie ihn für einen Gesundheitscheck an!

Wenn es um die Männer- oder Frauengesundheit geht, gehören neben dem Hausarzt in erster Linie Urologen und Gynäkologen zum Spezialistenteam bei Fragen zur Sexualität. Auch unter der Gürtellinie ist Vorsorge das A und O – nicht nur für die sexuelle Gesundheit. Leider höre ich immer wieder Frauen und vor allem Männer sagen: »Da gehe ich erst hin, wenn ich Beschwerden habe.« Aber gerade Krebserkrankungen an den Geschlechtsorganen machen sehr lange Zeit gar keine Beschwerden. Wenn man sie bemerkt, ist es häufig schon zu spät und die Krankheit weit fortgeschritten. Also lieber einmal im Jahr beim Spezialisten die Hose runterlassen und Vorsorge für guten Sex und ein langes Leben treffen.

Vom Vorsorgemuffel zum Sexmuffel

Besondere Gesundheitsmuffel beim »Hose-Runterlassen« sind die Herren. Männer wie Jakob, die von ihren Frauen zum Arzt getrieben werden, sind bei weitem keine aussterbende Spezies. Gesundheitsbewusstes Verhalten ist für das sogenannte starke Geschlecht häufig noch unmännlich. Aber gerade wenn es um die Männlichkeit geht, möchte ich an dieser Stelle den Zahn endgültig ziehen. Mit der Männlichkeit geht es ab dem 35. Lebensjahr bergab – zumindest hormonell.

Die Produktion von Testosteron hat dann nämlich ihren Zenit überschritten, und schleichend, aber sicher sinkt Jahr für Jahr der Testosteronspiegel im Blut. Normalerweise ist der Hormonabfall zu Beginn kaum spürbar. Aber bei manchen Männern fällt das Testosteron im Blut steil ab. Und nicht nur der Penis macht schlapp, sondern der ganze Kerl. Was man sonst landläufig als Wechseljahresbeschwerden der Frau kennt, trifft dann auch auf den Mann zu: Gewichtszunahme, Schwitzen, Konzentrationsstörungen, Müdigkeit, Stimmungsschwankungen bis hin zur Depression. Deshalb lohnt es sich bei einer hartnäckigen Erschöpfung, nicht nur einen Gang niedriger zu schalten, sondern auch den Hormonspiegel prüfen zu lassen. Das geht ganz einfach mit einer Blutentnahme. Im Blut kann der Urologe dann auch gleich noch bestimmen, ob ein Risiko für Prostatakrebs besteht. Das Prostata spezifische Antigen (PSA) ist ein sogenannter Tumormarker und ist bei Prostatakrebs erhöht. Wenn es beim Urologen mit einer Blutentnahme getan wäre, würden vielleicht viel mehr Männer zum Urologen gehen. Aber: »Ich lass mir doch nicht im Hintern rumtasten«, höre ich oft. »Doch«, sage ich dann, »denn das ist die einzige Möglichkeit, die Prostata richtig zu untersuchen.« Die Prostata, die den Hauptteil der Samenflüssigkeit produziert, ist beim jungen Mann gerade mal 15 bis 20 Gramm schwer und hat die Größe einer Kastanie. Wer kennt nicht die Witze über prostatakranke ältere Herren, wenn der Mann zu lange auf der Toilette war. Aber schauen wir, wer am längsten lacht. Bereits mit 50 Jahren ist bei der Hälfte der Männer die Prostata mit bis zu 100 Gramm Gewicht gutartig vergrößert, mit 60 Jahren bei dreiviertel der Männer und ab 80 Jahre bei nahezu jedem Mann. Witze machen und selber einstecken müssen ist also nur eine Frage der Zeit. Die vergrößerte Prostata allein macht in der Regel noch keine sexuellen Probleme. Aber wenn sie so stark vergrößert ist, dass nur noch eine Operation hilft, wird es brenzlig. Auch wenn die Urologen heutzutage so operieren, dass die wichtigen Penisgefäße geschont werden, klagen viele Männer nach einer Prostataoperation über Erektionsstörungen. Besonders nach einer schweren Prostatakrebsoperation haben fast alle Männer Schwierigkeiten mit der Potenz. Wer aber nun denkt, Prostataerkrankungen seien nur etwas für ältere Herren, hat sich getäuscht. Besonders junge Männer können eine Prostataentzündung bekommen. Am häufigsten sind Bakterien die Übeltäter. Unterbauch, Penis oder Hoden schmerzen stark. Der Samenerguss kann sehr weh tun und das Sperma kann wie auch beim Prostatakrebs blutig sein. Die Entzündung lässt sich mit Antibiotika behandeln. Aber welche Erkrankung hinter einer sexuellen Funktionsstörung des Mannes steckt und wie sie behandelt wird, sollte nur der Urologe entscheiden. Deshalb, Männer: spätestens ab 40 einmal im Jahr zur Vorsorge!

Auf den Bauch hören – sexuelle Gesundheit der Frau

Frauen lieben den Gang zum Gynäkologen auch nicht gerade. Aber seit Erfindung der Antibabypille ist die Untersuchung auf dem gynäkologischen Stuhl bereits in jungen Jahren Routine – ein klarer Vorteil gegenüber den Männern. Dank der regelmäßigen Vorsorge werden die beiden häufigsten Krebserkrankungen der Frau – Brustkrebs und Gebärmutterhalskrebs – heutzutage oft frühzeitig mit guten Chancen auf Heilung erkannt. Gebärmutterhalskrebs kann jetzt sogar mit einer Impfung gegen Humane Papilloma Viren (HPV) vorgebeugt werden. Vorausgesetzt, die Frau ist nicht schon mit dem Virus in Kontakt gekommen. HP-Viren sind nämlich sehr weit verbreitet und werden durch Geschlechtsverkehr übertragen. Viele erwachsene Frauen sind mit dem HP-Virus infiziert. Das bedeutet nicht, dass all diese Frauen auch Krebs bekommen. Aber Wissenschaftler konnten nachweisen, dass die von Viren befallenen Gebärmutterhalszellen sich eher bösartig verändern als gesunde Zellen. Der regelmäßige Abstrich mit Zellentnahme vom Gebärmuttermund ist deshalb bei diesen Frauen besonders wichtig. Denn es gilt genauso wie bei den Männern: Krebs im Unterleib ist tückisch und macht sich erst viel zu spät bemerkbar. Deshalb gehört Unterleibskrebs an sich auch nicht zur Nummer eins der Ursachen für sexuelle Funktionsstörungen. Aber nach gynäkologischen Operationen haben sehr viele Frauen Probleme beim Sex. Je schwerer die Operation war, desto häufiger werden Gefäße und Nerven geschädigt. Missempfindungen und Orgasmusschwierigkeiten sind dann vorprogrammiert. Außerdem entstehen bei großen Eingriffen häufig Verwachsungen in der Scheide oder im Unterbauch, die zu Schmerzen beim Verkehr führen können.

Aber nicht nur die Verletzung durch die Operation an sich macht den Frauen zu schaffen. Viele Frauen leiden auch an der symbolischen Bedeutung des Verlustes ihrer Weiblichkeit. Diese Gefühle entstehen besonders dann, wenn die Gebärmutter entfernt oder ein Busen amputiert wird. Sie fühlen sich einfach in ihrer Identität als Frau unvollständig, nicht mehr attraktiv und begehrenswert. Aufgrund des medizinischen Fortschritts ist eine Brustamputation heute immer seltener notwendig oder der Busen kann künstlich wieder aufgebaut werden. Ein rein ästhetisches Problem ist Brustkrebs deshalb noch lange nicht. Jede achte bis zehnte Frau in Deutschland erkrankt an Brustkrebs. Und auch heute sterben noch 30 Prozent der erkrankten Frauen daran. Deshalb kann jede Frau gar nicht genug auf die Vorsorge achten. Einmal im Monat, kurz nach der Regel, selbst die Brust abtasten ist erstes Gebot. Der Gynäkologe untersucht einmal im Jahr die Brust und bei Frauen mit familiärem Risiko erfolgen zusätzliche Untersuchungen wie Ultraschall des Brustdrüsengewebes oder Mammographie.

Viele Frauen suchen ebenfalls Rat wegen immer wiederkehrender Infektionen der Scheide oder Schmerzen im Unterbauch. Schuld sind nicht selten die Hormone. Auch wenn bestimmt nicht alle weiblichen Befindlichkeiten mit der monatlichen Hormon-Berg-und-Talfahrt erklärt werden sollten, einige Frauen leiden ganz erheblich unter Zyklusstörungen. Besonders betroffen sind diejenigen, die unter dem Prämenstruellen Syndrom (PMS) leiden. Die Hormone spielen bei dieser Erkrankung so verrückt, dass die Frauen sich kurz vor der Regel ernsthaft krank fühlen. Ein bunter Beschwerdecocktail aus Schmerzen im Kopf, Rücken, Bauch, Busen sowie Migräne und psychische Beeinträchtigungen wie Reizbarkeit,

Angst und Depression machen jede Freude am Sex zunichte. Bei zyklusabhängigen, aber auch bei chronischen Unterbauchschmerzen sollte immer auch an eine sogenannte Endometriose gedacht werden. Bei der Endometriose breitet sich aus bisher noch unklarer Ursache Gebärmutterschleimhaut außerhalb der Gebärmutter aus. Besonders der Unterbauch und der Beckenraum sind oft befallen. Prinzipiell kann die Gebärmutterschleimhaut in den gesamten Körper streuen. An manchen Stellen ist das nicht nur schmerzhaft, sondern hinterlässt auch bleibende Schäden. Denn die Zellen an falscher Stelle werden durch den Regelzyklus genauso stimuliert wie in der Gebärmutterhöhle. Das heißt, die Schleimhaut schwillt einmal im Monat an und kann dann auch bluten. Die Folge können zum Beispiel Verklebungen und Verwachsungen sein. Nicht selten haben Frauen mit Endometriose deshalb nicht nur Schmerzen beim Verkehr, sondern auch Schwierigkeiten, ein Kind zu bekommen. Sowohl beim Prämenstruellen Syndrom als auch bei der Endometriose können die Beschwerden durch Hormongaben gut gelindert werden oder verschwinden komplett. Auch wenn die Hormongabe immer wieder kontrovers diskutiert wird, können Hormone insbesondere nach den Wechseljahren der Frau viele positive Wirkungen zum Beispiel auf die Knochendichte, Haut- und Schleimhautbeschaffenheit, Wärmeregulation und Psyche entfalten. Es muss nicht immer gleich eine Pille mit weiblichen Geschlechtshormonen sein. Auch hormonhaltige Cremes können zum Beispiel die Scheidenschleimhaut wieder fester und widerstandsfähiger machen. Nicht nur die sogenannten weiblichen Geschlechtshormone fallen im Alter stark ab. Wie wir wissen, haben alle Frauen auch kleine Mengen an Testosteron im Blut. Studien konnten zeigen, dass im Alter und besonders nach Entfernung der Eierstöcke das Testosteron rapide abfällt. Eine häufige

Folge ist Lustlosigkeit. Testosteronpflaster helfen dabei, die Lust wieder zu entfachen.

Sexuelle Funktionsstörungen können also durchaus viele körperliche Ursachen haben. Scheuen Sie sich deshalb nicht, Ihren Arzt konkret auf sexuelle Probleme anzusprechen. Über Sex in angemessener Art und Weise zu sprechen fällt nicht nur Patienten schwer. Auch Ärzte sind nur Menschen und manchmal zu befangen, um über dieses Thema zu reden. Deshalb aber auf eine adäquate Klärung Ihres sexuellen Problems zu verzichten ist nicht sinnvoll. Es gibt kein zu alt und kein zu krank, als dass Sie nicht das Recht auf eine erfüllte Sexualität hätten. Geben Sie sich erst zufrieden, wenn Sie alle Fragen zur sexuellen Gesundheit geklärt haben.

Burn-out – wenn die Seele leidet, leidet auch der Sex

Johannes hatte bereits alle möglichen Ärzte um Rat gefragt, weil er einfach keine Lust mehr auf Sex spürte. Aber egal, wo er war, die Diagnose lautete: gesund.

Prostata, Hoden, Schilddrüse, Herz und Gefäße, alle Organsysteme sahen blendend aus. »Aber warum fühle ich mich dann so lustlos? Manchmal streikt jetzt sogar mein Penis. Ich bin doch kein Simulant? Irgendwo ist der Wurm drin!«, erzählt mir Johannes, als er mir schließlich in der Praxis gegenübersitzt. Er reicht mir ein dickes Bündel Befunde und schaut mich erwartungsvoll an. »Wo ist denn Ihre Frau?«, frage ich. »Rita wollte nicht mitkommen. Aber sie hat mir einen Brief mitgegeben, damit Sie sich ein besseres Bild machen können und mit mir eine Lösung für mein Problem finden.« Johannes zuckt mit den Schultern und reicht mir ein sorgfältig beschriebenes A4-Blatt:

Sehr geehrte Frau Doktor Thiele! Entschuldigen Sie bitte, dass ich nicht persönlich komme. Aber es fällt mir eben schwer, über solche Dinge ganz offen zu reden. Ich sitze jetzt schon eine halbe Stunde vor dem Blatt Papier und überlege, wie ich die Sache am besten erkläre. Johannes und ich haben uns mit 18 Jahren beim Tanzen kennengelernt. Ein Jahr später kam schon Nicole zur Welt und drei Jahre danach Peter. Bessere Kinder als die beiden könnten wir uns nicht wünschen. Vor fünf Jahren haben wir uns den Traum vom eigenen Haus erfüllt und fühlen uns dort pudelwohl. Ich kümmere mich um den Haushalt und die Familie. Johannes hat einen prima Job bei der Versicherung. Wir lieben uns. Eigentlich könnten wir total glücklich sein! Wenn da nur das Sex-Problem nicht wäre! Früher war mein Mann ein ganzer Kerl und richtig feuriger Liebhaber. Wir hatten jahrelang super Sex. Aber seit zwei Jahren muss ich ihn richtig drängeln, damit unser Intimleben nicht ganz und gar verlischt. Mittlerweile komm ich mir vor wie eine Nymphomanin! Wo hört man das denn schon, dass die Frau mehr Lust hat als ihr Mann? Da mach ich mir natürlich so meine Gedanken! Wir sind beide immer noch sehr attraktiv und Johannes sagt mir auch, dass er mich schön findet. Daran kann es also nicht liegen. Natürlich hab ich auch an eine Geliebte gedacht, aber mein Mann bestreitet das hartnäckig. Wann er dazu denn noch Zeit haben sollte, sagt er. Na ja, in der Woche muss er wirklich ganz schön ackern. Aber trotzdem hören sich seine Gründe für mich wie Ausreden an. Er sei einfach zu kaputt und zu müde. Werktags kann ich das ja noch verstehen, aber am Wochen-

ende? Selbst im Urlaub liegt er neuerdings nur rum. Eigentlich ist mit ihm gar nichts mehr los. Früher machte er auch gern Witze, und heute ist er eine richtig dünnhäutige Mimose. Wie soll ich denn da nur rankommen, ohne dass er beleidigt ist? Vielleicht schaffen Sie es ja herauszufinden, was mit ihm los ist. Oder könnten Sie mir ein paar Tipps geben, wie ich ihn wieder für Sex begeistern kann?
Vielen Dank! Rita

Schade, dass Rita nicht mit ihrem Mann mitgekommen ist. Gut, dass sie zumindest ihre Gedanken aufgeschrieben hat. Ihr Brief liefert mir beim aufmerksamen Lesen wertvolle Hinweise auf die Ursache von Johannes' Lustlosigkeit. Prinzipiell stellt er als lustloser Mann erst einmal keinen Einzelfall dar. Eine Studie von Pro Familia zeigt, dass rund 22 Prozent der Männer und 40 Prozent der Frauen gelegentliche Bettmuffel sind. Als Gründe nannten die Befragten keineswegs nur Konflikte in der Partnerschaft, sondern auch Stress im Beruf, Sorgen um die Kinder und finanzielle Probleme. Gelegentliche sexuelle Lustlosigkeit in der Partnerschaft ist also ganz normal. Aber die Betonung liegt auf »gelegentlich« und »sexuell«. Johannes hat aber schon seit geraumer Zeit einen ordentlichen Hänger und das nicht nur in Sachen Sex. Rita beschreibt, dass ihr Mann früher ein »ganzer Kerl« war, während er heute vom vielen Ackern so kaputt ist, dass er selbst im Urlaub nur rumhängt. Aus dem einstigen Spaßmacher wurde eine dünnhäutige Mimose. Und das Feuer der Liebe brannte runter – Johannes' Kraftreserven offensichtlich auch. »Das klingt mir verdammt nach einem Burn-out-Syndrom.« Johannes' Augenbrauen heben sich vor Erstaunen und er bittet mich: »Das müssen Sie mir mal erklären.«

Burn-out ist in aller Munde und bei weitem kein Phänomen der Neuzeit. In den 70ern verwendete der New Yorker Psychoanalytiker Freudenberger erstmals den Begriff, als er sein eigenes »Ausgebranntsein« vom anspruchsvollen Job beschrieb. Später griffen Therapeuten und vor allem die Medien die Bezeichnung immer häufiger auf. Heute rangiert Burn-out als geflügeltes Wort ganz oben bei den Top-Themen der modernen Leistungswelt. Dabei handelt es sich nicht wirklich um eine eigenständige Erkrankung, sondern der Begriff beschreibt vielmehr die Problementstehung. Streng genommen, verstecken sich hinter dem Deckmäntelchen Burn-out nichts anderes als die altbekannten Symptome einer chronischen Erschöpfung, Depression oder Angsterkrankung. Seine Popularität verdankt der Begriff sicherlich der Tatsache, dass sich auch immer mehr starke Frauen und Männer zu psychischen Problemen bekennen können, ohne als schwach stigmatisiert zu werden. Denn die Bezeichnung Burn-out legt nahe: Wer ausgebrannt ist, muss vorher für seine Sache Feuer und Flamme gewesen sein – einer, der was im Leben bewegt hat. Aus Sicht der Therapeuten trifft das Prinzip »Brennen kommt vor Ausbrennen« nicht auf jeden zu. Fakt ist aber: Burn-out-Betroffene sind heillos überfordert, weil ihr Leben irgendwann aus dem Takt geriet.

Wir leben in einer Tempogesellschaft, hasten atemlos durch unser Leben. Erfolg heißt scheinbar beschleunigen. Da wird »work« als ein toller Teil von »life« propagiert und Arbeitsbelastung als Eustress (positiver Stress) verbrämt. Nur: Dieses Leben macht auf Dauer krank. Schon jetzt sind 70 Prozent aller Erkrankungen auch stressbedingt. Das wissen mittlerweile auch viele Unternehmen und wollen etwas für ihre Mitarbeiter tun. Sie starten Burn-out-Kampagnen, bleiben dabei aber meist auf dem Niveau von Rückenschulen und Yoga-Kursen.

Es wäre jedoch ungerecht, allein den Chefs den Schwarzen Peter zuzuschieben. Arbeit ist gleich Leistung mal Zeit – ein unverrückbares naturwissenschaftliches Gesetz. Leistungsgrenze und Zeitlimit definieren alle Menschen einer Gesellschaft. Und dort liegt nicht nur die kollektive, sondern auch die Verantwortung jedes Einzelnen in seiner Umgebung, gesunde Arbeits- und Lebensbedingungen zu unterstützen.

Weil die obersten Stufen der Karriereleiter magisch locken, würden laut einer weltweiten Umfrage 43 Prozent der Arbeitnehmer mehr arbeiten und 26 Prozent von ihnen würden mit Mann und Maus an einen anderen Ort ziehen. Was nicht perfekt ist, wird perfekt gemacht. Man will doch nicht auf der Stelle treten! So weit zu »work«. Nun zu »life«. Was passiert, wenn das Bedürfnis nach Perfektion bis in die kleinste Ritze des Privaten kriecht: mein Haus, mein Auto, meine Kinder, mein Partner, mein Sex – alles durchgestylt. Dann tritt man zwar nicht auf der Stelle, aber im Hamsterrad. Im schlechtesten Fall bekommt man es gar nicht mit, dass die eigene Energie bereits auf Reserve läuft. Moderne Leistungsmenschen beschwören oft die Freude, ihre Leistungsgrenzen auszutesten und stückweise nach oben zu verschieben. Wenn die Freudenanzeige dann allerdings immer häufiger auf Halbmast hängt und sich trotz »schieben« nicht mehr zurechtrücken lässt, dann wundern sie sich und können es kaum fassen, dass ihr Körper sich nicht so freut wie sie.

Wer den biochemischen Mechanismus der Burn-out-Krankheit verstehen möchte, richtet am besten den Blick in die Zeit unserer Urahnen, als die zwei Gegenspieler des unwillkürlichen Nervensystems – Sympathikus und Parasympathikus – den simplen Lebensrhythmus regelten. Dabei versetzte der Sympathikus den Körper des Urmenschen beim Jagen des

Mammuts in Kampfbereitschaft, während die Wirkung des Parasympathikus beim wohlverdienten Ausruhen in der Höhle zum Zuge kam.

Heutzutage geht der Mensch zwar auf Arbeit, statt Mammuts zu jagen und kann seine Höhlen mittlerweile auf Wolkenkratzer-Höhe bauen, sein Körper folgt trotzdem den gleichen Gesetzen wie vor Jahrmillionen. Und obwohl er seitdem in der Außenwelt in atemberaubendem Tempo lebt, tickt seine Innenwelt noch nach der Urzeit-Uhr. Und das ist gut so! Denn die Symptome, die wie eine lästige Bremse der Schaffenskraft daherkommen, senden eigentlich verzweifelte Signale des Körpers: Pass auf dich auf! Du vergeudest deine Kraft! Du musst dich dringend ausruhen!

Wer dennoch immer weiter nur im Highspeed-Takt treibt, bei dem gerät die Anzeige der Stressregulation immer öfter in den roten Bereich. Dann steht der Organismus unter Dauerbeschuss von Kortisol, Adrenalin und Noradrenalin. Gut dosiert sorgen diese Hormone für Wohlgefühl, Nervenkitzel und Lust auf Sex. Bei dauerhafter Anspannung hört die Nebenniere aber gar nicht mehr auf, diese Botenstoffe zu produzieren und der Mensch befindet sich ständig auf Mammutjagd.

An dieser Stelle hilft wieder ein Gedankenspiel. »Stellen Sie sich also mal vor, Sie gehen auf Mammutjagd«, beginne ich Johannes zu erklären. »Plötzlich stehen Sie vor dem Mammut, Auge in Auge. Es ist riesig und schnaubt fürchterlich. Es stampft auf Sie zu, vor Schreck lasssen Sie den Speer fallen. Jetzt hilft nur noch Flucht! Wir verwenden nun einen kleinen Trick, um die Stressregulationsstörung beim Burnout des Neuzeit-Menschen zu verstehen: Stellen Sie sich den Moment des Flüchtens in einer Endlos-Zeitlupen-Schleife gedehnt vor – ein nicht enden wollender Schrecken.

Was braucht Ihr Körper zum Flüchten? Und was braucht er nicht? Lassen Sie uns das mal gemeinsam von Kopf bis zu den Zehen durchspielen. Sagen Sie mir danach bitte, welche Körperreaktionen Sie bei der Schilderung wiedererkannt haben! Alles klar?« – »Alles klar!«, nickt Johannes. Und los geht es!

»Zum Flüchten braucht man keine schöngeistige Denkarbeit. Das Gehirn schaltet auf ›Spar-Flucht-Modus‹. Dabei werden alle Bezirke des Gehirns runtergetourt, die das Wegrennen oder Kämpfen behindern – vor allem das komplexe Denken, Gefühle, sensible Wahrnehmungen. Stattdessen steht alles auf Alarmstufe Rot – maximale Anspannung und Mobilisation der letzten Kraftreserven. Das Ergebnis bei dauerhafter Anspannung: Man kann keinen klaren Gedanken fassen, ist ständig hibbelig, kann nicht schlafen und fühlt sich schließlich nur noch todmüde. Schon die Fliege an der Wand erscheint einem lästig. Die anderen nerven nur noch. Sowieso fühlt sich alles zu hell, zu grell, zu laut an in dieser Welt. Alles ist maximal überreizt. Unsicherheit und Schwindelerscheinungen machen sich als Dauerbegleiter breit. Man fühlt sich wie eine Mimose im Wechsel mit Rumpelstilzchen. Die Gefühle spielen Achterbahn und die Tränen fließen schon beim kleinsten Anlass. Manchmal hat man den Eindruck, der Kopf würde gleich platzen. Nur noch weg, eingraben und totstellen!« – »Einen dicken Haken hinter alle Beschwerden«, sagt Johannes. »Glauben Sie, der Urmensch verspürt beim Wegrennen vor dem Mammut Lust auf Sex?« – »Nö!« Johannes lacht. »Warum sollte es den Menschen bei ständigem Stress heute anders gehen? Der Sympathikus hat alle Funktionen des Körpers fest in der Hand und der Parasympathikus wird mit seinen Ausruh-Signalen ständig überstimmt. Schauen wir uns weiter an, was mit dem Körper beim Flüchten passiert. Wenn man einen Menschen erschreckt, dann reißt er reflexartig die Hände in die Luft, den Mund auf und erstarrt für einen Bruchteil einer Sekunde. Dabei entsteht besonders im Bereich von Hals und Brustkorb eine maximale Muskelanspannung. Viele beschreiben deshalb, sie hätten oft einen Kloß im Hals. Die Stimme würde versagen. Der Kopf und der Nacken schmerzen nur noch. Man kann nicht richtig tief durchatmen. Durch die maximale Muskelanspannung beschreiben auch einige, sie hätten das Gefühl, unter Strom zu stehen und richtig Schüttelfrost zu haben. Herz und Lunge laufen beim Wegrennen natürlich auf Hochtouren. Deshalb klagen Betroffene oft über Herzrasen, Herzstolpern und hohen Blutdruck. Oder sie atmen so schnell und so tief, dass das innere Gleichgewicht des Körpers durcheinanderkommt und schließlich alles kribbelt wie Ameisenlaufen. Die Verdauung im Magen wird gestoppt und sämtlicher Ballast aus dem Darm entfernt. Völlegefühl, flauer Magen und Durchfall sind die Folgen. Irgendwann ist der Körper so ausgepowert, dass nichts mehr zu gehen scheint.« – »Mann oh Mann, beschreiben Sie eigentlich mich? Und was hat das denn nun mit Sex zu tun?«, fragt Johannes.

»Nö, ich beschreibe nicht Sie, nur den modernen Menschen bei der ›Mammutjagd‹«, antworte ich. »Und genau jetzt schließt sich der Kreis zu Ihrem sexuellen Problem. Meinen Sie ernsthaft, der Urmensch rennt in Todesangst mit einer Erektion vor dem Mammut weg, geradewegs nach Haus in seine Höhle, um seine Urmenschfrau zu begatten?« – »Der hat ganz andere Sorgen!«, antwortet Johannes.

»Genauso ist es!«, sage ich. Dann herrscht eine Weile Stille im Raum. Man sieht, wie Johannes die Schuppen von den Augen fallen und er beim Blick aus dem Fenster die letzten Wochen und Monate Revue passieren lässt. »Wissen Sie, im Augenblick komme ich mir wie jemand vor, der einen Sehfehler hatte. Ich hab die ganze Zeit auf das Problem geschaut, aber eben haarscharf dran vorbei.« – »Schönes Gleichnis!«, sage ich, »Genau jetzt haben Sie den wichtigsten Schritt getan. Sie haben das erste Mal richtig hingeschaut.«

Johannes hat kein vordergründig sexuelles Problem. Die fehlende Lust und die Verweigerung des Penis sind die Warnsignale seines erschöpften Körpers und Geistes, die er endlich richtet deutet. Jetzt gilt: Einen Gang niedriger schalten und Hilfe beim Therapeuten holen – am besten mit Ritas Unterstützung. Denn eine intakte zwischenmenschliche (Intim-) Beziehung ist eine der besten Ressourcen, dauerhaft Kraft zu tanken.

Ich komme nicht richtig – Orgasmusstörung der Frau

Wenn ich eine Top-10-Liste der häufigsten Fragen zum Sex erstellen sollte, würde die folgende E-Mail definitiv dazugehören:

Guten Tag Frau Doktor Thiele! Ich brauche Ihren Rat! Ich bin fast 25 Jahre alt und seit einem Jahr mit meinem Freund zusammen. Meinen ersten Sex hatte ich mit 15. Aber mit dem Orgasmus klappte es noch nie, wenn ich mit den Männern geschlafen habe. Auch bei meinem jetzigen Freund Heiko ist das leider nicht anders. Schon seit unserem ersten gemeinsamen Sex muss er es mir extra machen, damit ich zum Orgasmus komme – also mit der Zunge oder den Fingern. Wenn er mich so befriedigt, dauert das einfach ewig. Sobald ich mit ihm richtigen Sex habe, komme ich nicht. Es ist ja nicht so, dass mir das keinen Spaß macht. Aber irgendwie bleibt der Höhepunkt aus. So langsam ist auch der Punkt erreicht, an dem Heiko keine Lust mehr hat, es mir mit der Zunge zu machen. Er gibt sich beim Sex doch alle Mühe und stimuliert mich mit seinem Penis nach allen Regeln der Kunst. Warum funktioniert der Orgasmus bei mir nicht richtig? Ich wäre so froh, wenn ich endlich mal mit ihm »normal« kommen könnte! Bitte helfen Sie mir! Janine

Orgasmus oder Orgas-Muss?

Klingt vielleicht erst einmal komisch, aber Janine kann man prinzipiell zu ihrem Sexleben beglückwünschen. Es ist nämlich gar nicht selbstverständlich, dass sie überhaupt einen Orgasmus und dann auch noch mit ihrem Partner erlebt. 10 Prozent aller Frauen kennen das Gefühl des Höhepunkts überhaupt nicht, ein Drittel ist prinzipiell orgasmusfähig, aber es klappt nicht in allen Situationen. So findet sich häufig die Konstellation, dass es mit dem einen Partner mal funktioniert und mit dem anderen nicht. Oder die Frau erreicht nur bei der Selbstbefriedigung den Höhepunkt. Apropos Höhepunkt: Der Orgasmus stand lange Zeit traditionell im Vordergrund der sexualwissenschaftlichen Forschung und galt als DAS Kriterium für erfüllte weibliche Sexualität. Aus dem Orgasmus wurde ein Orgas-Muss. Auf diese meist von männlichen

Gelehrten aufgestellte These pfeift allerdings ein Großteil der Frauen. Wer sagt eigentlich, dass der Orgasmus der Höhepunkt der Gefühle sei? Viele Frauen kommen nicht regelmäßig zum Orgasmus und erleben die Sexualität mit ihrem Partner trotzdem als überaus befriedigend. Leider hat das Urgestein der Seelenforschung, Sigmund Freud, mit seiner Anschauung über den unreifen klitoralen und reifen vaginalen Orgasmus den Menschen einen Floh ins Ohr gesetzt, der bis heute sein Unwesen treibt. Auch wenn die Ansicht Freuds längst widerlegt ist, gilt unberechtigterweise der gemeinsam erlebte vaginale Orgasmus für viele Paare immer noch als das Nonplusultra.

So wie Janine empfinden nicht wenige Menschen, dass der Orgasmus durch die Klitorisstimulation mit Zunge oder Finger ein Höhepunkt zweiter Klasse sei. Dabei ist es richtig toll, dass Heiko ihr auf diese Weise Befriedigung verschafft. Man lüftet auch kein Geheimnis mit der Aussage, dass es bei Frauen schon mal »eine kleine Ewigkeit« dauern kann. Schließlich ist niemand ein Orgasmusautomat, der auf Knopfdruck funktioniert! Und wenn gerade vom Funktionieren die Rede ist, was heißt für Janine eigentlich »Sex« und »normal kommen«? Sex bedeutet mehr als Geschlechtsverkehr. Und wenn man »normal kommen« daran misst, wie die meisten Frauen kommen, dann schwimmt Janine mitten im Strom der Normalität. Denn beim Großteil ihrer Geschlechtsgenossinnen führen nicht die alleinigen Bewegungen des Penis in der Scheide zum Höhepunkt, sondern die Stimulation der Klitoris.

Wie Heiko reagieren leider einige Männer genervt, wenn sie ihre Frauen »extra« stimulieren sollen. Auf den ersten Blick könnte man glauben, dass seien alles egozentrische Machos. Beim genaueren Hinschauen entpuppt sich aber meistens, dass die Herren einfach verdammt wenig über die Bedürfnisse ihrer Partnerinnen wissen – sei es aus falschen Vorstellungen, wie der weibliche Körper funktioniert oder weil die Frauen ihnen nie gezeigt haben, was ihnen gefällt. Männer gehen dann oft einfach davon aus, dass Frauen im Prinzip genauso empfinden und funktionieren müssten wie sie selbst. Demnach kann es doch keine größere Befriedigung geben, als den Penis des Liebsten zu spüren. Wenn dem nicht so ist, fühlen sich Männer oft sehr stark verunsichert, dass sie am Ende mit ihrer »Sexausrüstung« Frauen gar nicht nachhaltig beeindrucken können. Wer Männlichkeit nur über seinen Penis definiert, gerät dann richtig unter Druck. Ich erlebe es immer wieder, dass dieser Druck zur eigenen Selbstbestätigung an die Frauen weitergegeben wird. Freilich gibt es nur noch selten solche Prachtexemplare, die direkt fragen: »War ich gut?« Die gleiche Rückversicherung zur Feststellung der Liebhaber-Qualität kommt häufiger verkleidet daher: »Schatz, bist du gekommen?« Manche Männer meinen vielleicht an dieser Stelle entrüstet, was falsch daran sei, seine Frau befriedigen zu wollen. Gar nichts! Wichtig ist nur, dass der Mann seine Vorstellungen von Befriedigung nicht zur Selbstaufwertung auf seine Frau projiziert, sondern seine Partnerin wirklich in ihren Bedürfnissen wahrnimmt.

Norman ist so ein klassischer »Gutmeiner«. Als er das erste Mal mit seiner Frau Miriam zu mir in die Sprechstunde kommt, erzählt er gleich drauflos. »Meine Frau und ich verstehen uns prima. Wenn sie sich nur fallenlassen könnte, dann wär alles perfekt! Obwohl ich schon alles versucht habe, bekommt sie nur selten einen Orgasmus. Sie kann sich einfach nicht locker machen. Jetzt hat sie meistens noch nicht mal mehr Lust auf Sex! Dabei begehr ich Miriam doch so sehr und wünsch mir, dass sie nach dem Sex genauso befriedigt ist wie ich. Ich dachte auch schon, ob es nicht so was wie Viagra für die Frau gibt?« Miriam sitzt ihm mit verschränkten Armen im Sessel gegenüber, schlägt die Augen nieder und seufzt etwas genervt. »Sehen Sie«, sagt Norman mit Blick auf seine Frau, »das war ihr jetzt schon wieder zu viel. Versteh das mal einer! Ich will doch nur ihr Bestes?!« – »Wie sehen Sie denn die Situation?«, wende ich mich an Miriam. »Sex. Sex. Sex. Ich höre nichts anderes mehr als Sex! Wissen Sie, wir hatten beide das allererste Mal Sex miteinander. Mein Mann wollte immer, dass wir was Neues ausprobieren. Das hab ich dann auch mitgemacht. Aber kaum hatten wir was ausprobiert, sollte es schon wieder was anderes sein. Nie war es gut genug für ihn. Und dann schaut er immer, ob ich rote Flecken bekomme – wegen der Erregung und so. Und wenn ich die nicht bekomme, dann gibt es gleich Theater. Lass dich doch mal fallen, Schatz, sagt er dann! Wenn ich das höre, ist es gleich ganz aus. Ich denk dann nur noch, hoffentlich komm ich heute, sonst ist er wieder enttäuscht. Und dann macht und tut und fummelt er so lange rum, bis ich ganz genervt bin. Manchmal hab ich ihm schon einen Orgasmus vorgemacht. Dann ist er zufrieden, und ich hab meine Ruhe. Dass ich keine perfekte Frau bin, damit werde ich mich wohl abfinden müssen.«

Klitoral oder vaginal – es ist egal

Miriam und Norman, Janine und Heiko stehen stellvertretend für viele Paare, bei denen die Frauen durch die hartnäckigen Bemühungen des Partners, sie am besten »klassisch« zum Orgasmus zu bringen, ungemein gestresst sind. Wie Miriam fühlen sie sich durch ihre Männer beim Sex in jeder Sekunde belauert, ob deren Fertigkeiten auch zum gewünschten Ergebnis führen. Als Miriam Norman erzählte, dass sie sein ständiges Beobachten total nervt und sie ihm deshalb auch schon hin und wieder einen Orgasmus vorgetäuscht hatte, verschlug es Norman glatt die Sprache. Das musste er erst einmal verdauen: Seine Bemühungen waren bei ihr offensichtlich völlig ins Gegenteil geschlagen. Mit diesem Erstaunen ist Norman kein Einzelfall, sondern vielmehr in Gesellschaft mit vielen anderen gutmeinenden Männern.

Die Hauptursache, warum bei Frauen das Orgasmuserleben gestört ist, heißt Angst – Angst vor dem Fallenlassen im Sinne dessen, zum Partner eine wirklich intime Seelen-Beziehung zulassen zu können. Häufig kommen noch andere Gefühle wie Ärger und Schuld oder manchmal sogar Ekel vor sich selbst oder dem Partner hinzu.

Aber wie sollen Frauen wie Miriam sich in ihrer Partnerschaft fallenlassen? Da genügt es längst nicht, wenn sich der Mann wünscht, dass sie sich doch mal »locker machen soll«. Es steht vielmehr die Frage im Raum: Bin ich für meinen Partner etwas wert, auch wenn ich nicht nach seinen Vorstellungen funktioniere? Liebt er mich so, wie ich bin?

Aber es wäre fatal, für die Orgasmusprobleme der Frau alleinig die unsicheren oder unsensiblen Vertreter der männlichen Spezies verantwortlich zu machen. Den größten Funktionsdruck erlegen sich die Frauen beim Blick auf zweifelhafte Orgasmus-Statistiken selbst auf. Warum gehöre ich nicht zu den X Prozent, die beim Sex immer zum Höhepunkt kommen und am besten noch multipel? Wieso schafft mein Mann das nicht bei mir? Heerscharen von Männern brächen in Jubel aus, wenn nur endlich jemand den Knopf für den garantierten Orgasmus der Frau finden würde. Denn manchmal ist es verdammt kniffelig, wenn Mann bei Aufbietung aller seiner bisher todsicher wirkenden Liebeskunst auf einmal bei seiner Angebeteten nicht landen kann. Wenn die Frau ihm dann nicht klarmacht, wo »ihre Knöpfe« sind, sieht es mit dem sexuellen Genuss mau aus. Aber genau das Klarmachen fällt den Frauen mit Orgasmusstörungen besonders schwer. Das hat mehrere Gründe. Zum einen gelingt es ihnen aus falscher Scham nur selten, mit ihren Partnern angemessen über ihre sexuellen Wünsche zu sprechen. Zum anderen wissen diese Frauen meist selbst sehr wenig über ihren Körper und was ihnen Lust bereiten könnte.

Auch Miriam und Norman ahnten lediglich, was die sexuellen Vorlieben des anderen seien. Miriam fiel es unendlich schwer, ihre Vorstellungen über befriedigenden Sex zu formulieren. Sie hatte sich bisher immer auf ihren Mann »verlassen«. Ihre Erregung bis zum Orgasmus im wahrsten Sinne des Wortes selbst in die Hand zu nehmen zog sie nie in Erwägung. »Ich weiß gar nicht, wie ich mich selbst zum Orgasmus bringen kann«, rückte sie am Ende der Stunde mit der Wahrheit raus.

Es ist gar nicht ungewöhnlich, dass Frauen nicht so recht wissen, wie sie einen Orgasmus bekommen können. Häufig liegt es wie bei Miriam daran, dass sie keine Erfahrungen mit der Selbstbefriedigung gesammelt haben. Allgemein gilt, die Orgasmusfähigkeit ist für den Großteil der Frauen ein jahrelanger Lernprozess. Heute erlebt der überwiegende Teil von ihnen ihren ersten Orgasmus durch Selbstbefriedigung. Die Stimulation erfolgt dabei zwar meist an der Klitoris, aber jede Frau entwickelt ihre spezielle Technik, wie sie die Erregung auf den Höhepunkt treiben kann. Das Wissen um die eigene Luststeuerung lässt auch den partnerschaftlichen Sex erfüllter werden. Ältere, erfahrenere Frauen genießen das Liebesspiel deshalb häufig viel intensiver als junge, unerfahrene Frauen. Die gute Nachricht: Wer einmal den Dreh zum Orgasmus für sich raus hat, verliert ihn in der Regel nie wieder.

Übrigens: Die Idee, das weibliche Sex-Erleben durch Medikamente aufzupeppen, erwies sich bis heute auf ganzer Linie als Fehlschlag. Die meisten Hoffnungen setzten Wissenschaftler sicherlich in Viagra und Co. Während die blaue Pille in den Lenden der Männer wahre Wunder bewirkte, konnte man sich über den Effekt bei Frauen allenfalls nur wundern. Durch das Medikament kam es zwar zu einer besseren Durchblutung der Scheide, aber eine größere Erregung oder gar der Super-Orgasmus blieben aus. Auch der Versuch, die Lust der Frau über stimulierende Substanzen im Gehirn zu einem Feuerwerk der Gefühle werden zu lassen, scheiterte kläglich. Nicht eine einzige Studie konnte bisher wirklich mit »lustvollen« Daten überzeugen und so gibt es bis heute keine »Sex-Pille« für die Frau auf dem internationalen Markt. Das einfachste und sicherste Mittel ist und bleibt wohl die gute alte Handarbeit an der Klitoris.

Trotz des unglaublich positiven Effekts der Selbstbefriedigung für das weibliche Lusterleben, ist der Ruf des Solo-Sex in einer Beziehung oft miserabel. Manche Partner überwachen auch eifersüchtig die Selbstbefriedigung ihrer Frau – sehr kurzsichtig, denn bei der Masturbation geht es neben der Befriedigung vor allem um das Erlernen und Üben sexueller Selbstbestimmung. Und das bedeutet, sich wirklich fallenlassen – nicht nur beim Solo-Sex, sondern auch beim gemeinsamen Liebesspiel. In einer Beziehung sollten sich deshalb beide Partner genügend Freiräume und Rückzugsmöglichkeiten für ungestörte Zeit mit sich selbst einräumen.

Für Frauen ohne Orgasmus-Erfahrung ist es besonders wichtig, dass sie ihre erogenen Zonen entspannt selbst erkunden. Das beginnt mit dem Betrachten ihrer Scheide im Spiegel. Dann folgt das sanfte Berühren und Stimulieren mit den Fingern oder einem Vibrator. Die Frau sollte dabei ihre volle Konzentration auf ihre Empfindungen lenken und mit ihren erotischen Phantasien die Erregung steigern lernen. Der Höhepunkt ist bei den ersten Versuchen häufig ein zufälliges Aha-Erlebnis, was sich aber von Mal zu Mal besser steuern lässt. Je selbstverständlicher die Frau ihr eigenes Liebesspiel genießen kann, desto wahrscheinlicher ist ein Orgasmus. Sind die neuen Erfahrungen erst einmal gesammelt, gilt es jetzt, die Techniken in den gemeinsamen Sex einzubauen. Das A und O dabei ist die optimale und stressfreie Stimulation der Klitoris – durch die Frau oder durch den Partner.

Für Miriam brachte die Selbstbefriedigung eine regelrechte Offenbarung an bisher nicht gekannten intensiven Gefühlen. Norman zeigte sich am Anfang überhaupt nicht begeistert über die neue Eigenaktivität seiner Frau. Es verunsicherte ihn stark, weil er befürchtete, Miriam könnte dann vielleicht ganz auf gemeinsame Sexualität mit ihm verzichten. Seine Angst zu zerstreuen forderte von beiden ein ganz ordentliches Umdenken. Bisher bedeutete Sex gleich Lustbefriedigung bis zum Orgasmus. Sowohl ihm als auch Miriam fiel es schwer, von altvertrauten Gewohnheiten loszulassen, dass er im Bett immer der Führende ist und die Verantwortung für ihre Befriedigung trägt. Und vor allem galt es, den Satz:»Ich will doch, dass es auch für sie schön ist.« neu zu interpretieren. Miriam machte Norman ein für alle Mal klar, dass es für sie das Wichtigste ist, von ihm als Frau anerkannt und geschätzt zu werden – unabhängig von ihrem Orgasmuserleben. Norman lernte zu respektieren, dass seine Frau ganz andere Kriterien an erfüllte Sexualität legt als er. Sie wollte sich ihm vor allem endlich einmal entspannt und ohne Druck hingeben können.

Dazu gehörte, dass weder sie noch er weiterhin ihre Erregungszeichen kontrollierten. Und noch etwas Neues. Miriam traute sich immer mehr, auch mal selbst die Initiative im Bett zu ergreifen. Sie ließ Norman zuschauen, wie sie sich selbst an ihrer Klitoris und an den Schamlippen verwöhnte. Später probierten sie, wie es sich anfühlt, wenn er es ihr mit den Fingern oder der Zunge macht. Oberstes Gebot blieb das Spüren der Berührungen im Hier und Jetzt! Als der Orgasmusdruck endlich raus war, ließ sich Miriam wirklich fallen. Sie folgte ganz ihren Bedürfnissen und stimulierte sich beim Sex mit ihrem Mann auch häufig selbst. Jeder von beiden konnte sich so fortan unbeschwert seiner Lust am gemeinsamen Sex hingeben.

Am Ende der Therapie sagt Miriam: »Es hat Wochen harter Arbeit gekostet, bis ich begriffen habe, dass ich nicht Normans Ansprüchen genügen muss. Es ist viel wichtiger, dass ich mich selbst lieben gelernt habe. Dadurch bin ich jetzt beim Sex viel mehr bei der Sache. Früher habe ich oft versucht, wie ein Automat zu funktionieren. Heute weiß ich, dass der Maßstab für meine Befriedigung einzig und allein mein Empfinden und nicht der Orgasmus ist. Jetzt fühle ich mich als Frau frei und genieße den Sex mit meinem Mann!« – »Und ich genieße den Sex mit dir!«, antwortet Norman. »Am Anfang war ich echt skeptisch, wohin die Reise führt und ob ich dich bei der ganzen Selbststimulation nicht verliere. Aber als ich dann merkte, dass es dir auch richtig Lust bei unserem gemeinsamen Sex macht, fand ich es klasse. Und ehrlich gesagt, es ist auch für mich jetzt einfach entspannt, nicht immer der Macher zu sein. Die ganze Mühe hat sich für uns wirklich gelohnt!«

Wenn Liebe schmerzt

Ich mache dicht

Auch wenn Therapeuten ihre Fähigkeiten immer mit bestem Wissen und Gewissen im Sinne ihrer Klienten einsetzen, manchmal läuft trotzdem nicht alles reibungslos. Deshalb treffe ich mich regelmäßig mit Kollegen, um gemeinsam Lösungen für kniffelige Situationen in der Behandlung zu finden. Der Erfahrungsaustausch gibt sowohl dem Therapeuten als auch dem Paar die Sicherheit, dass die Gespräche selbst in schwierigen Situationen professionell ablaufen. Es ist sozusagen eine Art freiwilliges TÜV-Siegel für die Qualität der eigenen Arbeit. Und außerdem macht es auch richtig Spaß, voneinander zu lernen. Bei einem dieser Treffen hatte ich allerdings einmal was ganz anderes auf dem Herzen:

»Also stellt euch vor, bei mir sitzt ein total verknallt wirkendes Paar, Mitte 20. Die beiden sind seit fünf Jahren zusammen und seit letztem Jahr verheiratet. Christin sagt als Erstes: ›Dirk und ich haben uns gesucht und gefunden. Eigentlich wäre alles perfekt, …‹ Und er ergänzt dann gleich das Satzende: ›… wenn da nicht unser kleines Problem wäre.‹ Und genauso erzählen die beiden die ganze Zeit weiter.

Immer wenn sie einen Satz anfängt, bringt er ihn zu Ende oder umgekehrt. Als ob die beiden das vorher abgesprochen hätten. Jedenfalls erfahr ich, dass Sex am Anfang richtig Spaß gemacht hätte, obwohl sie beide vor ihrer Beziehung noch »Jungfrauen« waren. Irgendwann tat es Christin mal weh – so als ob Dirk irgendwo in ihr angestoßen wäre. ›Seitdem ist der Wurm drin …‹, sagt sie. ›… und Christin und ich haben ständig Angst, dass es ihr wieder weh tun könnte. Wir trauen uns mittlerweile auch gar nicht mehr, Geschlechtsverkehr zu haben‹, ergänzt er. Dann erklärt sie mir auch noch lehrbuchmäßig, dass sie sich schon verkrampft, wenn sie nur seinen steifen Penis spürt und liefert auch gleich noch die übertragene Bedeutung dazu: ›Ich bin total unglücklich, dass ich bei meinem Mann im wahrsten Sinne des Wortes dicht mache.‹ Natürlich haben sie auch schon einen kleinen schmalen Dildo aus Holz und dazu noch Gleitgel gekauft, um damit üben zu können. Aber jetzt kämen sie irgendwie nicht weiter.

Ganz ehrlich, ich hab bis zum Ende der Stunde darauf gewartet, dass die beiden irgendwann die Katze aus dem Sack lassen. Und auch jetzt bin ich immer noch nicht sicher, ob da wirklich eine Therapie draus wird. Kennt jemand von euch das Gefühl?« Einstimmiges Kopfnicken von allen Seiten! Ein »alter Hase« in der Runde sagt schließlich: »Ich glaub, die beiden sind einfach nur glücklich und haben sich richtig Gedanken gemacht, bevor sie zu dir gekommen sind. Freu dich, das wird bestimmt eine ganz angenehme und erfolgreiche Therapie. Wirst schon sehen!«

Wenn der Penis »einfach nicht rein geht«, heißt das korrekt Vaginismus. Wie bei Christin treten bei den betroffenen Frauen unwillkürliche, meist schmerzhafte Muskelkrämpfe im äußeren Drittel der Scheide auf. Rund ein Fünftel aller Frauen leidet an Schmerzen beim Verkehr, und davon hat zirka die Hälfte einen Vaginismus. Bei einigen tritt das Problem nur beim Sex auf. Andere empfinden bereits die Untersuchung beim Frauenarzt als Horrortrip. Manche können sich noch nicht einmal einen Tampon einführen. Fälschlicherweise verwendet der Volksmund gern den Begriff Vaginismus, wenn der Mann beim Sex mit seinem Penis in der Scheide

»gefangen« bleibt. Fast jeder kennt einen, der schon davon gehört hat, dass der Notarzt in der höchst peinlichen Situation das Paar ins Krankenhaus bringen musste. Allerdings handelt es sich bei derartigen Geschichten um nichts weiter als das Gegenstück zur »Spinne aus der Yucca-Palme« – ein unterhaltsamer Mythos. Es gibt keinen einzigen wissenschaftlich dokumentierten Fall, bei dem ein Mann in der Scheide seiner Liebsten festgesteckt hätte. Aber das starke Geschlecht verdiente seinen Namen nicht, wenn es nicht für alle Eventualitäten des Lebens gewappnet wäre. Es gibt nicht umsonst die Altherren-Weisheit: Wozu braucht der Mann eine Krawattennadel? Wenn die Angebetete nämlich plötzlich einen Scheidenkrampf bekäme, könnte er sein bestes Teil durch einen beherzten Stich in ihren Hintern befreien. Bleibt nur die Frage, ob er die Krawatte beim Sex immer anbehält? Ein feines Grinsen beim Anblick des nächsten Krawattennadelträgers sei gestattet.

Zurück zu den Tatsachen: Meist löst ein real erlebter Schmerz beim Sex den Scheidenkrampf erstmalig aus. Durch fehlerhaft übersteigerte Reizwahrnehmung des Körpers kommt es in der Folge zu einem unbewussten Vaginismusreflex, der sich durch negative Erwartungen weiter verstärkt. Obwohl Therapeuten bei allen Sexualstörungen leider auch an Missbrauch in allen Facetten denken müssen, erlebte ein Großteil der Frauen mit Vaginismus rein zufällig Schmerzen. Sie beschreiben es häufig wie Christin, dass der Sex irgendwann mal unangenehm war. Manchen Frauen fällt auch schlichtweg kein Auslöser ein. Und bei wieder anderen Betroffenen führt schon die alleinige Vorstellung über das unangenehme Eindringen des Penis in die Scheide zum Muskelkrampf. Letztere sind meist Frauen mit einer sehr sexualfeindlichen Erziehung. Die Ängste vor Schmerzen basieren bei ihnen häufig auf Unwissen oder Fehlvorstellungen, was beim Geschlechtsverkehr eigentlich passiert. Gleich und Gleich gesellt sich gern, heißt ein alter Volksmundspruch. Nicht selten finden sich schamhafte Menschen in einer Art »stiller Übereinkunft«, bei denen auch er ein sexuelles Problem, zum Beispiel eine Erektionsstörung, hat und der Vaginismus der Frau dadurch »nicht so auffällt«. Therapeutische Unterstützung suchen diese Paare häufig erst, wenn ein Kinderwunsch besteht. Manche nutzen aber auch die Möglichkeit der künstlichen Befruchtung und arrangieren sich aus falscher Scham in ihrer Beziehung mehr oder weniger freiwillig lebenslang mit Sexualität ohne Geschlechtsverkehr. Diese Konsequenz ist sehr schade!

Denn trotz eindrucksvoller Beschwerden der Betroffenen kann Vaginismus schnell und effektiv behandelt werden. Nach bereits acht bis zehn Wochen haben die meisten Paare das erste Mal wieder entspannten Verkehr. Mit Ausnahme von traumatisch geschädigten Frauen, liegt die Lösung des Problems ausschließlich im Hier und Jetzt. Es gilt, die unbewusste Fehlreaktion des Körpers wieder umzuprogrammieren. Und wie könnte das besser gehen, als mit vielen neuen angenehmen Erlebnissen – sowohl allein als auch zu zweit. Als Erstes steht das Wahrnehmen und Auflösen der dauerhaften Anspannung auf dem Programm. Ort des Geschehens ist der Beckenboden, dessen Muskeln den Vaginismusreflex hervorrufen.

Der Liebesmuskel

Beckenboden? Interessiert das nicht nur Schwangere und frischgebackene Mütter oder ältere Damen und Herren mit Blasenschwäche? Wer diese landläufige Ansicht vertrat, für den galt der Beckenboden lange Zeit als ein unerforschtes Gebiet auf der Körperlandkarte. Das änderte sich, als Frauenillustrierte und Männermagazine begannen, auf der Yoga- und Tantrawelle zu schwimmen. Fortan priesen die Ratgeber den Beckenboden als »Wundermuskel zur Steigerung der sexuellen Energie« an und offerierten den Lesern allerlei (un-)mögliche Übungen mit dem sinnigen Namen Sexercises. Auch wer bunte Blätter eher kritisch sah, fand immer noch, dass der Beckenboden irgendwas für »andere« sei, nur nicht für einen selbst. Erst in letzter Zeit nehmen auch Ärzte und Therapeuten diese Region zunehmend ernster – mit Recht. Der Beckenboden ist ein Muskelpaket, dessen Funktion es in sich hat. Für Frauen und auch für Männer kann nämlich sein gezieltes Training Wunder für das allgemeine und sexuelle Wohl bewirken. Der Beckenboden besteht aus drei Schichten. Die äußere Schicht legt sich in Form einer Acht um die Scheide bzw. den Penis und die Harnröhre sowie den After. Jeder Mensch spürt das Entspannen und Anspannen der Muskel-Acht beim Toilettengang. Die mittlere Schicht besteht aus dem großen Dammmuskel, der die beiden Sitzhöcker – das sind die im Sitzen tastbaren Knochenhöcker in den Pobacken – verbindet. Frauen können ihn leicht zusammenziehen, wenn sie sich vorstellen, mit ihrer Scheide etwas festzuhalten. Die innere Schicht verläuft schließlich wie eine Schale im knöchernen Becken und trägt die Bauchorgane.

Ganz im Gegensatz zum herkömmlichen Muskeltraining, kommt es bei den Beckenbodenübungen gerade nicht auf die Anspannung, sondern auf die Entspannung an. Auch wenn Schuhe mit schwindelerregenden Absätzen Frauenherzen höher schlagen lassen, sind sie pures Gift für eine lockere Lende. Einseitiges Sitzen, Gehen und Tragen verstärken durch die

Fehlbelastung der Lendenwirbelsäule zusätzlich den Druck und Zug auf die Muskeln des Beckenbodens. Wer jetzt schon die Ohren hängen lässt, weil man zur Lockerung dieser Region bestimmt täglich eine Stunde langweilige Gymnastik machen muss, irrt. Die meisten Übungen lassen sich ganz prima und unauffällig in den Alltag einbauen. Besonders Frauen mit Vaginismus staunen häufig, wie schnell sich die lästigen Muskelverspannungen in Wohlgefallen auflösen. Es lohnt sich allerdings, die Übungen nicht im stillen Kämmerlein, sondern unter Anleitung von speziellen Beckenboden-Trainern oder Physiotherapeuten zu erlernen.

Parallel zum ganz bewussten Entdecken und Entspannen des Beckenbodens kann die Frau ruhig schon den nächsten Schritt gehen – die sexuelle Selbsterkundung. Die meisten Frauen mit Vaginismus sind trotz ihres Handicaps beim Peniseinführen sehr wohl bei anderen sexuellen Spielarten mit ihrem Partner als auch bei der Selbstbefriedigung orgasmusfähig. Dieser Zustand der sexuellen Entspannung kann jetzt zusammen mit den neuerlernten Beckenboden-Übungen kombiniert werden. Zuerst sollte sich die Frau allein stimulieren. Es geht dabei nicht vordergründig um die Selbst-»Befriedigung«, sondern um das Selbst-Kennenlernen. Das vertraute Aufbauen der sexuellen Erregung dient vor allem der Entspannungsverstärkung.

Denn jetzt ist es so weit, der irrationalen Angst vor dem Einführen des Penis zu Leibe zu rücken. Natürlich macht es keinen Sinn, es sofort mit dem Original zu versuchen.

Genau für diesen Fall erfand der Gynäkologe Alfred Hegar schon im 19. Jahrhundert kleine Helfer aus Metall. Am Anfang waren die unterschiedlich dicken Stäbe mit einem abgerundeten Ende – die sogenannten Hegar-Stifte – nur für die Geburtshilfe gedacht. Später entdeckte man, dass sie sich auch ganz hervorragend für die Behandlung von Frauen mit Vaginismus eigneten. Heute sind die Hegar-Stifte meist aus Plastik. Sie werden auch als Vaginal-Dilatatoren bezeichnet, was auf Deutsch Scheiden-Erweiterer heißt. Das Rezept für ein ganzes Set unterschiedlicher Plastikstifte von fingerdick bis Originalgröße Penis gibt es vom Gynäkologen.

Wem das zu technisch ist, der kann prinzipiell zum Üben auch die Finger oder wie Christin und Dirk unterschiedlich große Dildos aus dem Sex-Shop verwenden. Allerdings machen die meisten Frauen die Erfahrung, dass gerade für die »Zwischengrößen« die Plastikstifte besser geeignet sind und sich angenehmer anfühlen. Der Startschuss fällt zuerst für den dünnsten Stift. Das vorsichtige Einführen in die Scheide sollte überhaupt keine unangenehmen Gefühle verursachen. Wichtig ist, dass die Frau die Eindringtiefe variiert und dabei immer wieder ganz bewusst den Beckenboden entspannt. Wenn das mit dem kleinsten Stift gut klappt, kommt der nächst dickere an die Reihe und so weiter, bis die Original-Penisgröße erreicht ist. Unabhängig vom jeweiligen Durchmesser kann die Frau ihrem Partner die Übung zeigen, sodass auch er das sanfte Einführen der Plastikhelfer übernimmt.

Abgesehen von lockeren Lenden und praktischer Technik, entspannter Sex braucht Phantasie! Deshalb darf die Zeit für sinnliche Entdeckungsreisen nicht zu kurz kommen. Christin und Dirk holten sich zum Beispiel ganz viele neue Anregungen beim Lesen erotischer Geschichten. Ihre Lieblingsszenen setzten sie später in die Tat um. Die beiden scherzten sogar, dass bei so viel spannendem Experimentieren keine Zeit für die eigentlichen Hausaufgaben bleibe. Es ist immer ein schöner Moment, wenn Frauen und Männer während der Therapie so sehr bei der Sache sind, dass sie die anfängliche Pflicht zum Üben eher als Kür empfinden.

Gerüstet mit Techniken für den Beckenboden und vielen neuen Möglichkeiten zur sexuellen Befriedigung, kommt nun das Ausprobieren des Geschlechtsverkehrs an die Reihe. Die beste Stellung dafür ist die Reiterposition, bei der sie sich auf seinen Schoß setzt. Als Einstimmung reibt die Frau seinen Penis erst einmal nur an ihren Schamlippen. Das macht mit Gleitgel am meisten Spaß, da beide die Berührungen noch intensiver wahrnehmen. Wenn dieses sanfte Stimulieren ein wohliges Gefühl erzeugt, kann sie die Penisspitze in ihre Scheide einführen und langsam die Eindringtiefe variieren. Sie sollte alle Berührungen absolut angstfrei spüren. Gelingt ein Versuch mal nicht, geht es einfach wieder einen Schritt in den Übungen zurück. Entspannung ist oberstes Gebot! Neben der Reiterposition können beide auch mit anderen Stellungen experimentieren. Voraussetzung: Die Frau bleibt am Anfang die Bestimmerin, wie tief der Penis in die Scheide eingeführt wird. Mit jedem gelungenen Versuch wächst für das Paar die Sicherheit auf genussvollen Geschlechtsverkehr für beide. Und ganz nebenbei erfüllen sich manchmal gleich noch Kinderwünsche. So staunte ich nicht schlecht, als Christin nach der Urlaubszeit mit einem kleinen Kugelbäuchlein vor mir saß. Beide strahlten um die Wette. »Na ja, wir hatten ehrlich gesagt während der Therapie so viel Lust aufeinander. Da dachten wir, das sollten wir nutzen!« Mein Kollege hatte also tatsächlich recht behalten. Eine Therapie wie aus dem Lehrbuch – nur ist das echte Leben durch nichts zu überbieten!

Ich lasse niemand an mich ran

Neben dem Vaginismus gibt es aber auch noch andere Formen von Schmerzen. Den betroffenen Frauen tut nicht nur das Eindringen des Penis, sondern häufig der ganze Unterbauch weh. Mal zwickt es hier, mal kneift es da und manchmal fühlt es sich an, als ob der Leib zerreißen wolle. Während die meisten sexuell aktiven Frauen schon mal Schmerzen beim Verkehr hatten und es einfach wieder vergessen haben, schlägt das Schmerzgedächtnis bei den Betroffenen Daueralarm. Die Ursachen für diese Störung – korrekt Dyspareunie – sind vielfältig und hochkomplex. Nicht selten lassen Frauen jahrelang Untersuchungen bei verschiedenen Ärzten über sich ergehen und hoffen, dass der Schmerzauslöser gefunden und beseitigt wird. Meistens hören sie aber, organisch sei alles in Ordnung und kommen sich am Ende wie Simulanten vor. Die Schmerzen an sich entstehen meist durch die dauerhaft angespannte Muskulatur in der Lendenwirbelsäule, im Beckenboden und im Unterbauch. Manchmal lassen sich bei der Untersuchung sogar richtig verfestigte Muskelstränge tasten. Die Verspannung führt besonders im Bereich der Wirbelsäule dazu, dass außerdem wichtige Nerven für die Genitalregion gequetscht werden und dadurch Missempfindungen entstehen. Das ist die körperliche Seite der Medaille, die man durchaus gut mit Beckenbodentraining beeinflussen kann. Auf der psychischen Seite steht bei der Mehrzahl der Frauen bei genauer Betrachtung eine lange Kette an negativen Erlebnissen. Meistens haben die Betroffenen die Ereignisse, wie zum Beispiel Missbrauch, ganz bewusst verdrängt, wollen Partnerschaftskonflikte nicht wahrhaben oder erleben unbewusst Nähe und Intimität als etwas Gefährliches. Prinzipiell kann diesen Frauen mit einer Sexualtherapie geholfen werden. In einigen

Fällen gelingt es auch, gemeinsam mit dem Partner, durch neue positive intime Erfahrungen, die alten und negativen Erlebnisse sozusagen zu überschreiben. Häufig ist es aber am Anfang viel aufschlussreicher und effektiver, die unbewussten Konflikte in einer Psychotherapie aufzuarbeiten. Manchmal verschwinden die Unterbauchbeschwerden bereits durch das Erkennen und Auflösen der Probleme.

Auch die 22-jährige Jenny plagen hin und wieder Unterbauchschmerzen. Das ist aber noch längst nicht ihr größtes Problem: »Was mich wirklich total verrückt macht«, berichtet sie bei ihrer ersten Sitzung, »ist meine wunde Scheide. Die brennt, sticht und krabbelt. Ich könnte mir manchmal die Haut da unten vom Leib ziehen. Außerdem habe ich immer diesen ekligen Ausfluss. Ich ertrag mich bald selbst nicht mehr!« Und dann berichtet Jenny noch, dass diese Beschwerden sie schon durch alle Beziehungen begleitet hätten. Am Anfang wäre Sex immer schön gewesen und nach einer Weile seien jedes Mal diese schrecklichen Beschwerden gekommen. Kein Gynäkologe hätte ihr helfen können. Immer nur Zäpfchen gegen Pilze, Antibiotika gegen Bakterien und wenn gar nichts mehr ging, Cortison! Jetzt reiche es ihr aber endgültig. Dabei sei Andreas der erste Typ, der sie wirklich lieben würde. Die zwei anderen Männer hätten sie betrogen und verlassen, als sexuell nichts mehr lief. Und auch jetzt mache sie sich lieber auf das Schlimmste gefasst.

Chronisch wiederkehrende Schmerzen im Bereich der Schamlippen und des Scheideneingangs nennen Sexualwissenschaftler Vulvodynie. Diese Beschwerden treten wie bei Jenny häufig in Kombination mit ständigem Juckreiz auf. Huhn und Ei sind meist gar nicht mehr zu trennen, ob es zuerst juckt und die Frau dann kratzt, oder umgekehrt. Das Endergebnis ist eine einzige wunde Stelle, die bei der kleinsten Berührung schmerzt. Selbst wenn die malträtierte Haut einmal abheilt, bleiben die Missempfindungen häufig durch ein fehlerhaft aktiviertes Schmerzgedächtnis bestehen. Die betroffenen Frauen sind in der Regel zwischen 20 und 40 Jahre alt. Prinzipiell kann diese Störung aber auch bis ins hohe Alter auftreten. Allen Frauen gemein ist die konflikthaft erlebte Sexualität zwischen Abwehr und Hingabe. Nicht selten stecken eine extrem sexualfeindliche Erziehung oder tiefe Beziehungskonflikte dahinter. Meist liefen schon die ersten Bindungserfahrungen zu den Eltern völlig schief. Die negativ erlernten Muster wiederholen sich dann in späteren Beziehungen immer wieder. Und wenn der Mund nicht sprechen kann, spricht schließlich der Körper!

Ein Großteil dieser Frauen hat bisher in ihrem Leben noch nie glaubhafte Zuwendung von einem anderen Menschen erfahren oder zugelassen. Meistens können sie sich nicht einmal selbst leiden. Unabhängig vom tatsächlichen Aussehen finden sich die Frauen häufig weder begehrenswert noch liebenswert. Doch das tiefe Bedürfnis nach Nähe, Akzeptanz und Geborgenheit wohnt jedem Menschen inne. Und irgendwann muss dieses Gefühl auch befriedigt werden und sei es durch einen Trick des Unterbewusstseins! Obwohl viele Frauen mit Schmerzen an der äußeren Scheide Selbstbefriedigung für sich ablehnen, findet man bei genauem Nachfragen bei über der Hälfte von ihnen masturbatorische Ersatzhandlungen in Form von mehr oder weniger ritualisierten Waschungen, Duschen, Kratzen oder Eincremen der Scheide. Offensichtlich »erlauben« sie sich die Selbsthingabe nur auf diesem Umweg.

Der »eklige Ausfluss«, über den Jenny klagt, heißt in der Fachsprache *Fluor genitalis*. Prinzipiell fließt allen Frauen täglich mehr oder weniger viel Sekret aus der Scheide, die sich auf diese Art und Weise »putzt«. Die Menge und Beschaffenheit des Schleims hängt vor allem vom Menstruationszyklus ab. Vor Einführung der Pille war die Betrachtung des Vaginalsekretes sogar eine beliebte Verhütungsmethode. Kurz vor dem Eisprung verändert der Schleim seine Konsistenz und man kann ihn zwischen den Fingern wie Spinnweben spannen. An dieser Stelle hätte Jenny bestimmt wieder »eklig« gesagt und manch andere Frau rümpft sicher auch die Nase. Durch die werbetauglich getrimmte Slipeinlagen-Genitalhygiene stellt man sich die Scheide ja am liebsten als luftige Blumenwiese vor. Ob eine Frau ihren Ausfluss als problematisch empfindet, hängt also vor allem von der verstärkten negativen Wahrnehmung dieses natürlichen Prozesses ab. Allerdings kommt es bei andauerndem körperlichem oder psychischem Stress tatsächlich zu dauerhaft vermehrter Schleimproduktion aus dem Gebärmutterhals als auch aus den Scheidenwänden. Wenn der Slip immer mit einer glibberigen Schicht überzogen ist, fühlt sich das für die Trägerin nicht nur lästig an. Weil die Haut ständig durch die Nässe gereizt wird, gesellt sich auch ganz schnell Juckreiz, Kratzen und Wundsein hinzu. Dann ist der Teufelskreis wieder geschlossen.

Fälschlicherweise vermuten viele Frauen als Ursache für den Ausfluss eine Infektion. Richtig ist zwar, dass bei dauerhaftem Stress die Immunabwehr gering ist und das Entzündungsrisiko der Scheide steigt. Aber im Gegensatz zur »echten Infektion« sind beim Stressausfluss weder Pilze noch besonders viele Bakterien nachzuweisen. Manchmal diagnostizieren Gynäkologen leider mehr aus Verlegenheit »Infektionen«, weil die Patientinnen auf eine ordentliche Behandlung ihres Ausflusses drängen. Dabei ist diese Therapie medizinischer Unsinn. Untersucht man nämlich die Scheidenschleimhaut gesunder Frauen, finden sich ebenfalls kleine Mengen an Bakterien. Schließlich ist die Scheide keine sterile Zone! Aufklärung über die eigentlich möglichen Ursachen würde nicht nur die Frauen, sondern auch ihre Partner entlasten, die obendrein manchmal monatelang überflüssig mitbehandelt werden.

Die Therapie von Frauen mit Scheidenschmerzen und permanent verstärktem Ausfluss erfolgt auf mehreren Ebenen. Auf der einen Seite stehen rein praktische Maßnahmen, die einfach umzusetzen sind. Dazu gehört in erster Linie die Reduktion der meist übertriebenen Genitalhygiene. Weg mit Seifen, Sprays und Ähnlichem! Die Frauen sollten ihre Scheide nur noch einmal am Tag mit lauwarmem Wasser unter der Dusche abspülen. Auch bequeme Kleidung aus natürlichen Materialien und Entspannung des Beckenbodens gehören zum Wohlfühlprogramm. Und noch etwas: trinken, trinken, trinken! Viele Frauen, denen die Scheide brennt, verringern ihre Trinkmenge auf ein Minimum. Dadurch müssen sie seltener zur Toilette und glauben, so die offenen Hautstellen zu schonen. Aber diese Überlegung erweist sich bei genauerer Betrachtung als kurzsichtig. Je weniger man trinkt, desto konzentrierter wird der Urin. Normalerweise sollte der Urin bei idealer Trinkmenge weißweinfarbig sein. Ist er dunkler, enthält er immer mehr Harnstoff. Und nichts reizt die Haut mehr als konzentrierter Urin. Was für alle gilt, gilt für Frauen mit Scheidenentzündungen erst recht: Zwei Liter Flüssigkeit pro Tag sind Pflicht!

Auf der anderen Seite steht das Erkennen und Behandeln der meist unbewussten sexuellen und partnerschaftlichen Konflikte. Häufig finden sich drei große Themen als Ursache der dauerhaften inneren Anspannung, die sich in Scheidenschmerzen und gesteigertem Ausfluss äußert. Das erste Thema ist unerfülltes Verlangen. Die Frauen haben zwar heimliche sexuelle Wünsche, empfinden diese aber häufig als nicht normal und »unrein«. Erotische Sehnsüchte sprechen sie weder an, noch werden sie ausgelebt. Das zweite und wahrscheinlich komplexeste Thema betrifft die innere Abwehr vor zu viel Nähe. Obwohl sich die Frauen nach Liebe und Geborgenheit sehnen, haben sie aufgrund persönlicher Enttäuschungen gleichzeitig Angst davor. Fallenlassen beim Sex bedeutet für sie das Aufgeben der intimsten Bastion von Selbstkontrolle. Die Partner wissen leider meist nichts von diesem Problem, missdeuten die scheinbare Gefühlskälte als mangelnde Zuneigung und machen sich irgendwann wieder aus dem Staub. Dann haben die Frauen die Bestätigung, dass sie sowieso keiner liebt. Das dritte Thema heißt Gewissenskonflikte. Die Beschwerden treten zum Beispiel dann auf, wenn sich die Frau neben ihrer eigentlichen Beziehung in einen anderen Mann verliebt hat. Meist finden Therapeuten die Konstellation fürsorglicher, aber langweiliger Ehemann und wilder unberechenbarer Liebhaber. Die Frau möchte sich eigentlich ihrer Begierde hingeben, kann oder will sich aber vom sicheren Schoß des Ehemannes nicht lösen. Dann schickt sozusagen »der Himmel« die Beschwerden. Und die Frau hat für ihr Gewissen einen triftigen Grund, warum sie den Sex mit ihrem Liebhaber sein lassen muss.

Jennys Thema ist definitiv die Abwehr. Das wird ganz deutlich, als sie in der zweiten Stunde zusammen mit ihrem Freund Andreas zu mir in die Therapie kommt.

Er hält die ganze Zeit ihre Hand und wirkt ehrlich besorgt. »Jenny ist meine Traumfrau und ich werde alles dafür tun, dass es ihr endlich gut geht. Sie hat schon genug in ihrem Leben durchgemacht!« Sie erzählt, dass ihr Vater getrunken hat. Mal sei sie seine Prinzessin gewesen und mal sei er völlig ausgerastet. Schließlich wäre er eines Morgens einfach nicht mehr da gewesen – abgehauen, mit einer anderen Frau! »Dabei hab ich mich so für ihn angestrengt, damit er auf mich stolz sein kann. Aber es hat nichts genützt!« Nach einer kleinen Pause fährt Jenny mit starrem Gesicht fort: »Wissen Sie, ich hab im Leben eins gelernt: Es ist besser, niemanden so nah an mich ranzulassen, damit es später nicht schmerzt.« – »Können Sie den letzten Satz bitte noch mal wiederholen?«, fordere ich Jenny auf.

»Sie meinen, dass ich die Scheidenschmerzen habe, weil ich Andreas nicht so nah an mich heranlassen möchte?« – »Ja, genau das meine ich!« Und dann schauen Andreas, Jenny und ich noch einmal ganz genau auf die Beziehung. Je mehr er ihr seine Liebe zeigte, desto mehr zog sie sich zurück. Sie konnte und wollte ihr Glück sicherheitshalber einfach nicht zulassen. »Und ich dachte schon, du liebst mich nicht mehr!« Andreas stand die Erleichterung ins Gesicht geschrieben. Jenny hat inzwischen eine Psychotherapie angefangen, um die alten tiefen Verletzungen aufzuarbeiten. Ihr Partner unterstützt sie dabei mit aller Kraft. Für Jenny ist es noch ein langer Prozess, Vertrauen zu lernen. Aber die beiden sind sich heute ganz sicher, dass sie es zusammen schaffen und noch viel gemeinsame Sexualität entdecken werden.

Wenn ein Mann nicht seinen Mann steht

Die meiste Zeit arbeite ich als Ärztin und Therapeutin in meiner Praxis. Ich halte aber auch sehr gern Vorträge zum Thema Sexualität – sowohl für Patienten als auch für Ärzte und Psychologen. Es bereitet mir Freude, die Menschen auf diese Art und Weise zu neuen Gedanken anzuregen. Fragen aus dem Publikum sind eher selten, die meisten getrauen sich nicht, welche zu stellen. Dafür ist nach dem Vortrag die Traube der Zuhörer, die mit mir direkt ins Gespräch kommen wollen, häufig umso größer. Ich muss schon immer innerlich schmunzeln, wenn mal wieder einer einen kennt, der einen kennt, der davon gehört hat, dass ein anderer ein sexuelles Problem hat. »Ein anderer« bittet mich dann nicht selten ein paar Tage später um einen Termin bei mir in der Praxis. Es geht aber auch anders.

Die Situation sehe ich noch in Gedanken vor mir. Ich hatte soeben meinen Vortrag über Sexualtherapie auf einer Fortbildung für Urologen beendet. Nach einigen Fragen und Kommentaren leerte sich der Saal so langsam bis auf den letzten Platz. Ich packe meine Sachen zusammen und will gerade durch die Tür gehen. Da tippt mich jemand von hinten auf die Schulter. »Frau Kollegin, warten Sie doch bitte mal kurz!« Ich drehe mich um und blicke in das Gesicht eines jungen, attraktiven Mannes. »Haben Sie noch Zeit für einen Kaffee? Ich würde Sie gern noch etwas fragen.« Wer jetzt denkt, der Kollege und ich hätten gleich darauf heftig geflirtet, täuscht sich. Jochen ist 35 Jahre alt und betreibt erfolgreich eine eigene urologische Praxis. Es sei ihm ganz schön peinlich, mich auf diese

Weise anzusprechen. Schließlich sei er doch vom Fach. Aber er wisse sich mittlerweile keinen Rat mehr. »Ich dachte mir, wenn ich die Gelegenheit jetzt nicht beim Schopf packe und Sie um Hilfe bitte, bin ich ganz schön blöd! Denn ehrlich gesagt, ich hab schon genug Zeit vertrödelt.« Jochen erzählt mir, dass er seit drei Jahren an Erektionsstörungen leidet. Natürlich hat er sich selbst auf den Kopf gestellt und alle nötigen medizinischen Untersuchungen abgearbeitet. Aber organisch sei alles tipptopp. Ab und zu nehme er mal Viagra. Schadet einem gesunden Mann ja nicht. Aber eine Dauerlösung könne das doch nicht sein. »Bei mir ist ein totaler Knoten im Kopf. Den krieg ich da allein nicht mehr raus. Kann ich bei Ihnen eine Therapie anfangen?« – »Klar!«, sage ich. Ich glaube fast zu hören, wie Jochen ein Stein vom Herzen fällt. Mit meiner Visitenkarte in der Hand und einem Lächeln im Gesicht verabschiedet er sich.

Wann spricht man eigentlich von einer Erektionsstörung? Ich erlebe es nicht selten, dass mich verunsicherte Männer nach einem einmaligen Hänger fragen, ob sie nun impotent seien. Da kann ich sie meistens beruhigen. Übrigens benutzen Sexualwissenschaftler heutzutage den Begriff Impotenz nur noch ungern, weil ihn die meisten Menschen umgangssprachlich oft abwertend und gleichbedeutend für mangelnde Männlichkeit verwenden. Korrekt definiert sprechen Ärzte und Therapeuten erst dann von einer Erektionsstörung, wenn der Mann seit mehr als einem halben Jahr unfähig ist, eine genügend feste Erektion zum Einführen des Penis zu bekommen bzw., er die Erektion beim Verkehr nicht halten kann. Nach dem Marktstart von Viagra vor 12 Jahren hätte man glauben können, die Penisse der Männer auf der ganzen Welt wären in einen Generalstreik getreten. Wie von Zauberhand schnellte das Auftreten von Erektionsstörungen auf einmal steil in die

Höhe. Nicht etwa, dass die Firma Pfizer zur Profitsteigerung den Männern einen bösen Fluch auf ihren Penis gelegt hätte. Tatsächlich fassten sich Millionen Männer auf einmal ein Herz und gingen zum Arzt, um sich helfen zu lassen.

Und diese Mutigen waren keinesfalls nur graumelierte Herren. Bereits ab dem 40. Lebensjahr macht bei jedem fünften Mann das beste Teil schlapp. Bei den über 70-Jährigen trifft es bereits jeden zweiten. Obwohl laut Expertenschätzungen allein in Deutschland über sechs Millionen Männer von Erektionsstörungen betroffen sind, lassen sich gerade mal etwa zehn Prozent adäquat behandeln. Auf der einen Seite wissen immer noch viele Betroffene nicht, dass ihnen wirkungsvolle Hilfe zur Verfügung steht. Und manchmal wissen die Männer auch einfach nicht, an welchen Arzt sie sich mit dem schambesetzten Thema wenden sollen. Auf der anderen Seite leidet längst nicht jeder Mann unter seiner Erektionsstörung. Manche haben sich mit der Partnerin arrangiert, befriedigen sich mit alternativen Techniken gegenseitig oder verzichten einvernehmlich auf Sexualität.

Psyche oder Körper?

Vor der Erfindung von Viagra hielten sowohl Laien als auch die meisten Wissenschaftler Erektionsstörungen vor allem für ein psychisches Problem. Heutzutage wissen wir dank moderner Untersuchungstechniken: Es ist genau anders herum. Bei rund einem Drittel der Männer verhindert der Kopf eine ausreichende Standfestigkeit. Bei zwei Drittel sprechen die Ärzte von sogenannten Mischformen. Das bedeutet, es gibt eine organische Ursache wie zum Beispiel eine Durchblutungsstörung, aber zusätzlich drückt die mangelnde Manneskraft auf das Gemüt. Obwohl man therapeutisch psychische Blockaden lösen kann, sind den meisten Männern organische Ursachen lieber. Welcher Mann will schon gern als Schlappschwanz dastehen und dann noch selbst daran schuld sein. Da erzählt er seinen Kumpels doch besser, dass ihn das Schicksal mit einer Erkrankung grausam erwischt hat, und das Mitleid wird auf seiner Seite sein. Bereits in jungen Jahren lernen die Männer, dass das Ding in ihrer Mitte eine zentrale Bedeutung einnimmt: Neben Größe, Form und Farbe wird auch die Funktion in »Schneller-höher-weiter-Spielen« verglichen. Wer bereits als Junge seinen Penis missmutig unter der Bettdecke beäugte, hat als Erwachsener nicht selten das Gefühl, ein wesentlicher Teil seiner Persönlichkeit sei unvollkommen. Wenn das Objekt der Verunsicherung auch noch seine Funktion versagt, komplettiert sich die Frustration. Männer fühlen sich mit einer Erektionsstörung häufig minderwertig. Dabei könnte man das Versagen der Potenz nicht als mangelnde Kraft, sondern als Sprache des Körpers interpretieren. Wenn der Penis nichts mehr sagt, dann hat er oft die Nase voll von der Selbstbeobachtung seines Trägers, von den ewigen Streitigkeiten mit der Partnerin oder von einem Leben auf der Überholspur. Dass die Männer nicht auf ihren Penis im wahrsten Sinne des Wortes hören, wird ihnen durch die Verschreibungspraxis der Ärzte leicht gemacht. Laut einer Umfrage auf dem Deutschen Urologenkongress im Jahr 2008 verordneten zwei Drittel der dort befragten Ärzte ohne gründliche vorherige Untersuchung Potenzmittel – im besten Fall eine kurzsichtige und im schlechten Fall eine gefährliche Behandlungsmethode.

Jochen hatte sich ja bereits eingestanden, dass es allein nicht weitergeht. Als er zum vereinbarten Gesprächstermin bei mir Platz genommen hat, rutscht er trotzdem vor Aufregung auf seinem Sessel hin und her. Er erzählt mir von seiner neuen Freundin Silvia, die er bei einem gemeinsamen Wanderausflug mit Freunden kennengelernt hat. Es hätte auf Anhieb gefunkt und neben der Faszination für die Berge teilten sie seit mittlerweile einem Jahr auch eine große Liebe. Wenn da nur die Erektionsstörung nicht wäre. »Angefangen hat alles in meiner letzten Beziehung«, berichtet Jochen weiter. »Irgendwann war die Luft raus. Eines schönen Tages streikte nicht nur meine Lust, sondern auch mein Penis. Das war für mich das Signal, endlich die Reißleine zu ziehen.« – »Klappte es denn am Anfang mit Silvia besser?«, will ich von ihm wissen. »Als ich mich in Silvia verknallte, hoffte ich natürlich, dass sich das Problem in Luft auflöst. Aber leider bekam ich schon beim ersten Mal so einen Schiss, dass ich mitten im Vorspiel einen Schweißausbruch bekam. Voll peinlich!« Danach hätte er erst einmal eine Notlüge gebraucht von wegen Grippe im Anmarsch und so. Aber als sein Penis auch bei den nächsten Versuchen den Dienst versagte, hätte er mit ihr reinen Tisch gemacht. Ganz verständnisvoll sei seine Silvia gewesen. Echt toll! Ich frage Jochen, was ihn denn nun gerade jetzt zu mir führt. »Ein Jahr ohne Sex ist echt schon viel zu lang. Die ganze Situation macht mich richtig fertig. Abends fall ich jetzt meistens einfach tot ins Bett. An Stelle von Silvia wäre ich schon längst wieder abgehauen.«

Nicht jeder Mann hat das Glück, sich schon mal »allein auf den Kopf stellen« zu können wie Jochen. Es gibt aber schon ohne aufwändige Untersuchungen ein paar recht gute Hinweise, ob eine Erektionsstörung vor allem psychisch oder organisch verursacht ist. Für psychisch bedingt spricht, wenn der Penis nur in speziellen Situationen oder bei bestimmten Personen schlappmacht, aber bei der Selbstbefriedigung sowie nachts beim Schlafen oder früh beim Aufwachen steif wird. Der Penis des gesunden Mannes übt nämlich jede Nacht zwischen ein- bis fünfmal für 15 bis 40 Minuten das Wachstum. Die Erektionen sind dabei an die Traumphasen – fachlich ausgedrückt REM-Schlafphasen (englisch: Rapid Eye Movement) – gekoppelt. Egal, ob erotische Phantasie, Alltagskram oder sogar Horror, die »Übungserektion« kommt unabhängig vom Trauminhalt. Und ob ein Mann morgens einen steifen Penis hat, ist nicht etwa von einer vollen Blase abhängig, sondern davon, ob er aus einer Traumerektion heraus aufwacht. Wäre die volle Blase der Grund für die Morgenerektion, hätten Männer ja auch tagsüber eine pralle Wasserstandsanzeige. Die Zeichen für eine organische Ursache von Erektionsproblemen sind schnell erklärt. Die Erektion verschlechtert sich schleichend und bleibt eines Tages eventuell ganz aus. Der Mann kann auch bei bester Entspanntheit seinen Penis nicht mehr zur Standfestigkeit überreden – weder nachts oder morgens noch bei der Selbstbefriedigung.

Für Männer mit einer psychisch bedingten Erektionsstörung bringt der Weg zum Organmediziner auf lange Sicht keine Hilfe. Wie Jochen stecken sie in einem Teufelskreis. Hat ein Mann beim Sex erst einmal das Aus erlebt, baut sich häufig Leistungsdruck vor dem nächsten Mal auf. Je mehr er sich mit dem negativen Erlebnis beschäftigt, desto wahrscheinlicher tritt das Versagen wieder auf. Zum Leistungsdruck gesellt sich dann Versagensangst hinzu, die mit jedem erneuten Misserfolg größer wird. Der Mann fühlt sich schließlich ganz und gar gelähmt. Dass sich diese Lähmung wie bei Jochen in bleierner Müdigkeit äußert, erlebe ich bei den Betroffenen sehr oft. Das Gemeine daran ist: Alle diese Prozesse laufen vor allem im Unterbewusstsein ab. Die meisten Männer erkennen sich in ihrem veränderten sexuellen Empfinden und Vermeidungsverhalten kaum wieder. Besonders trifft es die sogenannten starken Typen, die sonst im »normalen Leben« alles im Griff haben und locker mit zehn Bällen auf einmal jonglieren. Gerade diese Männer deuten die rätselhafte Verweigerung ihres Penis nicht als Signal der Angst. Sie fordern von ihm genauso wie von sich selbst allzeit Einsatzbereitschaft, überwachen deshalb die Funktion ihres besten Stückes mit Argusaugen und untergraben so ihre sexuelle Genussfähigkeit noch weiter.

Die hartnäckige Verweigerung des Penis sich als Signal der Angst bewusst zu machen gehört zum ersten Schritt auf dem Weg der Besserung. Wenn ich mit den Betroffenen gemeinsam Stück für Stück die Geschichte hinter der Erektionsstörung beleuchte, fallen den meisten Männern die Erkenntnisse wie Schuppen von den Augen. Da wird auf einmal glasklar, dass das wahre Problem nicht im Verhalten des Penis, sondern in den Erwartungen seines Trägers liegt. Warum sollte ein Mann beispielsweise eine Erektion bekommen, wenn er kein Verlangen auf die Partnerin spürt oder der Kopf mit anderen Gedanken blockiert ist? Viele Männer sind regelrecht erleichtert, dass es normal ist, eine Erektion nicht herbeizwingen zu können. Denn auch wenn alle wissen, dass die landläufigen Rollenbilder Wunschvorstellungen entspringen – Männer lassen nur ungern los vom Klischee des immer bereiten Typs mit dem Superwerkzeug für alle Fälle.

Aber auch moderne Frauen drehen sich nicht selten das Bild vom Angebeteten je nach Situation mal in Richtung sensibler Versteher, mal in Richtung Macho zurecht. Konservative Rollenbilder werden oft dann rausgeholt, wenn man eine eigene Unsicherheit nicht allein beseitigen will. Da ist zum Beispiel der Klassiker, den ich oft bei meinen Paaren erlebe: Obwohl die Frau im Bett irgendwie nicht ganz zufrieden ist, soll er ihre Wünsche von den Augen ablesen und beim Sex den Ton angeben. Eine schier unlösbare Aufgabe für Männer, wenn Frauen häufig selbst nicht wissen, was und wie sie es wollen.

In diese Falle tappten auch Jochen und Silvia. »Ich komm doch sexuell gar nicht auf meine Kosten, wenn Jochen keine Erektion hat!«, erzählt mir Silvia, als die beiden mich in der nächsten Sitzung zusammen besuchen. Wie sie das denn genau meinen würde, frage ich nach. Zu meinem Erstaunen erfahre ich, dass seit einem Jahr nicht nur kein Geschlechtsverkehr stattfindet, sondern gar nichts läuft. Schmusen und küssen würden sie schon viel. Aber andere sexuelle Techniken hätten sie noch nicht ausprobiert. »Da kann ich mir gut vorstellen, dass Sie beide unzufrieden sind. Was steht Ihnen denn eigentlich im Weg, dass Sie auch mit anderen Spielarten Ihre Befriedigung finden?« – »Eigentlich nichts, wenn Sie so fragen«, antwortet Silvia. »Aber bisher hatte ich damit noch keine Erfahrungen. Und was Neues anzufangen trau ich mir nicht von allein zu.« – »Dann ist ja jetzt genau der richtige Zeitpunkt, Ihre sexuellen Praktiken gemeinsam mit Jochen zu erweitern!«, sage ich zu den beiden und bespreche mit dem Paar, wie die Therapie genau abläuft.

Manchmal ist Egoismus auch positiv

Um bei Erektionsstörungen eine stressfreie Sexualität wieder zu entdecken, eignen sich am besten die Übungen aus dem Kapitel »Sex mit allen Sinnen«. Den sexuellen Leistungsdruck kann das Paar gleich im ersten Schritt durch das bewusste Sexverbot und die Streichelübungen rausnehmen. Es ist für die meisten Männer eine unglaublich befreiende Erfahrung, nach langer Zeit mal nicht funktionieren zu müssen. Und viele Frauen profitieren ganz nebenbei von den neuen sinnlichen Spielen mit ihren Partnern. Eine Besonderheit bei der Behandlung: Das Paar soll ganz bewusst mit der Erregung des Mannes spielen. Im ersten Schritt verwöhnt sie seinen schlaffen Penis. Allein beim Lesen des Begriffs »schlaffer Penis« läuft es den meisten schon kalt den Rücken herunter. Aber es ist für Männer unheimlich wichtig zu lernen, dass ihre Frau auch den entspannten Penis liebkosen und schätzen kann. Im nächsten Schritt stimuliert sie den Partner mit der Hand oder dem Mund bis zur Erektion und streichelt ihn anschließend so weiter, dass der Penis wieder in den »Ruhezustand« zurückgeht. Diese Übung sollte ein paar Mal hintereinander wiederholt werden. Ziel ist erstens, dass das Paar ganz bewusst und ohne Angst erlebt: Erregung kann kommen, gehen und wiederkommen, wenn beide Intimität entspannt genießen. Zweitens lernt der Mann, die Berührungen seiner Frau wieder wirklich zu spüren, statt im Kopf schon die steile Erregungskurve von »null auf Feuerwerk« vorwegzunehmen. Sexualwissenschaftler nennen diese Konzentration auf die eigene sexuelle Wahrnehmung »positiver Egoismus«. Es ist nicht etwa die Auferstehung des Macho. Positiver Egoismus im Bett bedeutet für den Mann als auch für die Frau, mehr sexuelle Selbstverantwortung zu übernehmen. Wer sich selbst sinnlich fallenlassen kann, muss weder sich noch dem anderen seine Potenz beweisen. Und wenn sich bei den gemeinsamen Übungen mal keine Erektion einstellt oder nicht wiederkommt – das ist normal! Je unbefangener das Paar mit der Erregung spielt, desto öfter wird der Penis steif werden. Das Wichtigste ist der gemeinsame erotische Genuss des Augenblicks. Wenn beide die neue Entspanntheit beim Sex verinnerlicht haben, dann ist es Zeit für das Wiedersehen mit einer lieben Bekannten. Der Mann darf jetzt seinen Penis an der Scheide der Partnerin reiben oder ihn langsam einführen. Damit das frisch erstarkte beste Teil nicht gegen Widerstand ankämpfen muss, sollte die Scheide schön feucht sein. Wer mag, kann deshalb eine gute Portion Gleitgel zur Hand nehmen. Auch bei dieser Übung macht es Sinn, ganz bewusst die Erektion kommen oder gehen zu lassen. Der Mann kann beispielsweise den Penis ruhig in der Scheide liegen lassen oder die Bewegungen mal schnell und mal langsam variieren. Spätestens jetzt ist es Gold wert, wenn der Mann den positiven Egoismus verinnerlicht hat und einfach die warme, weiche Scheide seiner Partnerin genießen kann. Bei den ersten Geschlechtsverkehr-Versuchen sollte auf jeden Fall er die Bewegungen bestimmen. Wenn der Mann sich seiner Erektion immer sicherer wird, darf auch sie den Takt angeben.

Jochen und Silvia entdeckten durch die Übungen eine völlig neue Qualität der Sexualität. Für Jochen ist es nach einigen gemeinsam gemeisterten Rückschlägen mittlerweile kein Problem mehr, eine Erektion zu bekommen. Und wenn der Penis mal während des Liebesspiels eine Verschnaufpause fordert, gehen beide entspannter damit um. Am meisten gewonnen hat aber sicherlich Silvia. Da sich auch bei ihr nicht mehr alles um den Penis von Jochen drehte, konnte sie sich viel besser fallenlassen und erlebte mit ihm ihren ersten gemeinsamen Orgasmus. Mit einer phantasievollen Palette sexueller Möglichkeiten im Gepäck verabschiedeten sich beide von mir.

Paare, die wie Jochen und Silvia mutig genug sind, die psychische Seite der Erektionsstörung zu betrachten, lösen nicht nur ein sexuelles Problem, sondern gewinnen ganz häufig auch eine neue Qualität der Beziehung hinzu.

Viagra und Co. – Sinn und Unsinn

Die schlechte Nachricht: Trotz aller Bemühungen bleibt der Penis schlapp. Doch bevor sich ein Mann auf Hilfesuche zur Wiederauferstehung seines besten Stückes macht, sollte er mit seiner Partnerin über den gemeinsamen Sex reden. Denn längst nicht jede Frau springt vor Freude über das zurückgewonnene Stehvermögen in die Luft. Oder sie reagiert nach längerer partnerschaftlicher Sexpause mit Misstrauen, ob der Partner vielleicht eine Liebhaberin hat. Damit keine Missverständnisse aufkommen: Es lohnt sich spätestens zu diesem Zeitpunkt zu klären, dass Sex nicht gleich Geschlechtsverkehr ist und die generalüberholte Erektion keine Nahkampfwaffe. Dass der Mann im wahrsten Sinne des Wortes immer noch auf seine Frau steht, kann für sie durchaus ein Kompliment sein. Frauen wünschen sich aber, die wiedergewonnene Sexualität nach ihren Wünschen mitzugestalten.

Die gute Nachricht: Heutzutage können Ärzte jedem Mann mit Erektionsstörung eine passende Lösung bieten. Um die optimale Behandlung zu finden, untersucht der Urologe den Penis, die Hoden, die Prostata, macht Ultraschall und entnimmt Blut. Zusätzlich zu diesen Standarduntersuchungen kann der Arzt auch verschiedene Tests zur Prüfung der Erektionsfähigkeit durchführen: zum Beispiel die Messung der nächtlichen Erektionen mit einem speziellen Gerät oder die Messung des Blutflusses am Penis. Manchmal überprüft der Urologe die Erektionsfähigkeit direkt in der Praxis. Dazu wird mit einer hauchfeinen Nadel die erektionsfördernde Substanz Alprostadil in den Schwellkörper gespritzt. Diese speziellen Tests sind vor allem dann sinnvoll, wenn die Ursache der Erektionsstörung nicht ganz klar ist. So kann jeder Mann mit einer für ihn maßgeschneiderten Therapie seine Erektion wiedererlangen.

Die Erektion wird von vielen Männern direkt mit dem Hormon Testosteron verknüpft – viel Testosteron gleich viele pralle Erektionen. Es heißt doch nicht umsonst »Testosterongesteuert«. Und wenn eben diese Steuerung offensichtlich kaputt ist, kann man sie doch bestimmt mit Testosteron wieder ankurbeln. Fakt ist aber: Den wenigsten Männern mit einer Erektionsstörung fehlt wirklich das männliche Geschlechtshormon. Wenn tatsächlich zu wenig Testosteron im Körper zirkuliert, lässt es sich ganz einfach ersetzen und der Mann fühlt sich wie neu geboren. Es gibt hormonhaltige Gels zum Auftragen auf die Haut oder Pflaster, die über mehrere Tage ihren Wirkstoff abgeben. Am bequemsten ist sicherlich die Testosterongabe als Depotspritze in den Gesäßmuskel, die bis zu drei Monate einen ausgeglichenen Hormonspiegel gewährleistet.

Und wenn gerade schon vom Gesäßmuskel die Rede ist: Ein knackiger Hintern sieht nicht nur gut aus, sondern bringt auch Power für die Erektion. Das Zusammenkneifen der Pobacken trainiert nämlich auch die Muskeln des Beckenbodens, in denen der Penis verankert ist. Zusammenkneifen, zehn Sekunden Halten uuuuuuuund wieder locker lassen. Je öfter, desto besser. Und Gelegenheiten gibt es viele: beim Autofahren, in langweiligen Besprechungen oder gemeinsam mit der Liebsten abends vorm Fernseher. So putzig die Übung auf der einen Seite erscheinen mag, so effektvoll ist sie auf der anderen Seite. Fangen Sie doch gleich mal während des Weiterlesens damit an!

Die kleine Power-Blaue

Falls Sie jetzt zwar ein beneidenswert festes Hinterteil haben, aber vorn herum die Festigkeit weiter auf sich warten lässt, steht Ihnen eine ganze Palette von Erektionshilfen zur Verfügung. Allen voran die wohl bekannteste aller Pillen für den Mann – Viagra.

Die blaue Pille ist weltweit zu einem Synonym für Potenzmittel geworden so wie das Tempo-Taschentuch für die saubere Papierhygiene der Nase. Seit 12 Jahren verhilft Viagra Männern zu mehr Standfestigkeit. Dabei war das Mittel am Anfang überhaupt nicht für Männer mit Erektionsstörungen, sondern als Medikament gegen Bluthochdruck entwickelt worden. Die Blutdrucksenkung bei den Testkandidaten erhielt die Note unbefriedigend. Dafür war die Nebenwirkung bei den Herren überaus befriedigend im wahrsten Sinne des Wortes – nicht mehr erhoffte Manneskraft kehrte in die Lenden zurück. Die Markteinführung von Viagra löste weltweit ein regelrechtes Erdbeben an Begehren und Begehrlichkeiten aus. Die einen feierten, dass es endlich ein wirksames Mittel gegen die mangelnde Festigkeit gab. Die anderen moralisierten, dass die Potenz im Alter eben abnehme. Und wieder andere sahen eine Partydroge, die Männer wie das Duracell-Häschen nächtelang rammeln lassen würden.

Nach mehr als einem Jahrzehnt Viagra (Sildenafil) haben sich noch zwei andere sogenannte Phosphodiesterasehemmer (PDE-Hemmer) mit den Namen Levitra (Vardenafil) und Cialis (Tadalafil) dazugesellt.

Die Einnahme der PDE-Hemmer ist einfach und effektiv zugleich. Alle Präparate entfalten nach zirka einer halben Stunde ihre Wirkung. Mit Viagra und Levitra ist Mann besonders schnell startklar und für zirka 12 Stunden einsatzbereit. Cialis ist eher der Ausdauersportler unter den PDE-Hemmern und wird deshalb auch gern als Wochenendpille bezeichnet. Cialis gibt es auch als tägliche Einnahme für Männer, die gern immer bereit sein wollen. PDE-Hemmer geben aber keine Standfestigkeitsgarantie und funktionieren nur, wenn der Mann entspannt und sexuell erregt ist. Viagra und Co. verstärken den natürlich ausgelösten Erektionsreflex und verhindern das Erschlaffen. Die PDE-Hemmer blockieren das Enzym Phosphodiesterase. Dadurch wird der Schwellkörper-Gefäß-Weitmacher Stickstoffmonoxid nicht so schnell abgebaut und die Erektion ist besonders prall.

All die medialen Sexualphantasien vom dauerpotenten Macho stellten sich jedoch nicht ein. Stattdessen eroberten Millionen Männer echte sexuelle Lebensqualität zurück.

Auch der Bäckermeister Jakob, dessen Herzkranzgefäße mit dem Herzkatheter-Verfahren in der Zwischenzeit behandelt wurden, wünscht sich bei einer Kontrolluntersuchung ein Rezept Viagra von mir. Er erzählt, dass es ein paar Wochen dauerte, bis er akzeptieren konnte, herzkrank zu sein. Jakob kickt wieder einmal pro Woche in seinem Fußballverein und der Naschbärbauch ist verschwunden. Er ist Verena sehr dankbar, dass sie ihm den Rücken stärkt. Allerdings mache er sich jetzt ernsthaft Sorgen um seine Beziehung. Er und seine Frau hatten seit der Diagnose Herzkranzgefäßverengung vor acht Wochen keinen Sex mehr. »Verena behandelt mich in letzter Zeit irgendwie komisch. Immer wenn ich zärtlich zu ihr sein möchte, entzieht sie sich. Vielleicht denkt sie, ich bin jetzt kein ganzer Mann mehr?« Jakob sieht mich fragend an. »Oder denken Sie, sie hat einen anderen?« Ich schlage ihm vor, dass er und seine Frau noch einmal gemeinsam zum Gespräch kommen sollen.

Schon am nächsten Tag sitzen wir zu dritt zusammen. Ich spreche Verena direkt an, dass mich Jakob um ein Rezept Viagra gebeten hat, aber er sich nicht sicher ist, ob sie mit ihm Sex haben will. Ihre Augen werden plötzlich ganz groß vor Erstaunen. »Klar will ich mit meinem Mann Sex haben. Ich vermisse seine Zärtlichkeiten unheimlich. Aber ich hab mich einfach nicht getraut, weil ich Angst hatte, dass es für ihn zu gefährlich ist. Und jetzt soll er auch noch Viagra nehmen? Er ist doch herzkrank!«

Weil das Enzym Phosphodiesterase auch in den Gefäßen des Herzens vorkommt, gab es nach der Einführung von Viagra viel Angst und Panikmache. Man befürchtete, dass die weit gestellten Herzkranzgefäße einen plötzlichen Blutdruckabfall mit Bewusstlosigkeit, Herzinfarkt oder gar plötzlichen Herztod verursachen könnten. Zum Glück haben sich diese Ängste nicht bestätigt. PDE-Hemmer sind sogar für die meisten herzkranken Männer sicher. Voraussetzung ist die komplette Beschwerdefreiheit. Herzkranke Männer sollten auf jeden Fall vor der Einnahme von PDE-Hemmern einen Belastungstest bei ihrem Hausarzt oder Kardiologen machen lassen. Definitiv verboten ist aber die zeitgleiche Einnahme von PDE-Hemmern und Nitropräparaten. Das sind meist Sprays oder aber auch Tabletten zur Behandlung von Brustenge oder Bluthochdruck. Wenn beide Substanzen zusammen eingenommen werden, kann es zu einem extremen Blutdruckabfall kommen. Herzkranke Männer sollten deshalb auch am besten die kurzwirksamen Präparate Viagra und Levitra einnehmen, um Wechselwirkungen zu vermeiden. Übrigens: Die Wahrscheinlichkeit, beim Sex zu sterben, ist mit 0,6 Prozent aller Ursachen für einen plötzlichen Herztod so verschwindend gering, dass man eher von einem Privileg sprechen könnte.

Verena und Jakob versichere ich, dass Sex mit Viagra auch für einen herzkranken Mann nicht gefährlich ist. Vor allem schlägt das Herz von Jakob nach dem Erweitern der Herzkranzgefäße wieder viel kräftiger als vorher. »Und hey«, sage ich, »beim Sex steigt der Puls grade mal auf rund 120 pro Minute. Da ist Brot backen bestimmt anstrengender!« Beide lachen erleichtert. »Zum Glück ist morgen schon Samstag. Und dann ist Sonntag!«, sagt Verena und zwinkert ihrem Mann dabei zu.

Wem seine Gesundheit lieb ist, der sollte aber unbedingt die Hände von zwielichtigen Angeboten für Viagra & Co. lassen. Viagra ist die Nummer eins der Weltrangliste der Arzneimittelfälschungen. Auf dem Schwarzmarkt bringt ein Kilo Viagra rund 90 000 Euro ein. Ein Kilo Kokain ist mit etwa 65 000 Euro schon fast günstig zu haben. Deshalb ist es nicht verwunderlich, dass der Schmuggel mit Viagra und Co. boomt. Optisch sind die Präparate mittlerweile fast nicht mehr von den Originalen zu unterscheiden. Aber chemische Analysen der meist klassisch blauen Schwindelpillen weisen nach, dass im besten Fall zu wenig oder kein Wirkstoff in den Tabletten steckt. Im schlechten Fall kann es nach der Einnahme zu ernsthaften Gesundheitsschäden kommen. Denn nicht selten finden sich gesundheitsschädliche oder sogar giftige Substanzen in den gefälschten Potenzmitteln. Also Hände weg von Supersonderangeboten aus dem E-Mail-Postfach! Originalpräparate gibt es nur auf Rezept vom Arzt.

Ökologisch potent?

Stichwort E-Mail-Postfach: Wer kennt nicht die vollmundigen Versprechungen für ungezügelte Manneskraft aus dem Internet? Da taugt nahezu jede Substanz zum Aphrodisiakum von A wie Auster bis Z wie Zusatznahrung. Besonders gern wird »Öko« vermarktet nach dem Motto – die Erektion ist natürlich, also sollte es die Behandlung auch sein. Aber das Ergebnis ist so, als ob man heutzutage lieber im Bach mit Kernseife seine Wäsche wäscht, anstatt sie mit Waschmittel in der Waschmaschine zu reinigen – aufwändig und unbefriedigend. Yohimbin ist beispielsweise ein Stoff aus der Rinde des Yohimbebaumes und soll zumindest in der Vor-Viagra-Ära Männern mit leichten Potenzstörungen geholfen haben. Bewiesen hat das allerdings nie jemand. Heute spielt Yohimbin im Vergleich zu den wirksamen PDE-Hemmern keine Rolle mehr bei der Behandlung von Erektionsstörungen. Beliebt ist auch die Spanische Fliege. Dabei handelt es sich in diesem Fall nicht um ein zerlegtes Tier, das der Männlichkeit auf die Sprünge helfen soll. Die Spanische Fliege ist ein homöopathisches Gemisch aus Cantharidin, Potenzholz oder Damianablättern. Dass der Penis nach der Einnahme zu Höhenflügen ansetzt, konnte wissenschaftlich nie bewiesen werden. Die Potenzmittelindustrie arbeitet auch gern mit mechanistischem Denken. So wird zum Beispiel viel mit der Aminosäure Arginin zur Nahrungsergänzung geworben. Der Körper kann aus Arginin Stickstoffmonoxid freisetzen, welches ja bekanntlich für die Erweiterung der Schwellkörpergefäße notwendig ist. Aber erstens hat der Körper genug eigenes Stickstoffmonoxid. Und zweitens würde das von außen zugeführte Stickstoffmonoxid deshalb noch lange nicht nur die Penisgefäße, sondern alle Gefäße erweitern. Vergleichsweise könnte

Mann sich ebenso im Sommer auf den Balkon stellen. Hitze macht die Gefäße bekanntlich auch weit. Aber der Penis richtet sich dann allenfalls auf, wenn die Liebste ihrem Mann im knappen Bikini ein kühles Getränk serviert. Auch wenn es in unserer aufgeklärten Welt kaum zu glauben ist: Für Rinderhodenkapseln, Tigerzähne oder Affenhirn zur Potenzsteigerung besteht immer noch eine rege Nachfrage. Wer sagt diesen Männern endlich: Mit Rinderhodenextrakt rammelt man nicht wie's Vieh, Tigerzähne machen einen Mann nicht zum wilden Tiger und Affenhirn macht nicht affengeil.

SKAT und MUSE

Auch wenn SKAT und MUSE ein bisschen nach Spielkarten und Inspiration für Künstler klingen, handelt es sich in Wirklichkeit um zwei sehr effektive Verfahren zur Erektionsförderung. Die beiden Methoden nutzen vor allem Männern, bei denen die PDE-Hemmer unwirksam sind oder die diese aus gesundheitlichen Gründen nicht einnehmen dürfen. Sowohl bei SKAT als auch bei MUSE ist die erektionsfördernde Substanz Alprostadil. Dieses körpereigene Prostaglandin ist an der natürlichen Erektion beteiligt und der Urologe verwendet es auch zur Schwellkörpertestung in der Praxis. Wenn der Penis sich nach der Gabe von Alprostadil aufrichtet, kann jeder Mann die Substanz auch zu Hause mit ein bisschen Übung anwenden. Anders als die PDE-Hemmer wirkt Alprostadil am Penis direkt erektionsauslösend, unabhängig vom Willen oder der Erregung des Mannes ein. Alprostadil entspannt die glatte Muskulatur des Penisschwellkörpers und erweitert die zuführenden Penisgefäße sowie die des Schwellkörpers. Bei beiden Methoden ist der Penis nach zirka 15 Minuten startklar für das Liebesspiel und hält bis zu einer Stunde seine straffe Form.

SKAT ist die Abkürzung für die sogenannte Schwellkörper-Autoinjektions-Therapie. Dabei spritzt sich der Mann mit einer hauchfeinen Nadel eine geringe Menge des Medikaments in den Penis. Keine Angst: Der Urologe zeigt vorher ganz genau, wie es funktioniert. Wer Angst vor Spritzen hat, kann es mit MUSE probieren. MUSE bedeutet Medikamentöses Urethrales System zur Erektion. Urethra ist der lateinische Begriff für die Harnröhre. Bei MUSE führt der Mann mit einem zirka drei Zentimeter langen Plastikröhrchen ein reiskornkleines Mikrozäpfchen durch die Harnröhre in den Penis ein. Dort schmilzt das Zäpfchen und setzt seinen Wirkstoff frei. Aber bitte vorher auf die Toilette gehen, damit das wertvolle Medikament nicht wieder rausgespült wird. Ob man lieber SKAT oder MUSE verwendet, ist Geschmackssache.

Beide Anwendungen werden von den meisten Männern sehr gut vertragen. Nur selten kann es mal im Penis zu Brennen oder Schmerzen kommen. Damit das nicht passiert, sollte Alprostadil nicht mehr als zweimal pro Tag angewendet werden.

Mit Unterdruck zur Hochform

Die Erektion lässt sich aber nicht nur durch chemische Substanzen verbessern. Es gibt auch sehr clevere mechanische Verfahren wie zum Beispiel die Vakuumpumpen. Die Geräte bestehen aus einem Plexiglaszylinder, der mit einer Pumpe verbunden ist, die entweder mechanisch, ähnlich einer Luftpumpe, oder per Motor funktioniert.

Durch den Zylinder kann der Mann beobachten, wie der

Penis groß und fest wird. Je nachdem, ob der Mann eher auf Handarbeit steht oder ein Technikliebhaber ist, kann er zwischen verschiedenen Modellen wählen. Die Funktionsweise ist ganz einfach: Der Penis wird in den Plexiglaszylinder gesteckt und die Pumpe erzeugt einen Unterdruck. Dadurch strömt Blut in die Schwellkörper und der Penis wird groß und steif. Damit das auch so bleibt, wird durch einen sogenannten Spannungsring aus Gummi das Blut am Abfließen gehindert. Der Spannungsring wird dafür über den Penis gestülpt und bis an das untere Ende geschoben. Vorher bestimmt der Mann genau die passende Ringgröße mit einer Schablone aus der Packungsbeilage, damit nichts kneift. Allerdings sollte der Penis nicht länger als eine halbe Stunde in »Arbeit« sein. Dann muss der Spannungsring wieder runter, sonst kann es zu ernsthaften Gefäßschädigungen kommen. Wenn die Pumpe allein nicht zur gewünschten Steifigkeit des Penis führt, kann man sie auch mit PDE-Hemmern, SKAT oder MUSE kombinieren. So bekommt nahezu jeder Mann selbst bei einer schweren Störung eine gute Erektion. Frauen reagieren manchmal auf mechanische Hilfsmittel zuerst mit Zurückhaltung. Auch wenn der Mann von technischen Spielzeugen begeistert ist, sollte er die Pumpe gemeinsam mit seiner Frau aussuchen. Sonst kann es wie bei Jens und Lena Startprobleme geben.

Jens ist seit seiner Kindheit Diabetiker. Seine Jugendliebe Madeleine hatte ihn für einen anderen verlassen. Der sei bestimmt potenter gewesen als er, erzählt mir Jens und klingt dabei bitter. Eine Sekunde später lächelt er aber wieder: »Zum Glück hab ich Lena gefunden. Sie ist das Beste, was mir passieren konnte. Als ich ihr am Anfang gestand, dass es mit meiner Potenz etwas hapert, hat sie mich nur lachend angeschaut und gesagt: Ich liebe doch DICH und nicht einen Penis auf Beinen!« Da hat Jens aber wirklich eine tolle Frau gefunden, denke ich. Aber was führt ihn denn jetzt in meine Sprechstunde? »Der Urologe hat mir für meine Erektion eine Vakuumpumpe verschrieben. Die funktioniert wirklich super. Aber als ich Lena meine neue Errungenschaft zeigte, ging das voll in die Hose!« Jens erzählt mir, dass sie von seiner Überraschung total überfahren war und den »Technikkram« einfach nur blöd fand. Bei einem gemeinsamen Treffen mit dem Paar erkläre ich zuerst auch Lena ganz genau, wie die Vakuumpumpe funktioniert und strecke ihr danach den durchsichtigen Plexiglaszylinder entgegen. Sie nimmt ihn zögerlich in die Hand und probiert eine Weile daran herum. Schließlich schaut sie Jens an und sagt: »Wenn das wirklich so super funktioniert, dann probieren wir das gleich mal heute Abend aus!«

Penisimplantate

Und wenn der Penis trotz aller medikamentösen und mechanischen Hilfsmittel schlapp bleibt? Dann können Penisimplantate zu beneidenswerten Erektionen verhelfen. Allerdings werden die natürlichen Schwellkörper durch die Implantate operativ ersetzt. Deshalb rät der Urologe zu diesem Verfahren auch erst dann, wenn es keine andere Möglichkeit mehr gibt. Früher verwendete man sogenannte halbsteife Implantate. Stellen Sie sich das wie biegsame Gummistäbe vor, die auf Bedarf nach oben oder unten gebogen wurden. Diese Lösung war zwar effektiv, aber nicht übermäßig elegant. Deshalb tüftelten Ingenieure weiter und entwickelten die hydraulische Methode, die heutzutage Standard ist. Das Implantat besteht jetzt aus einem geschlossenen System aus Flüssigkeitsspeichern und Schläuchen. Zwei Speicher befinden sich im Penis und einer im

Unterbauch. Eine Minipumpe im Hodensack befördert auf Knopfdruck die Flüssigkeit vom Unterbauch in die Penisspeicher, bis diese ganz prall sind. Die Erektion taugt dann zu einem nahezu unendlichen Akt. Wenn Mann und Frau danach erschöpft in ihre Kissen sinken, wird die Flüssigkeit einfach wieder in den Unterbauchspeicher zurückgepumpt.

Im übertragenen Sinn gibt es ihn also doch – den Sex auf Knopfdruck? Aber: Auch wenn Ärzte heutzutage bei Männern mit organischen Erektionsstörungen kleine Wunder vollbringen können, die Behandlung ist erst komplett, wenn alte Klischees über männliche Sexualität und negative Emotionen im Gespräch mit der Partnerin ausgeräumt sind.

Kleine Stütze, große Wirkung – potente Aussichten

US-Forscher stellten auf einem Kongress für Gefäßspezialisten im Jahr 2011 erstmals die Ergebnisse einer Studie vor, die bei herzkranken Männern den Nutzen von Stents in die zuführende Penisarterie prüfte. Stents heißen die kleinen Gefäßstützen, die bei verkalkten Herzkranzgefäßen oder Beingefäßen schon seit Jahren erfolgreich eingesetzt werden. Dass Ärzte nicht schon viel früher versuchten, die Penisgefäße mit Stents offenzuhalten, liegt an ihrem sehr feinen Durchmesser und der dadurch großen Empfindlichkeit. Dank der rasanten medizinischen Entwicklung steht heute eine Technik zur Verfügung, die auch die Behandlung filigranster Gefäße zulässt. Insbesondere ist dabei die medikamentöse Beschichtung der Stents von Bedeutung. Die Medikamente bewirken nämlich, dass der Stent sich nicht wieder mit verklumptem Blut zusetzt. Auch in der Studie der US-Forscher waren die Stents medikamentös beschichtet und sorgten für freien Blutfluss in den Penis. Das Ergebnis überzeugte. Nach der Behandlung verbesserte sich bei 60 Prozent der Männer die Erektion. Ob sich diese Methode als Standard durchsetzt, bedarf noch weiterer Untersuchungen. Aber bei derart erfolgreichen Aussichten bleiben die Wissenschaftler sicherlich im Dienste der Liebe dran!

Schnelle Hilfe für Schnellkommer?

Ich bekomme regelmäßig E-Mails von Menschen mit sexuellen Problemen. Häufig wollen die Fragenden sogar anonym bleiben. snoopy@, Zauberer68@ oder zweiterfruehling@ erhoffen sich ultimative Tipps oder manchmal einfach nur die Bestätigung ihres Problems. Als ich wieder einmal in mein Postfach schaue, blinkt die Mail von Schnelle_Hilfe@ auf. Das scheint ja unter den Nägeln zu brennen, denke ich und öffne gespannt:

Hallo Frau Doktor Thiele, ich bin leider ein Schnellkommer. Mein Durchhaltevermögen im Bett ist eine echte Katastrophe. Meistens ist es vorbei, bevor es angefangen hat. Vor allem in der Missionarsstellung dauert es keine Minute. Ich krieg schon Panik, wenn sich meine Freundin meiner Unterhose nur nähert. Sie findet den Zustand nicht mehr lustig und sagt, sie hält das nicht mehr lange aus. Immer wenn es für sie schön werden könnte, bin ich schon fertig. Mittlerweile haben wir kaum noch Sex. Dabei find ich meine Süße total sexy. Mit anderen Worten: Sie ist eine echt geile Frau. Selbst wenn ich nur an sie denke oder sie küsse, bekomme ich schon eine Erektion und hab Tröpfchen in der Hose. Bitte helfen Sie mir schnell!

Ich helfe natürlich gern und lade das Paar in meine Praxis ein. *Schnelle Hilfe* heißt eigentlich Mirko und ist 23 Jahre alt. Die »sexy Süße« an seiner Seite ist die gleichaltrige Isabel. Als ich ihr so gegenübersitze, wirkt sie gar nicht wie die »echt geile Frau«. Eher macht sie einen echt unglücklichen Eindruck. Da ich Mirkos Version von dem Problem schon kenne, frage ich seine Freundin, wie sie die Sache sieht. Isabel nimmt Mirkos Hand und fängt vorsichtig zu erzählen an: »Mein Mirko macht sich nur noch fertig wegen des verdammten Sex! Er ist jedes Mal so unglücklich, wenn er wieder zu früh gekommen ist, dass es mir richtig in der Seele weh tut. Ich trau mich schon gar nicht mehr, ihn einfach mal so zu streicheln. Dann denkt er immer gleich, er müsste wieder ran und es gibt nur Streit. Dabei lieb ich ihn doch so doll.« Die Aussage von Isabel genügt mir aber noch nicht. Was mich viel mehr interessiert, ist, wie es ihr selbst mit der Situation geht. Ich frage deshalb genau nach und bringe Isabel damit offensichtlich in eine innere Zwickmühle. Sie hält immer noch Mirkos Hand fest, doch jetzt kullern ihr ein paar Tränen über die Wangen. Richtig mies fühle sie sich, aber langsam auch ganz schön wütend. Mirko habe nur noch im Kopf, seinen Penis bei ihr ganz schnell reinzustecken. »Aber ich will dich doch so gern befriedigen!«, fällt ihr Mirko ins Wort. Weinend dreht sich Isabel nun zu ihrem Freund um »Befriedigen? Mensch, Mirko, du fasst mir mal kurz an die Brüste und dann willst du sofort zwischen meine Beine. Ich bin so gestresst, dass ich noch nicht mal mehr erregt bin. Und du checkst das gar nicht. Es dreht sich alles nur noch darum, wann du kommst.«

Isabel und Mirko sind ein ganz typisches Paar, bei dem der Mann zu früh kommt. Häufig ist er mit seinem Problem so auf sich und seinen Samenerguss fixiert, dass er ihre sexuellen Wünsche gar nicht mehr wahrnehmen kann. Scheinbar ist der Dreh- und Angelpunkt der beiderseitigen sexuellen Befriedigung der zeitlich unbegrenzte Geschlechtsverkehr. Und weil der nicht möglich ist, zieht er sich lieber ganz zurück und vermeidet jeden intimen Kontakt. Die Folge: Sie ist völlig verunsichert und frustriert zugleich. Einerseits will sie ihn nicht unter Druck setzen und vermeidet, ihn zu stimulieren. Andererseits kommt sie aber sexuell kaum noch auf ihre Kosten. Denn wenn sich Sex nur auf das möglichst schnelle Einführen des Penis beschränkt, lässt sie irgendwann gar keine Erregung mehr zu. Warum sollte sie auch? Die Wahrscheinlichkeit, so einen Orgasmus zu bekommen, geht gegen null. Und sollte es doch einmal passieren, dann fühlt es sich für sie eher wie eine hektische Angelegenheit anstatt wie ein sinnliches Erlebnis an.

Das Zu-schnell-Kommen ist neben der Erektionsstörung das häufigste sexuelle Problem des Mannes. Schnellkommer gibt es in jedem Alter. Aber vor allem klagen junge und unerfahrene Männer darüber. Die häufig verwendete Bezeichnung vorzeitiger Samenerguss oder fachlich ausgedrückt *Ejaculatio praecox* finden Sexualwissenschaftler heute unglücklich. Denn vorzeitig ist relativ und immer bezogen auf den Geschlechtsverkehr. So bemühte man sich, die Vorzeitigkeit des Samenergusses genauer zu definieren. Wissenschaftler legten dafür Folgendes fest: Die Zeit vom Einführen des Penis in die Scheide bis zum Samenerguss liegt unter zwei Minuten und die Beckenbewegungen des Mannes betragen weniger als sieben Stöße. Oder der Geschlechtsverkehr sollte so kurz sein, dass, statistisch gesehen, weniger als 50 Prozent der Frauen einen Orgasmus erreichen. Dass man mit Zählen und Messen keine Garantie für guten Sex bekommt, weiß heutzutage jeder. Und deshalb muss auch niemand die Stoppuhr neben das Bett stellen oder Bewegungsmelder installieren. Ob er zu schnell kommt und ob das ein Problem ist, entscheidet allein das Paar. Manchmal wollen Mann und Frau ganz bewusst schnellen Sex ohne großes Drum und Dran. Dann ist Zu-schnell-Kommen das Gerade-recht-Kommen. Einige Frauen sehen Geschlechtsverkehr als notwendiges Übel und sind froh, wenn sich der Mann schnell abgearbeitet hat. Letzteres kommt heute zum Glück immer seltener vor, weil Frauen sexuell aktiver und selbstbestimmter sind als früher. Und eben genau diese, in den späten 60ern gewonnene weibliche sexuelle Freiheit war es, die den Zeitpunkt des Samenergusses erst zu einem Problem für die Männer werden ließ. Bis dahin kam Mann einfach, wann er wollte – und fertig.

Obwohl ein Psychoanalytiker bereits Anfang des 20. Jahrhunderts erstmals in einer Fachzeitschrift über einen Mann mit vorzeitigem Samenerguss schrieb, wurde das zu-früh-Kommen erst zur Zeit der sexuellen Revolution zum Problem in den Betten erhoben. Denn Frauen wollten jetzt beim Sex lustvoll auf ihre Kosten kommen und klagten neben neuen Spielarten auch das Durchhaltevermögen ihrer Partner ein. Diese weibliche Forderung stellte Männer vor eine neue Aufgabe. Sie mussten nämlich fortan ihren Orgasmus für ein möglichst ausgiebiges Liebesspiel kontrollieren. Und eben diese Kontrolle fehlt den Schnellkommern. Deshalb sprechen Sexualwissenschaftler heutzutage lieber von mangelnder Orgasmuskontrolle des Mannes anstatt von vorzeitigem Samenerguss. Und wenn ein Mann seine Erregung bis zum Orgasmus nicht steuern kann, sind Anspannung und Angst beim

Sex vorprogrammiert. Die permanente ängstliche Anspannung führt wiederum dazu, dass der Mann überhaupt nicht mehr seine körperlichen Reaktionen entspannt wahrnehmen kann und nur das Schlimmste erwartet. Statt Erregung gibt es Aufregung. Dann dreht sich die Katz um ihren eigenen Schwanz und der Mann im Angst-Erwartungs-Hamsterrad.

Orgasmuskontrolle lernen

Die Angst abbauen und negative Erwartungen aus dem Kopf verbannen, sind deshalb das A und O der Behandlung für Männer mit mangelnder Orgasmuskontrolle. Schnelle Hilfe für Schnellkommer gibt es nicht. Dafür gibt es aber mit sehr hoher Wahrscheinlichkeit eine Belohnung für Üben, Üben und nochmals Üben – am besten entspannt zu zweit. Nach zwei bis drei Monaten haben es 90 Prozent der Paare geschafft. Zuerst einmal weg mit den Leistungsgedanken! Die meisten betroffenen Männer träumen von stundenlangem, wilden Geschlechtsverkehr. Dabei ist es weder erstrebenswert, dass die Herren ihr bestes Stück und ihrer Frau beim ewigen Rein und Raus die Scheide aufrubbeln, noch ist es gesagt, dass ein langer Akt auch die Befriedigung der Frau garantiert. Oberstes Gebot ist und bleibt: Sex ist nicht nur Geschlechtsverkehr! Wenn Frau mit Mann an seiner Orgasmuskontrolle übt, sollte er den Körper seiner Liebsten für die Unterstützung phantasievoll belohnen. Dann ist ihre Motivation, ihm zu helfen, doppelt so hoch und das gemeinsame Ziel schneller erreicht.

Es gibt viele effektive Methoden zum Erlernen der Orgasmuskontrolle – allen voran die Start-Stopp-Methode und die

Squeeze-Technik. Beide Methoden kann man allein oder gemeinsam anwenden. Ziel ist, dass der Mann seine Erregung bis zum sogenannten »Point of no Return« wahrnehmen und steuern lernt. Der »Point of no Return« meint im Deutschen den Moment der Unvermeidbarkeit des Orgasmus. Je besser der Mann mit seiner Erregung bis kurz vor dem Höhepunkt spielen kann, umso sicherer wird seine Orgasmuskontrolle.

Bei den meisten Männern tritt das Problem des Zu-schnell-Kommens vor allem beim Verkehr mit Frauen auf. Einige können aber, so wie Mirko, auch bei der Selbstbefriedigung ihren Orgasmus nicht kontrollieren. Besonders für diese Männer und für Männer ohne aktuelle Partnerin sind Masturbationsübungen ein guter Einstieg. Ich empfehle allerdings jedem Mann, dass er sich bei der Selbstbefriedigung erst einmal mit den Übungen vertraut macht. Das hat zwei Vorteile: Erstens kann der Mann lernen, in aller Ruhe sich auf seine Empfindungen zu konzentrieren und zweitens seiner Partnerin später die Methoden besser erklären.

Bei der Start-Stopp-Technik befriedigt sich der Mann im ersten Schritt 15 Minuten allein. Ziel ist, dass er in dieser Zeit nicht kommt. Er stimuliert sich dabei so lange, bis er eine deutliche Erregung bis kurz vor dem Orgasmus spürt. Dann unterbricht er und fängt von neuem an, Start-Stopp – Start-Stopp, und so weiter. Dabei kann die Vorstellung einer Erregungsskala von 0 bis 10 sehr hilfreich sein (0 – keine Erregung, 10 – Orgasmus unvermeidbar). Er sollte sich genau auf seine Empfindungen im Penis und Becken konzentrieren und seine Gedanken und Gefühle immer wieder zu sich zurückholen, wenn er abschweift. Das klappt am besten mit entspanntem, tiefen Durchatmen. Am Anfang ist es sinnvoll, die Erregung nicht gleich bis kurz vorm Äußersten zu steigern. Der Mann kann ruhig auf der gedachten Skala mit einem Erregungswert von 5 beginnen und sich an den Wert 9 herantasten. Ziel ist, dass er die Übung später nur noch ein- bis zweimal unterbrechen muss. Ist das geschafft, kann er die Schwierigkeit steigern und das Ganze mit Gleitgel wiederholen. Danach ist Teamwork mit der Partnerin angesagt.

Mann und Frau üben nun die Start-Stopp-Technik gemeinsam. Er liegt oder sitzt entspannt, sie massiert seinen Penis mit oder ohne Gleitgel. Der Mann bleibt allerdings der Bestimmer, wann sie stimuliert und wann sie wieder aufhört. Da jedes Paar seine eigene erotische Sprache hat, kann es sich auch andere Wörter für Start und Stopp überlegen. Und es spricht überhaupt nichts dagegen, bei der Übung miteinander zu flirten. Ziel ist es auch hier wieder, dass der Mann 15 Minuten ohne Kommen mit nur ein bis zwei Unterbrechungen durchhält. Klappt die Start-Stopp-Methode gut, kann das Paar zusätzlich die sogenannte Squeeze-Technik kurz vor dem Orgasmus anwenden. Diese Methode baut dabei auf der Start-Stopp-Technik auf. Squeeze-Technik heißt im Deutschen nichts anderes als Quetsch-Technik. Und genauso funktioniert diese Übung auch. Nachdem er sich selbst oder die Partnerin bis kurz vor dem Samenerguss stimuliert hat, kann der Orgasmusreflex durch Druck an der Kuppe des Penis – der Eichel – unterbrochen werden. Wie stark und wie lange man »quetschen« soll, bestimmt der Mann. Erfahrungsgemäß kann die Partnerin aber ruhig beherzt fünf bis zehn Sekunden zudrücken. Danach geht die Stimulation wie bei der Start-Stopp-Technik für zirka 20 Minuten weiter. Ziel ist es, dass auch diese Übung so oft wiederholt wird, bis nur noch ein bis zwei Unterbrechungen notwendig sind. Übrigens: Eine andere

Möglichkeit, den Orgasmus durch »Quetschen« zu verhindern, ist der Druck auf die Dammgegend – also die sensible Zone zwischen Hoden und After.

Nach so viel gemeinsamer Handarbeit mit der Start-Stopp-Technik und der Squeeze-Technik ist das Paar jetzt bestens gerüstet für die heiße Phase. Die Methoden dürfen Mann und Frau nun nach Lust und Laune kombinieren, um den Samenerguss hinauszuzögern. Die Stimulationsart nähert sich Schritt für Schritt dem Geschlechtsverkehr. Zuerst sollte der Mann seinen Penis an der Scheide reiben, ohne dass Nervosität entsteht. Wenn er das entspannt genießen kann, ist es Zeit, die Kuppe des Penis gaaaanz langsam in die Scheide einzuführen. Wenn diese sanfte Massage kurz vor dem Feuerwerk steht, sollte Mann oder Frau den Orgasmus mit einer der beiden erlernten Methoden unterbrechen. Am besten, das Paar vereinbart vorher, ob gestoppt oder ob und wo gedrückt wird. Ganz wichtig: Bei dieser Übung ganz entspannt bleiben und mit Humor arbeiten. Die ersten Male kommt er bestimmt sehr bald. Einfach jetzt ein bisschen mehr Geduld aufbringen. Und wenn es gar nicht klappen will, noch mal eine Runde zurück zur Handarbeit. Dieses Vorgehen gilt auch für die nächsten Schritte. Wenn das Einführen der Kuppe nämlich prima klappt, kann er den Penis langsam ganz in die Scheide einführen und erst einmal nur ruhig dort liegen lassen. Egal, in welcher Stellung Mann und Frau es sich bequem gemacht haben, der Mann bestimmt sowohl die Bewegung als auch den Zeitpunkt der Unterbrechung. Nach und nach kann er in ihr hin- und hergleiten und das Tempo variieren. Super ist jetzt, wenn das Paar den Druck auf die Dammgegend geübt hat. Selbst wenn der Penis in ihrer Scheide steckt – den Damm ihres Partners kann die Frau nämlich immer noch gut erreichen und sie kann so den Orgasmus hinauszögern. Mit Üben, Üben und nochmals Üben können sich Mann und Frau nun bald mit entspanntem Sex belohnen.

Ich komm dann mal später – im Gehirn die Stopptaste drücken

Obwohl es keine schnelle Hilfe für Schnellkommer gibt, steht seit 2009 aber ein wirksames Medikament zur Unterstützung der Orgasmuskontrolle parat. Der Wirkstoff heißt Dapoxetin und zögert den Samenergussreflex direkt im Gehirn hinaus. Dieser Reflex ist ähnlich wie das Auslösen der Erektion ein ganz komplexer Prozess aus Stimulation und Hemmung von Nervenzellen. Der Botenstoff Serotonin legt sozusagen direkt im Gehirn den Reflex für den Samenerguss lahm, indem er an bestimmte hemmende Nervenzellen andockt. Normalerweise führt ein sogenannter Serotonin-Transporter dazu, dass das Serotonin von den Gehirnzellen wieder aufgenommen, abgebaut und damit der hemmende Effekt auf den Samenerguss beendet wird. Genau diesen Transporter hemmt Dapoxetin und Serotonin kann länger den Reflex zum Samenerguss blockieren.

Dapoxetin verlängerte in den Tests die Dauer bis zum Samenerguss im Mittel von 0,9 Minuten auf bis zu 3,6 Minuten. Das Medikament sollte ungefähr eine bis drei Stunden vor dem Verkehr eingenommen werden. Am besten probiert der Mann die Wirkung erst einmal allein aus. Dapoxetin kann man als eine wirklich tolle Ergänzung zu den Übungen empfehlen.

Übrigens: Mirko und Isabel lösten ihr Problem ganz unkonventionell und entschlossen in einem Kurzurlaub. Nach zwei Wochen täglichem Üben saß ein glückliches Paar vor mir. Und auch wenn manchmal noch nicht alles hundertprozentig klappte, die beiden hatten richtig Lust, ihre Sexualität neu zu entdecken. Mein Kompliment!

Kleine Helfer

Sexspielzeuge als Bereicherung

Als Anna das erste Mal durch meine Praxistür kommt, denke ich: Wow, das ist ja eine klasse Frau! Da stimmt alles: endlos scheinende Beine, perfekte weibliche Figur, lange blonde Locken, ein ausdrucksstarkes Gesicht, Kleidung und Auftreten wirken hundertprozentig stilsicher. Als Anna zu erzählen beginnt, ist schnell klar: Diese Frau sieht nicht nur verdammt gut aus, sondern ist auch richtig erfolgreich. Dabei wirkt sie keineswegs wie eine blöde Karrierezicke, sondern total bodenständig. Die glücklichen Menschen an ihrer Seite heißen Markus und Luise. Markus liebt sie schon seit acht Jahren. Die dreijährige Tochter Luise ist der Augenstern von ihr und ihrem Mann. Als gerade all die bunten Bilder von der perfekten Familie in meinem Kopf entstehen, lässt Anna im nächsten Moment die Traumblase platzen. »Weshalb ich aber eigentlich hier bin: Ich hasse mich dafür, dass ich beim Sex einfach nicht richtig funktioniere!« Am Ende des Satzes rutscht Anna in sich zusammen und beginnt zu weinen. Nach einer Weile schweigendem Weinen frage ich: »Was heißt das denn, Sie funktionieren nicht richtig beim Sex?« – »Ich komme einfach nicht! Markus kann sich Mühe geben, wie er will. Er massiert mich, er leckt mich, er liebt mich in den Stellungen, die mir am meisten Spaß bereiten – nichts bringt mich mit ihm zum Orgasmus!« Stopp mal, denke ich. Sie sagte doch eben »mit ihm« zum Orgasmus. Das heißt, es gibt schon andere Möglichkeiten für Anna. Mein Gedanke bestätigt sich gleich. »Ich komme nur mit diesem verdammten Vibrator, wenn ich es mir selbst mache. Ich verfluche den Tag, an dem ich ihn gekauft habe. Vielleicht könnte ich einfach so kommen, wenn ich mir das niemals angewöhnt hätte?«

Es dauerte mehrere Stunden mit ihr allein und auch zusammen mit ihrem Mann Markus, um Anna den Funktionsdruck zu nehmen. Sie bestand am Anfang der Therapie darauf, »natürlich« zu kommen. Anna war es gewohnt, alles allein zu lösen und empfand es als richtige Niederlage, für ihren Orgasmus im wahrsten Sinne des Wortes nicht eigenhändig sorgen zu können. Außerdem plagten sie extreme Schuldgefühle Markus gegenüber, dass sie nicht beim gemeinsamen Sex den Höhepunkt erreicht. Anna hatte sogar ihrem Mann aus Scham verschwiegen, dass sie mit einem Vibrator sehr wohl Orgasmen erleben konnte. In unserer letzten gemeinsamen Sitzung gesteht sie ihm endlich: »Markus, ich habe einen Vibrator und mit dem klappt es.« Als der Satz raus ist, blickt Anna mit hochrotem Kopf nach unten. Markus drückt sie an sich und schaut ihr fest in die Augen: »Mensch, warum hast du das nicht schon längst mal gesagt? Dann nehmen wir den Zauberstab mit ins Bett. Und dann werd ich wohl mein blaues Wunder mit dir erleben!« Ein paar Tage später erhalte ich eine E-Mail: »Blaue Wunder gibt es wirklich! Anna und Markus.«

Frauen wie Anna, die sich selbst unter extremen Funktionsdruck setzen, erlebe ich immer wieder. Dabei ist es doch schön, dass heutzutage kleine Hilfsmittel zur Verfügung stehen, um die Lust auf die Spitze zu treiben – nicht nur allein, sondern auch im gemeinsamen Liebesspiel. Allerdings ist noch längst nicht jeder Partner so entspannt wie Markus. Manchmal reagieren Männer als auch Frauen verunsichert und eifersüchtig auf die kleinen Lustspender. Dabei ersetzt ein surrender Vibrator natürlich noch lange nicht die Nähe und Geborgenheit eines geliebten Menschen aus Fleisch und Blut. Für Paare, die sich einander emotional sicher sind, können Sexspielzeuge eine echte Bereicherung sein. Am besten stöbert man gemeinsam durch das schier unübersehbare Angebot an farbenfrohen Artikeln und probiert einfach das ein oder andere unbefangen aus. Manches Teil wird sicher zu Lachern führen und ein anderes Stück hat vielleicht das Potential zum Dauerbrenner.

Nachdem Sexspielzeuge lange Zeit unter »Hilfsmittel zum Abbau des natürlichen sexuellen Verlangens« rangierten, wurden sie nach der sexuellen Revolution salonfähig. Bereits in jedem fünften Haushalt schnurrt längst nicht nur die Katze im Schoß der Frau. Trotz steigender Beliebtheit von Vibrator und Co. halten sich die Deutschen beim öffentlichen Kauf lieber zurück. Der Wunsch nach diskretem Erwerb lässt nicht nur das Internetgeschäft florieren. Statt Tupperparty gönnt sich heutzutage so manche Frauenrunde auch den Besuch der Dildofee direkt im Haus. Die Dildofee ist kein Phantasieprodukt, sondern eine Firma cleverer Geschäftsfrauen, die ihren Geschlechtsgenossinnen im kuscheligen Wohnzimmer mit Witz und Charme die Vorzüge von Dildo, Vibrator, Liebeskugel und vielem mehr ans Herz oder besser in den Schoß legt. Am Ende eines solchen Abends gibt es dann meist neugierig und vorfreudig beschwingte Kundinnen und eine glückliche Dildofee mit dicker Brieftasche.

Obwohl also viele Deutsche das eine oder andere Spielzeug im Schlafzimmer benutzen, lieben sie Sex doch im Grunde ganz konservativ. Gerade mal drei Prozent der Männer und Frauen stehen auf spezielle Sexpraktiken. So gehören zum Beispiel die Käufer von Keuschheitsgürteln und Peniskäfigen für die totale Kontrolle, Sexpuppen, Harnröhrenerweiterungs-Sets oder Reise-Analduschen zu einer Minderheit.

Glaubt man der Top-Seller-Liste eines bekannten deutschen Erotik-Versands, stehen Vibratoren, Penisringe und Plüschhandfesseln bei den Deutschen ganz hoch im Kurs. Sexspielzeuge haben übrigens nicht zwangsläufig etwas mit Fetisch zu tun. Vibratoren, Plüsch-Schnickschnack und Co. gelten als reine Sexspielzeuge, wenn sie Mann und Frau zur Selbstbefriedigung oder beim gemeinsamen Sex einsetzen und das Objekt der Begierde der Partner bleibt. Von einem Fetisch spricht man dann, wenn zum Beispiel Schuhe, Strümpfe oder das Material Latex an sich das Objekt der Begierde sind und der Partner nur das Beiwerk.

Wer glaubt, Sexspielzeuge seien Schweinkram der überreizten Neuzeit, der wird beim Besuch des nächsten kulturhistorischen Museums eines Besseren belehrt. Bereits auf Vasen aus der Antike tummeln sich Menschen ganz ungeniert beim Liebesakt. Detailgetreue Darstellungen verraten uns, dass es schon damals Dildos gab. Auch die alten Chinesen fertigten aus ihrem edlen Porzellan nicht nur Teegeschirr, sondern auch prächtige Männlichkeitssymbole zur praktischen Verwendung. So kann sich der Dildo wohl am ehesten mit dem Titel ältestes Sexspielzeug schmücken. Und selbst der Name an sich ist in der heutigen Zeit ein geflügeltes Wort. Bereits über die Hälfte der Teenies kann mit dem Begriff etwas anfangen. Dildo leiten Sprachwissenschaftler übrigens am ehesten vom lateinischen *diligere*, was erfreuen bedeutet, ab. Den Freudenstab gibt es mittlerweile aus allen erdenklichen Materialien von Naturprodukten wie Holz oder Leder bis Kunststoff oder Edelstahl.

Die Erfindung des Lieblingsgerätes Nummer eins – dem Vibrator – haben wir offensichtlich der Hysterie von Frauen zu verdanken. Hysterie? Richtig gehört. Was heute eher als Schimpfwort gilt, war bereits in der Antike und später vor allem am Ende des 19. und Anfang des 20. Jahrhunderts Gegenstand ernster wissenschaftlicher Betrachtung. Dabei bringt es Frauen insgeheim schon zum Schmunzeln, dass die Gelehrten die teils wechselnden Gemütslagen des Weibes höchst mechanisch zu erklären und eben auch zu behandeln versuchten. Schon Hippokrates scheint von Zeit zu Zeit die Frauen nicht verstanden zu haben und beschrieb als Erster die Hysterie als typisches Frauenleiden. Er vermutete als Entstehungsort der zyklisch beobachteten Stimmungsschwankungen die Gebärmutter, weshalb er die »Krankheit« auch nach dem griechischem Begriff *hystera* – Gebärmutter – benannte. Im 19. Jahrhundert glaubte der berühmte französische Neurologe Charcot, hinter der Hysterie stecke ein Nervenleiden. Sein Zeitgenosse Freud, der wohl bekannteste Psychoanalytiker des 20. Jahrhunderts, deutete die Hysterie schließlich als Ausdruck verdrängter sexueller Wünsche. Obwohl die Gelehrten seit der Antike bis in die Neuzeit das Wesen der Hysterie immer präziser zu kennen glaubten, sah man die Behandlung im mechanischen Abbau von Spannungen im Unterleib. Das Ganze erfolgte in speziellen Praxen und Sanatorien und auf medizinische Anordnung des Arztes. Man stelle sich heutzutage das Gesicht der Krankenkassen vor, wenn Intimmassage auf Kassenrezept verordnet würde. Zu dieser Zeit jedenfalls glaubte man an die heilende Wirkung von Massagen und Wasserstrahlbehandlungen des weiblichen Genitale. Und weil sich damals sicher schon gutes Geld mit diesen Behandlungen verdienen ließ, erfand ein cleverer Arzt aus den USA Ende des 19. Jahrhunderts den sogenannten Manipulator – einen dampfbetriebenen Vibrator. George Taylor kann damit berechtigt als der Urvater des Vibrators in die Geschichte eingehen. Da die Größe und Funktion des Gerätes noch ein klein wenig unkomfortabel war, tüftelten andere Herren weiter. Ein paar Jahre später erfand Mortimor Granville den elektrischen Vibrator. Danach ging alles Schlag auf Schlag. Bereits ab der Jahrhundertwende wurde auf Messen, Plakaten und Zeitschriften die Begierde auf die meist als medizinische Massagegeräte getarnten Produkte geweckt. Seit der sexuellen Revolution in den 60er Jahren durfte der Vibrator seinen medizinischen Tarnanzug ausziehen und liegt seitdem griffbereit als Lustspender in Regalen und Nachttischen. Und mittlerweile klaut so mancher Mann seiner Frau das schwingende Gerät. Das sanfte Vibrieren fühlt sich nämlich für die meisten Herren auch an Penis, Hoden und Analbereich verdammt lustvoll an. Und je nachdem, wo Mann oder Frau es gern surren lassen möchte, gibt es mittlerweile ganz spezielle Größen und Formen. Der Vibrator, Marke naturgestalteter Penis, ist längst out. Bei den Frauen stehen kunstvolle Geräte aus edlen Materialien hoch im Kurs. Die Form erinnert meist nur noch als Symbol an den Penis. Und da das Teil sowieso bei den meisten Frauen an der Klitoris Lust bereiten soll, erfreuen sich besonders Vibrationseier oder ultraflache umschnallbare Butterfly-Vibratoren in Form eines Schmetterlings großer Beliebtheit. Von den Herren werden vor allem kombinierte Sexspielzeuge für die Stimulation des Analbereichs gekauft.

Beim Stichwort Analbereich fällt mir die E-Mail von Hintergedanke@ ein:

Sehr geehrte Frau Doktor Thiele, ich stecke mir heimlich bei der Selbstbefriedigung total gern Gegenstände in den Hintern und kriege dadurch auch sofort eine Erektion. Meine

Frau weiß nichts davon. Ich traue mir auch nicht, ihr das zu sagen. Sie hält mich dann bestimmt für pervers. Oder glauben Sie, ich könnte ihr das erklären. Aber kann man seiner Frau einfach so sagen: Du, kannst du mir mal deinen Finger beim Sex hinten reinstecken? Ich habe im Internet Pornos gesehen, wo Frauen bei Männern das machen. Ich glaube, in Wirklichkeit würden das doch die meisten Frauen ablehnen. Bitte seien Sie ehrlich!

Hintergedanke@ ist mit seiner Vorliebe ganz und gar nicht allein. Rund die Hälfte aller deutschen Männer und Frauen haben bereits Erfahrungen mit Analsex gemacht. Das bedeutet nicht, dass der Verkehr durch den Hintereingang zum Nummer-eins-Hit wird. Es gibt aber durchaus viele Menschen, die die Stimulation im Afterbereich sehr lustvoll erleben – sci es bei der Selbstbefriedigung, beim Vorspiel oder als Extra während des klassischen Geschlechtsverkehrs. Manche Partner mögen nun tatsächlich nicht so gern ihren Finger in den After des anderen stecken. Medizinisch und hygienisch ist das zwar unbegründet. Es gilt aber, wie bei allen anderen sexuellen Handlungen auch, dass der Respekt vor den Grenzen des Partners an erster Stelle steht. Speziell für Paare, bei denen nicht beide Analverkehr aktiv betreiben wollen, können Sexspielzeuge eine echte Bereicherung sein. Besonders viele Männer schwören auf die zusätzliche Stimulation der sensiblen Prostata. Dafür gibt es spezielle Analstöpsel oder auch Butt Plugs genannt, die häufig auch mit Vibratoren kombiniert sind. Die kann er einfach so »nebenher« tragen oder aber auch beim Sex die zusätzliche Stimulation genießen. Allerdings: Anale Stimulation ist nur etwas für Geübte. Gut sortierte Sexshops bieten deshalb neben den Spielzeugen auch Bücher über genussvollen und vor allem sicheren Analverkehr an. Denn was einmal hinten drin war, sollte danach nicht wieder vorn rein. Und bei einem unbekannten Partner gehört über Sexspielzeug genauso ein Kondom gezogen wie über das Original.

Und zum Schluss der kleinen Auswahl: Liebeskugeln oder Lustkugeln für Frauen. Sie bestehen meist aus zwei Kunststoffkugeln, die untereinander mit einem kleinen Stab oder einer Schnur verbunden sind. Die Frau führt sie in die Scheide ein und kann sie mit einem Rückholbändchen ähnlich wie beim Tampon wieder rausholen. Die Kugeln werden in der Regel nicht beim Sex getragen, sondern vor allem zum Vergnügen der Frau bei der Selbstbefriedigung oder im Alltag. Stecken die Kugeln in der Scheide, werden durch Bewegungen kleine Metallbälle im Inneren der Kugeln in Schwingungen versetzt. Dadurch kann ein angenehm stimulierendes Gefühl in der Scheide entstehen. Da aber die meisten Frauen nur im vorderen Scheidendrittel richtig etwas spüren, besteht der Haupteffekt der Kugeln im Training des Beckenbodens durch das Anspannen der Muskulatur. Deshalb werden sie auch durchaus von Hebammen zur Rückbildungsgymnastik empfohlen, damit die Frau nach der Geburt den Penis wieder gut spüren kann.

Egal, ob und für welches Sexspielzeug man sich entscheidet, beim Kauf gilt: Vorsicht vor gesundheitsschädlichen Stoffen. Vor allem potentiell krebserzeugende Weichmacher und Lösungsmittel werden durch die sensiblen Schleimhäute schnell aufgenommen. Wer nicht über jedes Produkt in Test-Zeitschriften nachlesen will, dem hilft der gesunde Menschenverstand: Viele Weichmacher stecken in besonders wabbeligen Produkten und ein Sexspielzeug, das schon beim Auspacken nach Plaste stinkt, sollte man lieber postwendend wieder einpacken. Als gesundheitlich unbedenklich gelten Materialien aus Naturprodukten wie Holz, Stein, Naturlatex (eventuelle

Latexallergie beachten!) sowie Acryl, Glas, Aluminium und Edelstahl – vorausgesetzt, die Sexspielzeuge werden nach jeder Benutzung ordentlich gereinigt! Übrigens: Auf gutes Sexspielzeug gehört in Deutschland das TÜV-Siegel.

Auch wenn die moderne Technik noch keine Garantie für guten Sex bietet und sich nicht jede Werbeversprechung auf ein intensives Orgasmusgeschenk erfüllt, Sexspielzeuge können eine lustvolle Bereicherung beim gegenseitigen Entdecken sein.

Störenfriede

Guter Sex? Aber sicher!

Ich bin auch Internistin und als Hausärztin für Patienten erste Anlaufstelle bei allen kleinen und großen gesundheitlichen Problemen. Karsten hat einen roten Kopf, als er mir sein Anliegen schildert: »Das ist mir jetzt echt peinlich. Ich hab mich vor ein paar Wochen in eine bildhübsche Frau verschossen. Sie bedient in dem Szene-Lokal, das gerade voll angesagt ist. Bei jedem Besuch tat ich alles, um ihre Aufmerksamkeit zu erregen. Das war gar nicht so leicht, denn so eine Frau wird ja von vielen Männern begehrt. Aber letztens lachte sie mich an und fragte, ob ich warten möchte, bis ihr Dienst zu Ende sei. Nichts lieber als das, dachte ich voller Vorfreude. Wir gingen zu ihr nach Hause und hatten eine richtig heiße Nacht. Sie sagte, sie meldet sich bei mir. Nach ein paar Tagen klingelte tatsächlich mein Telefon. Freudig hob ich ab, aber sie druckste rum: Sie müsse mir was sagen. Der Schreck fuhr mir in die Glieder: Ist sie schwanger?! Und dann erzählt sie mir etwas von einer Scheideninfektion. Das kann ja wohl nicht wahr sein. Ich hab stinksauer aufgelegt. Wenn die mir den Tripper oder sonst was angehängt hat, dann …« – »… hatten sie wohl ungeschützten Verkehr?!«, beende ich seinen Satz. Karstens Gesichtsfarbe wechselt auf dunkelrot. Auf genaues Nachfragen erfahre ich, dass aus seinem Penis morgens kleine Schleimtropfen kommen und es auch an der Harnröhre juckt. »Das klingt ganz nach einer Infektion!« Karsten schaut mich ungläubig an: »Ich kann das gar nicht so richtig glauben. Ich dachte immer, als Mann kann man sich bei einer Frau nicht so leicht anstecken?«

Obwohl Männer und Frauen heutzutage alle Möglichkeiten haben, seriöse Informationen zu sexuell übertragbaren Erkrankungen zu bekommen, kursieren leider die merkwürdigsten Fehlvorstellungen zum Thema Geschlechtskrankheiten. Das ist doch ein Problem für »Risikogruppen«, höre ich häufig. Ja, manche Menschen sind mehr gefährdet als andere.

Aber sexuell übertragbare Krankheiten können wirklich jeden treffen, der ungeschützten Verkehr hat – egal, ob lecken, blasen, Vaginalverkehr, Analverkehr oder gemeinsames Benutzen von Sex-Spielzeugen!

Wenn es nach dem Sex juckt, brennt, tropft, die Haut von roten Pickeln, Bläschen oder Warzen übersät ist, dann wird es höchste Zeit für einen Arztbesuch – für alle beteiligten Sexualpartner! Denn sexuell übertragbare Krankheiten betreffen immer mindestens zwei Personen, die untersucht und behandelt werden müssen. Manche Erkrankungen verursachen auch gar keine Beschwerden und schlummern lange Zeit unerkannt im Inneren des Körpers, bis sie zum Ausbruch kommen. Das ist besonders gefährlich, weil der infizierte Mensch dadurch schwerste gesundheitliche Probleme bekommt und unwissentlich weitere Sexualpartner anstecken kann. Sexuell übertragbare Erkrankungen sind sehr häufig und niemand muss sich dafür schämen, wenn er deshalb einen Arzt aufsucht. Durch rechtzeitiges Erkennen besteht bei Chlamydien, Gonorrhoe (Tripper), Syphilis (Lues), Hepatitis A, B und C (Leberentzündung), Herpes, Humane Papilloma Viren (Feigwarzen) die Aussicht auf eine erfolgreiche Behandlung. Die

HI-Virus-Infektion (AIDS) können Ärzte heute zwar mit modernen Medikamenten behandeln, aber immer noch nicht heilen.

Ganz entgegen der Meinung von Karsten können sich natürlich auch Männer bei Frauen anstecken – besonders dann, wenn die Schleimhäute der Frau durch eine Entzündung angegriffen und dadurch verletzungsanfälliger sind. Bei einer HIV-Infektion befinden sich zum Beispiel besonders viele Erreger in entzündetem Gewebe, sodass die Übertragung leichter, also der sexuelle Kontakt gefährlicher ist, als wenn die Schleimhaut gesund und robust ist. Ich schlage deshalb Karsten nicht nur den Test auf bakterielle Infektionen vor, sondern auch einen Test auf Hepatitis und HIV. Beim nächsten Besuch kann ich ihm mitteilen, dass er sich tatsächlich mit Tripper angesteckt hat – »sonst nichts«. Die Behandlung mit einem einfachen Antibiotikum reicht, damit er wieder ganz gesund wird.

Die meisten kommen wie Karsten mit einem blauen Auge davon – schlechtes Gewissen und vielleicht noch eine harmlose Infektion. Dieses Glück hat nicht jeder!
Anke ist 20 Jahre jung und surft für ihr Leben gern. Vor kurzem machte sie einen Kurzurlaub an der Ostsee, um in einem Kurs ihre Surfkünste weiter zu vervollkommnen.
Eine Woche nach ihrem Wochenendtrip fühlte sie sich auf einmal schlapp, hatte Fieber, Rachenschmerzen und die Lymphknoten am Hals taten ihr weh. Bestimmt eine Grippe, dachte sie sich. Klar, eine Grippe, denke ich auch zuerst, als sie so vor mir sitzt. Ist ja schließlich ganz schön kalt, die Ostsee. Als ich Anke dann untersuche, fallen mir aber die stark geschwollenen Lymphknoten auf, die nicht so recht zum allenfalls leicht roten Rachen passen. Außerdem sehe ich jetzt

noch einen leichten Ausschlag auf ihrem Rücken. »Der kommt bestimmt vom Neoprenanzug«, sagt Anke. Aber irgendein Gefühl sagt mir, dass da etwas nicht stimmt. »Sagen Sie mal, haben Sie im Urlaub nur gesurft? Ich meine, haben Sie im Urlaub vielleicht jemanden kennengelernt?«, frage ich sie schließlich nach einem kurzen Zögern. Anke schaut mich verdutzt an: »Ja, ich hab mich über beide Ohren in meinen Surflehrer Björn verliebt. Warum fragen Sie das?!« – »Ich frage das, weil ich mir nicht sicher bin, ob Sie wirklich eine Grippe haben oder eine andere Erkrankung. Hatten Sie mit ihrem Surflehrer auch Sex?« – »Ja, unglaublich tollen Sex …« Anke wird plötzlich bleich. Ich kann förmlich sehen, welche Gedanken ihr durch den Kopf gehen. »… ohne Kondom. Meinen Sie, ich könnte … also er könnte? Das ist doch ein ganz normaler, sportlicher, gesunder Typ?!« – »Ja, ich denke, Sie könnten sich auch mit einer sexuell übertragbaren Erkrankung angesteckt haben. Ich würde Ihnen dringend zu einem HIV-Test raten.« Danach spreche ich noch lange mit Anke, was der Test für sie bedeuten könnte, wenn er eine HIV-Infektion nachweist. Das Laborergebnis ihrer Blutuntersuchung erhärtet am Folgetag leider den Verdacht auf eine frische HIV-Infektion und auch die Bestätigungstests bringen die traurige Wahrheit ans Licht – Anke ist HIV-positiv. Als ich ihr die Diagnose mitteile, bricht sie in Tränen aus. »Das kann doch gar nicht sein! Ich hab doch erst vor einem Monat bei der Betriebsärztin einen freiwilligen HIV-Test gemacht und der war negativ! Was wird denn jetzt aus meiner Ausbildung zur Krankenschwester? Wie geht es denn nun überhaupt weiter? Was ist mit Björn?«

Anke ist eine von rund 70 000 Frauen und Männern in Deutschland, die nach Schätzungen des Robert-Koch-Institutes HIV-positiv sind. Die Wissenschaftler nehmen aufgrund ihrer Erfahrungswerte seit der Erstbeschreibung von AIDS 1981 an, dass rund 16 000 Menschen in der Bundesrepublik noch nichts von ihrer HIV-Infektion wissen. Das bedeutet, dass fast jeder vierte Infizierte in Unkenntnis seiner Erkrankung weitere Personen durch ungeschützten Sex anstecken kann. Wie bei Anke treten bei 40 bis 90 Prozent der frisch an HIV Erkrankten grippeähnliche Beschwerden auf, sodass die Infektion im Anfangsstadium auch leicht fehlgedeutet wird. Dank der intensiven AIDS-Forschung stehen heute wirksame Medikamente zur Behandlung der HIV-Infektion und der schweren Verlaufsform der Erkrankung (AIDS) zur Verfügung. Dadurch liegt die mittlere Lebenserwartung der 20-jährigen Anke bei optimaler ärztlicher Behandlung bei derzeit 69 Jahren. Dieser große medizinische Fortschritt bedeutet für Menschen mit HIV die Möglichkeit auf ein fast normales Leben.

Anke schaut nach dem ersten Schock über die Diagnose der Zukunft mittlerweile wieder optimistisch entgegen. Durch die regelmäßige Betreuung in einer HIV-Schwerpunkt-Praxis fühlt sie sich körperlich wohl. Zu Björn hat sie keinen Kontakt mehr, der nach einem gemeinsamen Telefonat mit ihr von seinem Arzt ebenfalls HIV-positiv getestet wurde. Bei der Verarbeitung ihrer Erkrankung hilft ihr neben ihrer Familie und Freunden auch der regelmäßige Kontakt zu anderen Betroffenen. Die wichtigste Botschaft für sie: HIV-positiv mit beiden Beinen im Leben stehen ist machbar. Mittlerweile engagiert sie sich auch aktiv bei Aufklärungs-Kampagnen zum Thema HIV. Sie will ihre Erfahrungen an andere Menschen weitergeben, damit ihnen nicht das Gleiche passiert wie ihr.

Egal, ob »heiße Flamme« oder »große Liebe«, beim Sex mit einem neuen Partner ist die Benutzung von Kondomen nicht nur Pflicht, sondern auch der Beweis für verantwortungsbewusstes Denken und Handeln.

Wer sich mit seinem Schatz neben Herzensangelegenheiten auch sonst sicher sein möchte, der kann sich zum Beispiel beim Gesundheitsamt kostenlos testen lassen, bevor es ungeschützt zur Sache geht. Liebe und Leidenschaft sind zu schön, um sie später wegen einer unbedachten wilden Nacht zu bereuen.

Seitensprung – was nun?

Fremdgehen findet keiner gut – vor allem nicht, wenn es der Partner tut! Bei sich selbst setzt man aber gern mildernde Umstände an. Auch wenn Frauen das geflügelte Sprichwort: »Männer sind Schweine!« gern bemühen, zum Liebesspiel gehören immer zwei. Und so fand ein großer Kondomhersteller bei einer Umfrage zur Treue der Deutschen heraus, dass sich rund jeder zweite Mann und auch jede zweite Frau ab 35 Jahre schon mindestens ein Schäferstündchen gegönnt hat oder zwei oder … oder eben doch gleich eine jahrelange Affäre. Auch wenn man sich in heimlichen Phantasien gern vorstellt, wie die Männer die Welt mit ihrem Samen beglücken und die Frauen, ihres treusorgenden Mannes sexuell überdrüssig, nach einem Don Juan die Fangnetze auswerfen – im Grunde ist der Mensch auch beim Fremdgehen faul und nur halb so selbstsicher, wie er gerne sein würde. Deshalb suchen die meisten lieber vom sicheren Beziehungs-Hafen aus nach einer sexuellen Eroberung und tun das Ganze am besten noch in unmittelbarer Nachbarschaft. Am häufigsten geschehen Seitensprünge nämlich im Kreise der Freunde, Bekannten oder Kollegen. Dass man sich wirklich spontan jemand aufreißt, stellt eher eine Ausnahme dar.

Ab wann spricht man denn nun vom Fremdgehen? Schon bei der heißen Phantasie-Sex-Szene im Kopfkino, beim Flirten, beim Fremdknutschen, beim Dirty Talk oder doch erst, wenn an den Intimzonen gewerkelt wird? Besonders in Zeiten der virtuellen Parallelwelten kommt auch immer wieder die Frage auf, ob man seinen Partner beim Cybersex mit dem knackigen Avatar betrügt oder ob es nur ein Spiel ist. Auch Tine möchte es genauer wissen und mailt mir folgende Frage:

> »Hallo! Ist es auch eine Art Fremdgehen, wenn ich chatte, erotische Mails versende und dabei meine sexuellen Phantasien auslebe?«

Im Internet chatten und Mails schreiben sind erst einmal noch kein Fremdgehen. Obwohl natürlich jedes Paar für sich definieren sollte, wo sie die Grenze zum Fremdgehen ziehen. Das empfindet jeder Mensch anders. Man muss die Gefühle des Partners akzeptieren, genauso wie eine große Nase. Moralvorstellungen sind häufig ebenso wenig sanft zu verschieben wie ein Nasenbein. Also lieber am Anfang der Beziehung auf einen gemeinsamen Nenner in puncto Treue einigen, damit man den geliebten Menschen nicht verletzt. Mindestens genauso interessant wie die Frage nach dem Fremdgehen ist der zweite Teil von Tines Mail: *»Im Netz kann ich meine sexuellen Phantasien ausleben.«* Klappt das im heimischen Bett etwa nicht? Warum nicht? Egal, ob im Netz oder beim Sex mit einem Unbekannten: In der gefühlten Anonymität fällt es vielen Menschen leichter, aus ihrem alltäglichen Rahmen zu fallen und in eine hemmungslose Rolle zu schlüpfen. Zu Hause fährt man sicherheitshalber weiter »mit angezogener Handbremse« beim Liebesspiel und programmiert dadurch schon den nächsten Sex-Phantasie-Ausbruch vor. Aber wer sagt eigentlich, dass man mit seinen »zügellosen« sexuellen Vorstellungen nicht geradezu offene Türen zu Hause einrennt? Nur wer sich dem Partner mit seinen Wünschen anvertraut, kann seine sexuellen Neigungen auch gemeinsam verwirklichen und frischen Wind ins Schlafzimmer bringen.

Apropos aus dem täglichen Rahmen fallen: Beim Sex außerhalb der festen Beziehung entledigt man sich ganz nebenbei auch häufig einer Menge Alltagsstress. Viele Männer und Frauen berichten, dass sie sich beim Seitensprung unbeschwerter dem sexuellen Genuss hingeben können und auch alles reibungsloser funktioniert. Zumindest meistens. Denn wer erwartet, dass man beim Fremdgehen immer ein sexuelles Wellness-Programm ohne Störgeräusche aus der heimischen Beziehungs-Welt bucht, der irrt. Besonders Männer glauben gern, dass ihr Penis immer und überall einsatzbereit steht. Prinzipiell scheint es ihnen laut vieler Untersuchungen tatsächlich erst einmal leichter zu fallen, ihre Verbindung auf das rein Körperliche zu beschränken – und das unabhängig, ob die feste Beziehung gut oder schlecht läuft. Aber gerade der Scheuklappenblick auf das rein Körperliche verwirrt das starke Geschlecht. Wenn der Penis zur Traumfrau aus der Parallelwelt »Nein« sagt, weil eigentlich, wie bei Torsten, eine grundsätzliche Entscheidung ansteht, kann auch ein Therapeut keine Wunder bewirken.

Torsten ist Ende 30, erfolgreicher Unternehmer und seit 17 Jahren mit Claudia verheiratet. Er erzählt, dass seine Erektion nicht mehr funktioniert. Aber auf meine genaue Nachfrage hin, erfahre ich, dass die Selbstbefriedigung sehr wohl funktioniert. »Aber ich schulde doch meiner Frau den Sex. Einmal pro Woche sollte schon noch sein.« Ich ziehe meine Augenbrauen verwundert hoch. Ganz schön pragmatisch, denke ich. Torsten erzählt weiter, dass er und seine Frau beide Karrieremenschen seien und irgendwie seit ein paar Jahren nebeneinanderher leben. Dann lässt er die Katze aus dem Sack: »Bei meiner letzten Dienstreise hab ich Jaqueline kennengelernt – eine Hammerfrau. Nach dem Abendessen hat sie mich direkt mit auf ihr Zimmer genommen. Die wollte einfach schnellen unkomplizierten Sex. Zuerst wurde er auch steif. Aber als sie es dann von der und von der Seite wollte, ging nichts mehr. Sie war ganz schön sauer.« Was er denn beim nächsten Mal machen solle, will Torsten von mir wissen. »Ehrlich gesagt: Ihr Penis hat kein Problem. Der reagiert völlig korrekt auf den Konflikt. Sie haben ein Problem, und zwar ein mächtiges Entscheidungsproblem. Und das kann ich Ihnen beim besten Willen nicht abnehmen.«

Auch Marten kann sich scheinbar gar nicht entscheiden. Obwohl er seit fünf Jahren mit einer wunderbaren Frau zusammenlebt und im Bett alles super läuft, war er ihr nie treu. Zum Glück hätte sie es bis jetzt nicht gemerkt, erzählt er mir. Aber so könne es doch nicht weitergehen. »Dieses Jahr hab ich sie sogar geheiratet, weil ich sie liebe. Ich dachte, dann könnte ich wenigstens in der Ehe treu sein. Aber nach nicht mal einem Monat bin ich schon wieder fremdgegangen.« Dann berichtet er, dass er noch keine einzige Beziehung ohne Seitensprung geschafft hätte und auch einige Lieben daran zerbrochen seien. »Ich denke den ganzen Tag nur an Sex. Und ich muss ihn dann auch haben – mit einer anderen Frau. Sie glauben jetzt bestimmt, ich bin verrückt. Aber eigentlich ist es mir fast egal, wie die Frau aussieht und wie wir es miteinander machen. Besonders aufregend finde ich es allerdings, wenn sie mir versichert, dass sie sonst nicht so einfach mit einem anderen Mann schläft. Das erfüllt mich wirklich mit Stolz. Aber meistens ist der Reiz der Eroberung schon während des Verkehrs wieder verflogen, und ich könnte die Frau am liebsten in Luft auflösen. Danach spüre ich gar keine Befriedigung, sondern bin sofort von neuem getrieben.« Ganz offensichtlich liegt bei Marten eine eindeutige sexuelle Störung vor. Eine Männerrunde könnte auf den ersten Blick meinen, der Mann sei ein beneidenswerter Geschlechtsgenosse. Aber Marten genießt die Sexualität längst nicht mehr, sondern sie ist Mittel zur zwanghaften Selbstbestätigung eines ganz kleinen inneren Ichs. Nur durch den sexuellen Kontakt mit immer neuen Frauen kann er sich seiner Identität als Mann vergewissern. Aber dieser Zustand hält nur einen ganz flüchtigen Moment. Und so ist Marten ein getriebener seines Selbst und in seiner Lebensführung ganz erheblich eingeschränkt. Wissenschaftler nennen diese Störung Don Juanismus. Da hilft nur eine Psychotherapie. Mit einer ordentlichen Portion Durchhaltevermögen bestehen für Marten gute Chancen, die Ursachen seines Problems zu erkennen, ein stabiles Selbstwertgefühl aufzubauen und schließlich eine glückliche Beziehung dauerhaft leben zu können.

Eine ähnlich ausgeprägte Störung der weiblichen Sexualität, wie der Don Juanismus, gibt es bei Frauen nicht. Sie erfahren ihre Bestätigung offensichtlich nicht in der reinen Körperlichkeit. Sie suchen auch bei Seitensprüngen eher nach einer vollständigen Beziehung mit Mr. Right. Dabei setzen sie auch gern mal die rosarote Brille auf. Ob der Traum-Kandidat die Echtheitsprüfung meistert und zum Mann des Lebens gekürt wird, bleibt abzuwarten. Auch in Annikas Mail reicht die Gefühlspalette von rosarot bis froschgrün:

»Hallo Frau Doktor Thiele, ich heiße Annika (32 Jahre alt) und bin seit acht Jahren mit meinem Mann Henning (31 Jahre) zusammen. Bei uns war es Liebe auf den ersten Blick. Jedoch nach fünf Jahren schlich sich der Alltag ein. Die Beziehung und der Sex waren ein bisschen langweilig geworden. Aber ich habe ehrlich nie an Betrug gedacht. Da lernte ich diesen anderen Mann kennen. Ich war mit meinen Freundinnen Eis essen. Er stand neben mir und roch so unverschämt gut. Wir flirteten und er gab mir seine Telefonnummer. Da flogen richtig Schmetterlinge in meinem Bauch. Ich dachte noch, das machst du nicht. Du setzt doch nicht deine Beziehung aufs Spiel. Aber als Henning mal auf Dienstreise war, griff ich abends doch zum Telefonhörer. Wir verabredeten uns und landeten noch am selben Abend im Bett. Es fühlte sich total verrucht und aufregend an. Ich hatte das Gefühl, er ist mein Prinz und ich bin seine Prinzessin. Wir trafen uns ein paar Mal. Ich war Feuer und Flamme. Er erzählte mir das Blaue vom Himmel – was er so macht und wie er sich die Zukunft mit mir vorstellt. Ich überlegte ernsthaft, meine Beziehung wegzuschmeißen. Durch einen dummen Zufall sah ich ihn ein paar Wochen später, zwei Orte weiter, beim Tanken – mit seiner fünfköpfigen Familie! Da verwandelte sich der Prinz plötzlich in einen hässlichen Frosch! Beim Bezahlen an der Kasse zischte ich ihm nur ein leises ›Arschloch‹ zu. Er schaute mich verwirrt an. Gehört hab ich seitdem nichts mehr von ihm. Warum ist mir das alles überhaupt passiert?«

Ja, warum nur? Das fragen viele Menschen, wenn sich das Hormongewitter in heiße Luft auflöst. Wenn die Sicht wieder frei ist, macht es Sinn, den Blick mal nach allen Seiten schweifen zu lassen. Es gibt viele Gründe, warum Männer und Frauen ein sexuelles Auswärts-Abenteuer eingehen. Allen voran die Tatsache, dass man sich in der Affäre etwas erhofft, was einem in der Partnerschaft fehlt. Da geht es bei weitem nicht nur um sexuelle Befriedigung, sondern vielmehr um Anerkennung und Verständnis, aber auch um weniger Nörgelei und Kritik – schlichtweg mehr Spaß. Eine große Triebfeder zum Fremdgehen sind auch die Rachegelüste nach einem Fehltritt des Partners. Man will einfach innerlich quitt sein und den eigenen Marktwert prüfen. Manchmal taugt der Affären-Partner auch als Sprungbrett in eine neue Beziehungswelt oder tatsächlich als Mensch, mit dem man in Zukunft gemeinsam durchs Leben gehen will. Hin und wieder beziehen sich die Gründe aber auch gar nicht auf die Partnerschaft und klingen so profan wie Zeitvertreib, Langeweile und nicht Allein-sein-Wollen. Unabhängig von dem »Wieso, weshalb, warum?« kommt es gar nicht selten vor, dass die rosarote Seifenblase der sexy Parallelwelt durch einen dummen Zufall zerplatzt und sich der Prinz zum Frosch entzaubert. Dann steht man wieder mitten im Beziehungsalltag und hat auf einmal einen Haufen überschüssiger Energie, mit der man in seiner Partnerschaft Berge versetzen könnte.

Denn so aufregend die heimliche Liebelei auch ist, so anstrengend ist sie auch. Während es bei einem einmalig genutzten Schäferstündchen noch übersichtlich bleibt, wächst mit der Dauer der Affäre die Organisation für das Parallelleben. Mit den Antworten auf Fragen wie: »Wo warst du? In welchem Hotel schläfst du? Arbeitest du schon wieder länger?«, belügt

man nicht nur den Partner, sondern auch sich selbst. Manche
können ihr schlechtes Gewissen nahezu perfekt in die hin-
terste Ecke ihres Bewusstseins ablegen. Andere drückt es so
sehr, dass sie sich des dunklen Geheimnisses am liebsten ent-
ledigen würden. Nur wohin damit? Wer nimmt einem das
schlechte Gewissen ab? Soll man den Seitensprung seinem
Partner beichten? Auf diese Frage gibt es keine allgemeingültige Antwort. Beim Betrachten der Statistiken würde die
Hälfte der Deutschen nach einem sexuellen Auswärtsspiel des
Partners das Heimspiel beenden. Spannend ist dabei, dass die
unter 35-Jährigen mit ihrem Liebsten besonders hart zu Ge-
richt ziehen. Fast 70 Prozent würden ihrem Partner nach einem Seitensprung den Laufpass geben. Bei den über 55-Jähri-
gen würden nur knapp 40 Prozent ihre Beziehung wegen eines
sexuellen Abenteuers aufgeben. Diese Tatsache lässt viel
Raum für Spekulationen. Sind die Älteren erfahrener und to-
leranter, weil sie selbst keine blütenweiße Weste mehr vorwei-
sen können? Oder sind sie etwa desillusionierter und bleiben
trotzdem beim Partner nach dem Motto: Andere Wiesen sind
auch nicht grüner? Auf jeden Fall legt der Vergleich zwischen
den zwei Altersgruppen die Vermutung nahe, dass die Reaktionen auf einen Seitensprung so unterschiedlich sind wie die
Menschen selbst und vor allem nicht vorhersagbar. So muss
die Androhung vom »Aus« der Beziehung bei einem sexuellen
Fehltritt des Partners im Ernstfall nicht unbedingt eintreten.
Und umgekehrt könnte sich ein Prediger der sexuellen Tole-
ranz zum wilden Stier verwandeln, wenn ihn die Untreue des
geliebten Menschen unvorbereitet trifft. Der Vergleich mit der
Statistik bringt also keine eindeutige Antwort auf die Frage
»Soll man Untreue beichten?«. Auch Freunde oder Bekannte
sind in solchen Situationen nicht wirklich gute Ratgeber. Jeder von ihnen hat seine eigene Geschichte, moralische Vorstel-

lung oder Motivation, zu diesem Thema zu urteilen. Jeder legt auf andere Dinge in einer Beziehung wert. Letzten Endes muss jeder die Entscheidung, eine sexuelle Affäre zu beichten oder eben nicht, selbst treffen. Dabei sollte man ganz genau das Risiko und den Nutzen der Selbstoffenbarung abwägen. Klingt wie eine eiskalte Rechnung, macht aber auch emotional durchaus Sinn. Der Punkt Risiko liegt auf der Hand: Nach einem entdeckten Seitensprung bekommt das Vertrauensverhältnis zum Partner einen dicken Riss. Und ob der dauerhaft wieder gekittet werden kann, bleibt unklar. Aber auch die Sache mit dem Nutzen bedarf einer genaueren Überlegung. Ja klar, manchmal wacht man durch einen Seitensprung urplötzlich auf und gibt in der eigenen Beziehung nach einem Dornröschenschlaf wieder Vollgas. Der Bonus der Unantastbarkeit der einzigartigen Liebe zum Partner ist trotzdem dahin. Deshalb lohnt die Frage: Worum geht es eigentlich bei der Beichte eines Seitensprungs? Den allermeisten Menschen geht es nämlich darum, dass sie ihre Schuldgefühle durch Verzeihen loswerden. Aber warum soll gerade der Partner einem verzeihen? Ist das dann nicht ein weiteres Mal eine hochegoistische Angelegenheit – zuerst den eigenen sexuellen Impulsen folgen und dann auch noch Absolution durch den Partner? Egal, ob man den Fehltritt nur mit sich ausmacht oder mit einem anderen Menschen darüber spricht, es lohnt sich in jedem Fall, sich selbst ein paar Fragen zu beantworten. Denn das Thema Fremdgehen bezieht sich im Grunde genommen gar nicht so sehr auf den Partner, sondern vielmehr auf einen selbst. Wo hätte man mehr Verantwortung für das eigene Lebensglück übernehmen müssen, anstatt auf bequemen Weg und auf Kosten des Partners eine Auswärts-Ergänzung zu suchen? Was wünscht man sich eigentlich in der gemeinsamen Beziehung zum geliebten Menschen und was hält einen davon ab, es umzusetzen? Erst danach sollte man mit dem Partner reden – über die eigenen neuen Pläne, sich mehr in die Beziehung einzubringen, wieder frischen Wind in die Betten zu wedeln oder sich gegenseitig endlich wieder als wertvolle Menschen zu behandeln. Es lohnt sich für eine große Liebe!

Porno – Bereicherung oder Gefahr?

Als mich Sophie und Konstantin das erste Mal in meiner Praxis aufsuchen, sind sie seit sieben Monaten ein Paar. Er verliebte sich in ihre Lebendigkeit und sie mochte die Stabilität, die er ausstrahlt. Seit ihrem ersten Treffen haben sie fast jeden Tag miteinander verbracht – auch ganze Tage im Bett. »Er ist ein unheimlich zärtlicher Liebhaber!«, schwärmt Sophie. »Eigentlich, so dachte ich, hätte ich den perfekten Mann gefunden. Bis zu dem Tag, als ich auf seinem Computer meine Mails abrufen wollte und in der Favoritenliste eine Amateur-Pornoseite fand. Na ja, wenigstens nichts Perverses«, dachte ich. »Aber irgendwie war für mich danach der Wurm drin.« Sie blickt dabei zu Konstantin, der die Geschichte fortsetzt: »Eines Abends warf mir Sophie weinend den Laptop auf unser Bett. Die Pornoseite blinkte mich an. Ich lachte. ›Mensch, als Single hab ich immer mal geschaut. Aber jetzt gibt es doch dich.‹ Ich dachte, damit sei alles in Ordnung. Aber von wegen! Seitdem habe ich das Gefühl, Sophie bewertet jede Bewegung, jedes Geräusch von mir beim Sex. Ich fühl mich mittlerweile total gehemmt.« – »Da geht es mir überhaupt nicht besser!«, entgegnet Sophie. »Ich frag mich immer, ob ich auch die Dinge aus dem Porno machen soll?«

Konstantin und Sophie sind ein Paar unter vielen, die mich wegen des Streitthemas Porno um Rat bitten – keine leichte Aufgabe!

Pornos erregen bei den einen die Gemüter, bei den anderen die Lenden und sind (offiziell) ebenso verteufelt wie (heimlich) viel geschaut. Oder wie lässt sich sonst der weltweite Jahresumsatz der Porno-Industrie von rund 97 Milliarden Euro erklären? Das Geschäft mit der sexuellen Begierde des Menschen läuft auf Hochtouren – auch in Deutschland. Über 80 Prozent der Deutschen schaute schon mal einen Porno und es überrascht niemand – die Hauptkonsumenten sind männlich. Zwei Drittel der Männer lassen sich mehrmals pro Jahr von den Sexstreifen stimulieren, während dies nur zehn Prozent der Frauen tun. Nicht wenige Menschen drücken Pornos den Pauschalstempel pervers auf und in den Medien hört man die Klage einer zunehmenden Pornographisierung der Gesellschaft. Ob es sich dabei um eine berechtigte Sorge oder moralinsaure Panikmache handelt, entfacht unter Laien wie Experten regelmäßig hitzige Diskussionen.

Denn schon beim Begriff Pornographie bekommen Männer und Frauen ganz unterschiedliche Gedanken in den Kopf. Während die einen an Schmuddel-Hefte, Schweinkram-Videos, perverse Internet-Surfer oder menschenverachtende Handlungen denken, verbinden die anderen Pornos mit sexueller Aufgeklärtheit – von Vielfalt der Spielarten, über Liberalisierung der Masturbation bis hin zur modernen Emanzipation. Besonders Frauen sagen: Erotik – ja gern! Pornos – nein danke! Doch wodurch unterscheidet sich Erotik von Pornographie? Ist es die Nacktheit? Sind es die zweideutigen Posen? Ist es die Darstellung sexueller Handlungen? Manch einen bringt die hauteng bekleidete Frau, die sich an die Motorhaube eines Rennwagens schmiegt, zum Ausruf »Porno!«, während ein anderer schmunzelnd »Männerwelt!« sagt oder ein Dritter einfach nur vom Besitz des schnellen Autos träumt. Keiner würde den Louvre ernsthaft als Porno-Shop bezeichnen, obwohl dort so viel Nacktheit in Form und Farbe zur Schau gestellt wird. Oder wer kommt auf die Idee, die klassischen Opern mit Dramen um Liebe und Begehren als Porno-Schrittmacher zu betiteln? Es geht den Menschen von jeher um die Beschäftigung mit dem Sexuellen – die Grenzauslotung zwischen dem Reiz des Verbotenen und den öffentlichen Moralvorstellungen der jeweiligen Zeit. Bis heute fehlen objektive Kriterien zur Unterscheidung von Erotik und Pornographie. Stattdessen verwenden die Menschen die Begriffe je nach ihrem sexuellen Wissen, ihrem persönlichen Geschmack und (Vor-)Urteilen bezüglich bestimmter Spielarten. Jugendliche benutzen den Begriff Porno mittlerweile sogar in einem ganz anderen Kontext. Wenn sie ihren erschrockenen Eltern erzählen, dass die Party »voll porno« war, bedeutet es nichts anderes als das »voll geil« der 80er.

Unabhängig von der sprachlichen Verwendung des Begriffes vollzieht sich seit den 80ern ein Wandel beim Thema Pornographie. Während noch vor 30 Jahren Feministinnen mit PorNO-Kampagnen die Gesellschaft munter machten, bewerten heute junge Frauen Pornos durchaus auch positiv. Gefragt, was sie dem Porno-Anschauen abgewinnen, lauten die häufigsten Antworten: Man könne was lernen, geheime Phantasien ausleben, intime Beziehungen verbessern und offener mit Sex umgehen. Blicken junge Menschen heute unkritischer auf Pornos als die Generation ihrer Eltern oder hat sich tatsächlich etwas verändert – in der Porno-Industrie und in den Köp-

fen der Menschen? Ja, es gibt Veränderungen in der Porno-
Landschaft. Die Zeiten, wo man mit roten Ohren in den
Tankstellen-Regalen ganz nach oben griff oder in der Video-
thek verstohlen unter die Hülle von »Jurassic Park« ein Video
aus der Ü18-Ecke schob, neigen sich dem Ende zu. Heute kann
jeder aus dem Internet Sex in voller Größe auf dem 24-Zoll-
Bildschirm oder im Hosentaschenformat aufs Handy konsu-
mieren – immer und überall erreichbar, keine prüfenden Blicke mehr an der Kasse und obendrein häufig auch noch ein
Preisschnäppchen. Die fehlende Kontrolle von Pornographie
aus dem Internet, bereitet vielen Menschen berechtigte Sorge.
Immer wieder tauchen illegale, frauenfeindliche, rassistische,
schwulenfeindliche und menschenverachtende Darstellungen
auf, in denen sexuelle Lust mit Erniedrigung und Gewalt verknüpft wird. Diese Art Pornos sind in Deutschland verboten
und die Produktion sowie der Vertrieb werden strafrechtlich
verfolgt. Doch Verbote können den Umgang mit Internet-
Pornographie nur an der Spitze des Eisberges beeinflussen.
Für den Rest trägt jeder Nutzer selbst Verantwortung. Und da
liegt die Schwierigkeit! Denn ins Internet kann schließlich jeder – Junge oder Alte, Gesunde oder Kranke, Glückliche oder
Frustrierte, Selbstbewusste oder Unsichere. Internationale
Studien zeigen, dass die Auswirkungen von Pornos auf die
Menschen entscheidend von ihrer aktuellen Verfassung beim
Betrachten der Darstellungen sowie ihrem familiären und
kulturellen Hintergrund abhängen.

Ein gutes Beispiel, dass man sich beim »Schwarz-Weiß-
Betrachten« zum Thema Porno immer nur einen Teil der
Wahrheit vor Augen führt, zeigt die Geschichte von Paul und
Juliane. Beim 30. Geburtstag von Paul landeten sie das erste
Mal zusammen im Bett und waren wenig später ein Paar. Beide

wollten vor allem Spaß. Dazu gehörte auch, gemeinsam Pornos zu schauen. »Es hat uns unheimlich angemacht, wenn beim Sex nebenher ein Porno lief. Durch den freien Blick auf die Geschlechtsorgane der Akteure und deren Gestöhne, fühlte es sich für uns ein bisschen wie verruchter Gruppensex an. Wenn wir vor denen im Film fertig waren, machten wir unsere Witze. Wir waren echt gut drauf«, erzählt Juliane. Als Paul immer mehr Stress auf Arbeit bekam, nahm die Situation allerdings eine ungeahnte Wendung. Paul zog sich zurück und gemeinsamer Sex wurde zur Seltenheit. »Eines Tages kam ich nach Haus und fand ihn, wie er sich vorm Computer einen runterholte. Ich war irgendwie total sauer und hab ihn zur Rede gestellt. Es sei nur so, und außerdem könnte ich ihm doch dabei Gesellschaft leisten und mitmachen, sagte er. Aber das ›nur so‹ vorm Bildschirm nahm irgendwann viele Stunden ein, bis er letztens sogar mal nicht auf Arbeit ging. Mir ist die Lust auf Sex mit ihm, geschweige denn auf Pornos, echt vergangen.«

Solange die Beziehung, wie in der Anfangszeit von Paul und Juliane, harmonisch funktioniert, empfinden Paare das gemeinsame Schauen erregender Sexstreifen durchaus als erotische Bereicherung. Wer sich vom Partner begehrt fühlt, kann sich positiv mit der Lust der agierenden Frauen oder Männer aus dem Porno identifizieren und dem Sex so einen Extrakick geben. Schaut der Partner allerdings immer öfter allein Sexfilme und das vielleicht noch heimlich, dann kann wie bei Juliane die prickelnde Stimmung in Verunsicherung und Ablehnung kippen. Denn wer bekommt schon gern das Gefühl, nicht mehr die Hauptrolle in der sexuellen (Vorstellungs-) Welt des Partners zu spielen? Niemand. Denn der Eindruck, durch »Herrn Superständer« oder »Frau Immerbereit« austauschbar zu sein, verletzt Frauen und Männer gleichermaßen in ihrem Wunsch nach Einzigartigkeit. Statt dem gemeinsamen Erleben von ungetrübtem Porno-Spaß stellt man sich auf einmal Fragen wie: Sind die im Film schöner als ich? Genüge ich dem anderen nicht mehr? Ist unser Sexleben langweilig? Da braucht es auf jeden Fall ehrliche Worte und überzeugende Taten, um solche Befürchtungen zu zerstreuen, damit die (sexuelle) Beziehung keinen dauerhaften Schaden nimmt.

Bei Paul und Juliane wird liebevolle Überzeugungsarbeit, dass der gemeinsame Sex erfüllend ist, wohl nicht ausreichen, um wieder alles ins Lot zu bringen. Denn bei dem Konsumverhalten von Paul liegt die Vermutung einer Pornosucht nahe. Wissenschaftler schätzen, dass rund eine halbe Million Erwachsene in Deutschland, vor allem Studenten zwischen 20 bis 30 Jahre, pornosüchtig sind. Die Pornosucht gilt als eine sogenannte nicht stoffgebundene Suchtform, die zumeist zusätzlich an die Masturbationssucht gekoppelt ist. Pornosüchtige sind bei weitem keine Gruppe von »Freaks«, wie sie von der Allgemeinheit gern dargestellt wird. Rund 60 Prozent dieser Menschen leiden unter Selbstwertproblemen, sozialer Unsicherheit und Einsamkeit. Einige von ihnen haben eine Depression. Aber bei immerhin 40 Prozent der Pornosüchtigen lassen sich überhaupt keine Auffälligkeiten der Psyche oder des Verhaltens finden. Weil bis heute noch keine schlüssige Erklärung für die Pornosucht gefunden wurde, bemühen vor allem die populärwissenschaftlichen Medien gern die Theorie, dass das Hormon Dopamin die Gehirne der Pornosüchtigen »neu verdrahtet« und fortan immer stärkere sexuelle Reize für die Befriedigung notwendig seien. Erstens: Dopamin? Kommt einem das nicht irgendwoher bekannt vor? Richtig, Dopamin ist immer an der Sex-Steuerung beteiligt –

egal, ob bei der Masturbation mit »Kopfkino« oder Porno-
film als auch beim gemeinsamen Sex mit dem Partner. In der
Konsequenz müsste Dopamin der Theorie zufolge alle Menschen zu dauergeilen Sex-Monstern machen. Tut es aber nicht.
Zweitens: Es gibt keine eindeutigen wissenschaftlichen Beweise dafür, dass die sexuellen Vorlieben durch das Anschauen von Pornos immer härter werden. Vielleicht probieren manche Menschen sexuell mehr aus. Aber meistens sind es
die abgespeckten Kuschel-Varianten à la »geiler Latex-Boy«
fesselt sein »Latex-Häschen« mit rosa Plüsch-Fesseln – eher ein
bisschen wie Fasching als eine echte Vorliebe. Denn Pornos
heizen nur die Phantasien an, die sowieso vorher bestanden
haben. Aus einem »Kuschelbär« wird auch bei Dauer-Porno-
Schauen kein sexueller Sadist, Masochist oder Tierschänder.
Nicht Pornos an sich bedeuten das Problem, sondern der Trieb
nach einer Art »Kurzschluss-Selbst-Liebe«, die ein stabiles Ich
und die Nähe eines Partners nicht ersetzen kann. Mit Hilfe
einer Therapie können Menschen Schritt für Schritt aus dem
Teufelskreis der Pornosucht ausbrechen, um (ihre Beziehung
und Sexualität) wieder glücklich und zufrieden zu leben.

Die heftig geführte öffentliche Debatte über Pornos in den
letzten Jahrzehnten bewirkte aber nicht nur die Schärfung für
die Negativ-Folgen der Nutzung von Medien mit pornographi-
schem Inhalt, sondern auch viele positive Veränderungen.
Einerseits kommen zunehmend mehr sogenannte Non-Main-
stream-Pornos auf den Markt, die nicht länger das Bild vom
rammelnden Mann und der willigen Frau bedienen. Denn
solche Darstellungen reduzieren nicht nur Frauen, sondern
auch Männer zu Sex-Objekten, die immer und überall funktionieren müssen. In den neuartigen, zumeist von Frauen pro-
duzierten Pornos bekommt man vielmehr sexuelle Vielfalt

geboten, statt der »klassischen Mann-Frau-Nummer«. Und vor allem steht nicht mehr der Orgasmus des Mannes als Höhepunkt im Vordergrund.

Andererseits können heute auch Menschen mit eher seltenen speziellen sexuellen Neigungen das Internet gezielt benutzen, um sich so wie Marcel mit Gleichgesinnten über ihre Sexualität auszutauschen und akzeptiert zu fühlen.

Marcel ist 42 Jahre alt, hat eine eigene Schlosserfirma und ist seit 22 Jahren mit Ute verheiratet. Die beiden haben zwei Kinder. Die Ehe läuft gut – auch sexuell. Marcel findet Ute immer noch schön, besonders wenn sie einen Rock und Strumpfhosen trägt. Strumpfhosen machen ihn einfach total an – von der Ferse bis zum Zwickel. Ute hat einen ganzen Karton voll Strumpfhosen. Das ist toll für Marcel. Wenn er ab und zu allein ist, dann nimmt er sich eine von Utes Strumpfhosen und riecht an ihr, fasst sie immer wieder an, befriedigt sich dabei selbst. Marcel erzählt: »Ich stand auf Strumpfhosen, solange ich denken kann. Selbst der Anblick der bestrumpften Beine meiner strengen Mathelehrerin machte mich damals schon an. Zuerst habe ich mich dafür geschämt. Aber als das Internet aufkam, entdeckte ich, dass es offensichtlich noch andere Menschen mit Vorliebe für Strumpfhosen geben muss, so viele geile Bilder fand ich im Netz. Mittlerweile hab ich selbst eine Plattform gegründet, wo ich die schönsten Fotos von Frauen mit Strumpfhosen reinstelle und mich mit anderen Interessierten austausche. Da kommt man nur mit Passwort rein und Perverse werden aus der Plattform wieder rausgeschmissen. Uns geht es nur um die Ästhetik und Erotik der Frauen in Strümpfen und nicht um irgendwelche Praktiken. Eine kleine Unsicherheit aber ist geblieben. Meine Frau weiß nichts von meiner Vorliebe. Wird sie entsetzt sein, wenn sie das irgendwann erfährt?« Ob es Marcel Ute mittlerweile erzählt hat, weiß ich nicht. Wahrscheinlich ist er aber mit seiner Sexualität und seiner Beziehung glücklich, wenn er sich nicht gemeldet hat. Jedenfalls ist er nicht allein!

Ob Pornos also eine Bereicherung oder Gefahr darstellen, kann man nicht pauschal beantworten – beides trifft zu, je nachdem, wie die Menschen Pornographie nutzen. Deshalb gilt es, die Diskussion über Pornographie weiterhin lebendig zu halten. Die Medien, die Politik oder die Industrie der zunehmenden Pornographisierung der Gesellschaft zu beschuldigen ist Stimmungsmache ohne Eigeninitiative. Denn die Menschen selbst sind die Gesellschaft und können aktiv mitgestalten. Bildung ist deshalb die wichtigste Voraussetzung, Sexismus ohne Sinn und Verstand zu verdammen und stattdessen den Wunsch der Menschen zu stärken, intime authentische Sexualität mit Seele zu leben.

Geschafft! – Gemeinsam sind wir stark!

Als Therapeutin begleite ich Paare in schwierigen Lebenssituationen häufig über eine längere Zeit, erfahre ihre intimsten Geheimnisse und nehme an ihrem Alltag teil. Nach dem Ende der Therapie gehen sie wieder ihre eigenen Wege. Deshalb freut es mich, wenn ich hin und wieder erfahre, was aus ihnen geworden ist.

Neulich bekam ich von Kathrin und Daniel einen Brief. Darin lag ein Foto, das die beiden mit Hannah und einem Baby auf dem Arm zeigt. Auf der Rückseite stand:

»Liebe Frau Dr. Thiele! Wir haben es wieder getan: Fabian, 54 cm, 3500 g!

Auch wenn unser Leben als Familie manchmal anstrengend ist, eins steht fest: Wir sind ein Paar geworden, das sich nie mehr trennen möchte!

Danke, für alles!«

Auch ich danke Kathrin und Daniel dafür, dass sie mir ihr Vertrauen schenkten. Sie zeigten mir, dass Mut im rechten Moment, gegenseitige Achtung und tiefe Liebe Berge versetzen kann.

Dank

Zuerst möchte ich all meinen Klienten danken, die mir ihr Innerstes anvertrauen und mich immer wieder Neues zu Liebe und Sexualität lehren.

Bei Gudrun Jänisch, Ulrike von Stenglin und Marieke Schönian vom Ullstein-Buchverlag Berlin bedanke ich mich für die warmherzige, geduldige und professionelle Zusammenarbeit bei der Entstehung dieses Ratgebers. Eine bessere Betreuung kann man sich als Autorin nicht wünschen!

Herr Prof. Dr. rer. biol. hum. habil. Elmar Brähler weckte in mir, im Rahmen meiner Doktorarbeit an der Abteilung für Medizinische Psychologie und Medizinische Soziologie der Universität Leipzig, das Interesse für die Sexualmedizin. Vielen Dank dafür!

Mein Dank gilt vor allem den Begründern der Syndyastischen Sexualtherapie, Herrn Prof. Dr. med. Dr. phil. Klaus M. Beier und Herrn Univ. Prof. i. R. Dr. med. Kurt Loewit sowie Frau Dr. med. I.-Dorothee Kress, bei denen ich am Institut für Sexualwissenschaft und Sexualmedizin des Universitätsklinikums der Charité Berlin eine ausgezeichnete Ausbildung zur Sexualmedizinerin genießen durfte. Der »syndyastische Gedanke« bildet die Grundlage für dieses Buch.

Herrn PD Dr. rer. nat. habil. Kurt Seikowski von der Klinik für Psychosomatik und Psychotherapie der Universität Leipzig danke ich für die stets erfreuliche und unkomplizierte Zusammenarbeit »auf Augenhöhe« bei meiner Arbeit als Sexualmedizinerin sowie bei der Ausbildung zur Psychotherapeutin.

Ein großer Dank von Herzen geht an Frau Sabine Hanneder, einer hervorragenden psychotherapeutischen Kollegin, von der ich in den letzten Jahren beim gemeinsamen Gedankenaustausch sehr viel lernen durfte.

Mein besonderer Dank gilt Dr. med. Stefan Windau: Lieber Stefan, Du hast mir in der Zeit des Buchschreibens wie kein anderer beruflich und privat den Rücken gestärkt!

Den größten Dank möchte ich an meine ganze Familie und alle meine Freunde aussprechen: Ihr gebt mir das unglaublich beruhigende und zugleich befreiende Gefühl, immer für mich da zu sein, egal, was passiert. Danke, dass ihr mich liebt und akzeptiert, genauso, wie ich bin!

Fragebogen für die Frau

1. Wie oft verspürten Sie in den letzten vier Wochen sexuelles Interesse?

Nie	0
Fast nie oder nie	1
Selten	2
Manchmal	3
Meistens	4
Fast immer oder immer	5

2. Wenn Sie versuchten, Geschlechtsverkehr zu haben, wie oft verspürten Sie sexuelle Erregung?

Ich habe keinen Geschlechtsverkehr versucht	0
Fast nie oder nie	1
Selten (viel weniger als die Hälfte der Versuche)	2
Manchmal (etwa die Hälfte der Versuche)	3
Meistens (viel mehr als die Hälfte der Versuche)	4
Fast immer oder immer	5

3. Wie zuversichtlich sind Sie, beim Geschlechtsverkehr erregt zu werden und die Erregung aufrechterhalten zu können?

Sehr wenig	1
Wenig	2
Unentschieden	3
Ziemlich	4
Sehr	5

4. Wie zuversichtlich sind Sie, beim Geschlechtsverkehr eine ausreichende Befeuchtung der Scheide zu erreichen und aufrechterhalten zu können?

Sehr wenig	1
Wenig	2

Unentschieden	3
Ziemlich	4
Sehr	5

5. Wenn Sie versuchten, Geschlechtsverkehr zu haben, wie oft erreichten Sie den sexuellen Höhepunkt (Orgasmus)?

Ich habe keinen Geschlechtsverkehr versucht	0
Fast nie oder nie	1
Selten (viel weniger als die Hälfte der Versuche)	2
Manchmal (etwa die Hälfte der Versuche)	3
Meistens (viel mehr als die Hälfte der Versuche)	4
Fast immer oder immer	5

6. Wie oft erreichen Sie bei der Selbstbefriedigung einen Höhepunkt (Orgasmus)?

Ich mache keine Selbstbefriedigung	0
Fast nie oder nie	1
Selten (viel weniger als die Hälfte der Versuche)	2
Manchmal (etwa die Hälfte der Versuche)	3
Meistens (viel mehr als die Hälfte der Versuche)	4
Fast immer oder immer	5

7. Wenn Sie versuchten, Geschlechtsverkehr zu haben, wie oft traten dabei Schmerzen auf?

Ich habe keinen Geschlechtsverkehr versucht	0
Fast immer oder immer	1
Meistens (viel mehr als die Hälfte der Versuche)	2
Manchmal (etwa die Hälfte der Versuche)	3
Selten (viel weniger als die Hälfte der Versuche)	4
Fast nie oder nie	5

Bitte zählen Sie die Punkte aus Fragen 1–7 zusammen! Wenn Sie weniger als 30 Punkte erzielen, besteht der Verdacht auf eine sexuelle Funktionsstörung.

Fragebogen für den Mann

1. Wie zuversichtlich sind Sie, eine Erektion zu bekommen und aufrechterhalten zu können?

Sehr wenig	1
Wenig	2
Unentschieden	3
Ziemlich	4
Sehr	5

2. Wenn Sie bei sexueller Stimulation Erektionen hatten, wie oft waren Ihre Erektionen hart genug, um in Ihre Partnerin einzudringen?

Keine sexuelle Aktivität	0
Fast nie oder nie	1
Selten (viel weniger als die Hälfte der Versuche)	2
Manchmal (etwa die Hälfte der Versuche)	3
Meistens (viel mehr als die Hälfte der Versuche)	4
Fast immer oder immer	5

3. Wie oft waren Sie beim Geschlechtsverkehr in der Lage, die Erektion aufrechtzuerhalten, nachdem Sie in Ihre Partnerin eingedrungen waren?

Ich habe keinen Geschlechtsverkehr versucht	0
Fast nie oder nie	1
Selten (viel weniger als die Hälfte der Versuche)	2
Manchmal (etwa die Hälfte der Versuche)	3
Meistens (viel mehr als die Hälfte der Versuche)	4
Fast immer oder immer	5

4. Wie schwierig war es beim Geschlechtsverkehr, die Erektion bis zum Ende des Geschlechtsverkehrs aufrechtzuerhalten?

Ich habe keinen Geschlechtsverkehr versucht	0

Äußerst schwierig	1
Sehr schwierig	2
Schwierig	3
Ein bisschen schwierig	4
Nicht schwierig	5

5. Wenn Sie versuchten, Geschlechtsverkehr zu haben, wie oft war er befriedigend für Sie?

Ich habe keinen Geschlechtsverkehr versucht	0
Fast nie oder nie	1
Selten (viel weniger als die Hälfte der Versuche)	2
Manchmal (etwa die Hälfte der Versuche)	3
Meistens (viel mehr als die Hälfte der Versuche)	4
Fast immer oder immer	5

Bitte zählen Sie die Punkte aus Fragen 1–5 zusammen! Wenn Sie weniger als 21 Punkte erzielen, besteht der Verdacht auf eine Erektionsstörung.

Bücher und Internetadressen
für weitere Informationen

Ulrich Clement: Guter Sex trotz Liebe. Ullstein, Berlin 2006

Verena Böning, Achim Wüsthof: Sexpedition. Ullstein, Berlin 2006

John M. Gottman: Die 7 Geheimnisse der glücklichen Ehe. Ullstein, Berlin 2007

Lou Paget, Beate Goman: Perfekt lieben! Zwei Bücher in einem Band – Die perfekte Liebhaberin – Der perfekte Liebhaber. Goldmann, München 2008

David Schnarch: Die Psychologie der sexuellen Leidenschaft. Piper, München 2009

www.aidshilfe.de

Deutsche AIDS-Hilfe e. V.

www.aids-stiftung.de

Deutsche AIDS-Stiftung

www.bzga.de

Die Bundeszentrale für gesundheitliche Aufklärung

www.dr.-thiele-sexualmedizin.de

www.isg-info.de

Informationszentrum für Sexualität und Gesundheit e. V. Auf dieser Seite erfahren Sie außerdem seriöse Sexualtherapeuten in Ihrer Nähe

www.frauenrechte.de

TERRES DES FEMMES e. V. – Menschenrechte für die Frau e. V.